Découvrez l'histoire par les archives de presse

RETRONEWS

Le site de presse de la BnF

www.retronews.fr

MENSUEL. — N° 1. — (Pl. 822-823).   24ᵉ Année   15 Janvier 1892

La Revue

Artistique & Littéraire

POUR TOUS

et Le Découpage pour Tous

réunis.

PARIS

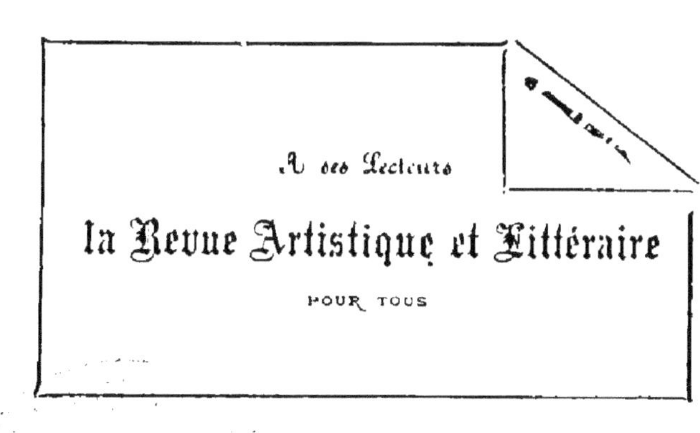

N° 822

CORBEILLE HEXAGONE

Les six côtés, ajustés à onglets et collés entre eux aux points 3, sont en même temps fixés sur le fond, après avoir préparé les tenons 2 et les mortaises 2 comme il est dit p. 83 de la *Méthode* (Chap. Mortaises en biais); et, afin que les tenons 2 s'introduisent facilement dans les mortaises 2, il faut avoir le soin d'abattre en biseau les parties inférieures de chacun des côtés.

Les garnitures, qui forment une sorte de socle, une fois ajustées à onglets et collées entre elles, doivent être vissées sur les bords du fond.

N° 823

ÉCRANS A BOUGIE ET PARE-LUMIÈRE POUR SUSPENSION

Chaque écran est fixé par le point 3 au point 3 du support qui est composé de deux pièces vissées entre elles par les points 2. La bougie est introduite dans la partie ronde.

Quant au pare-lumière pour suspension, il suffit d'adapter, dans le haut, un crochet, afin de le fixer au cercle en métal qui soutient l'abat-jour.

LES ARTS DU FEU

MOYEN-AGE ET TEMPS MODERNES
(Suite).

III. Émaillerie. — Pendant la première partie du moyen âge, l'art de l'émail appartint presque exclusivement aux orfèvres byzantins, qui lui donnèrent, vers le xe siècle, un éclat admirable et qui continuèrent, deux siècles encore, à en approvisionner l'Europe. On connaît les beaux émaux byzantins à demi transparents, avec la variété de leur coloris et le ton si vrai de leurs carnations : à cette catégorie d'émaux cloisonnés appartiennent la *Couronne de fer* (en or) de Monza, le *Reliquaire de la vraie croix* de Limbourg, la *Couronne de saint Etienne* à Buda-Pesth, enfin le célèbre *Rétable* en or du maître-autel de Saint-Marc, à Venise. C'est par l'Allemagne et sous l'influence des artistes grecs que, vers le xe siècle, l'émaillerie s'introduisit une seconde fois en Europe. Les premiers émaux de fabrication allemande sont les *Croix d'or* d'Essen, l'*Autel* de Bâle (au Musée de Cluny), la *Châsse de Charlemagne* à Aix-la-Chapelle, etc. Plus tard, les orfèvres allemands substituèrent le cuivre à l'or, ce qui accrut encore l'importance de l'émail proprement dit; ils remplacèrent le *cloisonnage mobile* par un *cloisonnage fixe* établi dans le métal lui-même. Enfin l'émaillerie allemande abandonna le cloisonnage pour le procédé plus commode du *champlevé*. Tantôt les figures creusées dans le métal étaient entièrement émaillées, tantôt le fond et les accessoires seuls recevaient l'émail. En Allemagne, Cologne fut d'abord le centre de cette émaillerie primitive; plus tard, elle trouva une rivale dans Verdun, qui eut la gloire de produire l'émailleur *Nicolas*, l'auteur du célèbre *Retable* de Klosternenbourg, près de Vienne (1181).

En France, c'est l'école de Limoges qui, dès le xiiie siècle, a été le grand centre de la fabrication de l'émail; on a pris dès ce temps la coutume de décorer les pièces d'orfèvrerie d'émaux incrustés. Les *reliquaires* ou *châsses*, les *crosses d'évêques*, les *chandeliers d'autel*, *bassins*, etc., sont parmi les produits les plus remarquables de l'ancienne émaillerie limousine. Les figures en relief deviennent de plus en plus rares; seules, les têtes, fondues après coup, font saillie. La décoration des fonds est des plus simples.

A l'*émail cloisonné*, l'orfèvrerie italienne substitue les *émaux translucides*, véritable peinture appliquée à la sculpture. L'artiste, après avoir gravé son dessin sur la plaque de métal, y passait une couche d'émail en poudre qui, fondant au feu, recouvrait la gravure d'un vernis coloré. C'est vers la fin du xiiie siècle que fut créé ce nouveau mode d'émail qui compte parmi ses maîtres les plus célèbres au xive siècle *Ognabene* et *Ugolino de Sienne*, au xve *Tommaso Finiguera* et *Antonio del Pollajuolo*. D'Italie le procédé passa en France, en Allemagne et dans les Pays-Bas.

Au XVIe siècle, les émailleurs français, pour résister à la concurrence de l'émail translucide, imaginèrent un nouveau procédé : ils posèrent des émaux transparents sur des feuilles d'or et d'argent qui se trouvèrent ainsi remplacer la gravure dans le métal. C'est à ce genre de *l'émail peint* que l'émaillerie doit les petits triptyques, portraits, etc., qui ont immortalisé les noms de Léonard et Jean *Penicaud* de Limoges. Après eux, les émailleurs limousins adoptent un *émail en grisaille*. Le procédé, fort simple, consiste le plus souvent à *enlever* des lignes ou des hachures sur la première couche d'émail que l'on recouvre ensuite d'un glacé d'émail blanc, des rehaussements d'or complétant la peinture. Jean II, Jean III et Pierre *Penicaud*, les *Raymond*, les *Nouailher*, les *Court*, les *Landin*, mais surtout les *Limosin*, Léonard (1506-1576), Martin et Léonard II, furent les maîtres de l'émail pendant toute la durée du XVIe siècle. Rien n'égale la variété, l'élégance, l'habileté de leurs peintures, qui sont quelque chose comme les vitraux de la Renaissance, un mode de peinture *sui generis*, comportant tous les sujets et toutes les formes.

Au XVIIe siècle, la peinture sur émail, renouvelée dans quelques-uns de ses procédés par *Jean Toutin* de Blois, a été brillamment cultivée par les deux *Jean Petitot* de Genève, le père et le fils, auteurs notamment de remarquables portraits. Il faut encore citer *Madeleine le Brun, J.-B. Macé, Elisabeth Chéron;* au XVIIIe siècle, *Liotard, Mathieu, Durand,* l'Anglais *Zincke,* etc. Ce sont des peintres, rien de plus, et l'émail est pour eux un genre comme pour d'autres l'aquarelle ou le pastel.

Benvenuto Cellini en Italie, les *Jamnitzer* de Nuremberg, en Allemagne, ont produit, au XVIe siècle, des pièces d'orfèvrerie émaillée justement célèbres. En Angleterre, il faut mentionner l'importante manufacture d'émaux de Battersea, fondée en 1754 par le Français Janssen.

Au XIXe siècle, l'émail semblait définitivement déchu, lorsque nous avons vu, dans ces dernières années, des artistes remarquables s'attacher à faire revivre successivement chacune de ses formes.

(A suivre).

T. de VYZEWA.

CARLE VERNET

(SUITE)

Cette époque fut, de toutes les façons, heureuse pour Vernet; ce milieu bizarre, outre le plaisir qu'il adorait, fournit matière à son spirituel talent, et, mieux que de longues pages, les caricatures de Carle font connaître le Directoire et ses honteuses mœurs. C'est à ce temps qu'il produisit son *Chiffonnier*. La Révolution avait fait bien des misères ; c'est certainement un émigré — retour de Coblentz — que ce personnage, à la jambe fine, à la taille cambrée, en arrêt devant une bouttque de comestibles ; aujourd'hui le voici avec le seul ami qui lui reste, son chien, comme lui faisant pied de grue devant de bonnes choses. Pour le gourmet sans argent, passe; et toi, barbet, bas les pattes! Ces friandises se vendent et ne se donnent pas; elles ne sont point cuites pour vous! Scène risible et mélancolique tout ensemble. Monnier n'a jamais créé une figure plus juste et plus fine. Quelle trouvaille !

Carle a donc eu tort de se plaindre plus tard d'être « étouffé entre son père et son fils » ; il ne manie pas la brosse comme eux, mais il a plus d'originalité, d'esprit français. C'est de plus un novateur. Nous le verrons mériter ce titre, lorsqu'il devient peintre de batailles.

Nous n'avous pas besoin de dire qu'il continuait à peindre et à dessiner des chevaux. Que l'on me permette de citer une page de Mercier, où, après quelques mots sur la charmante gravure *les Merveilleuses*, il parle de Carle comme peintre hippique.

« N'admire-t-on pas les caprices de la fortune dans cette *Merveilleuse* qui donne le bras à son galant ? Ronde comme une cucurbite, elle a encore l'air étonné de son ajustement; celle qui l'a rencontrée, droite et mince comme une asperge, la reconnait et semble dire : « C'est Jeanneton, qui vendait des pois au litron !

« Vous avez vu l'*Anglomane*, le ventre rentré, le dos bombé, étroit comme un roseau, courant à cul levé sur un long coursier anglais, vous avez vu aussi l'*Amazone moderne,* les cuisses sanglées sur la selle, laisser envoler dans sa course rapide son chapeau de velours à la *Jockey.*

« Aujourd'hui, Vernet nous montre les apprêts d'une course et les jockeys montés; les coursiers sont carapaçonnés, les coureurs en soubrevestes, en chapeaux à petits rebords, les promènent doucement pour les tenir en haleine; on juge à leurs jarrets déliés, à leur ventre creux, qu'ils ont été purgés la veille, qu'on les a pesés, et que les hommes ont subi la même opération: une mouche sur eux serait de trop. Vos yeux suivent dans le lointain d'autres concurrents qui mesurent la plaine.   *A Suivre.*

BIBLIOGRAPHIE

L'Aube d'une femme, poésies par Miss E. Ehrtone, Paris, A. Rouam et Cⁱᵉ, éditeurs, 1891.

Comme M. Roger Milès, le spirituel auteur de la préface de ce volume, je me défie à bon escient de la littérature féminine ; entre tant de bas-bleus qui nous fatiguent de leur abondance stérile, les talents sont si rares et les médiocrités si variées ! La femme-auteur était autrefois élégiaque ou virile, Corinne ou Sapho, Dufresnoy ou George Sand ; aujourd'hui elle s'émancipe.

L'Aube d'une femme, de Miss Ehrtone, ne m'a pas donné cette impression de talent qui se hausse ou d'esprit qui se guinde. J'y salue le cœur d'un poète et la main d'un artiste réunis chez une jeune muse qui a gardé la fraîche ingénuité de la vingtième année. Ce n'est pas tout à fait le début de l'auteur qui écrivait dans ses studieuses récréations le petit roman de *Gaëtane*, mais, pour me servir d'un mot du vieux Malherbe : « les fruits ont bien passé les promesses des fleurs ».

Des études d'après nature ou d'après l'antique, des poèmes gaulois, des poésies de sentiment ou inspirées par ces deux chimères le hasard et le rêve marquent autant de divisions dans le livre très attachant, très élégant aussi de Miss Ehrtone.

J'ai noté *les Renouveaux*, ce joli parrallélisme des deux jeunesses, celle de la terre et celle de la femme : *les Arbres*, paysage parisien mélancoliquement vrai :

> Platanes, marronniers, sycomores étiques
> Lèvent leurs bras lassés dans le ciel de Paris,
> Où le souffle mauvais qui descend des toits gris
> Bégaie en leurs rameaux ses lugubres cantiques.

Je recommande, dans ces pièces de la première partie, un effet d'automne, la *Saulaie* (le printemps de l'auteur se plaît aux feuilles d'automne et chante un *hymne* à la saison décadente), à *Kermario*, poème qui m'a séduit par son accent breton, et ces deux vers pris sur le vif :

> Le Lichen envahit le front des pierres grises,
> Où brille à chaque fente un bouquet de fleurs d'or.

Et encore le gracieux *Pantoum des hirondelles* et un *Noël* d'un charme un peu mondain

Les fresques, généralement d'après l'antique, sont d'un poète moderne qui a retrouvé Horace et Properce à travers André Chénier. Je veux citer un sonnet, *La Buire*, qui est fait de main d'ouvrier :

De tes parois d'onyx ceint d'argent ciselé,
Peut-être le Calès ou le Falerne antique
A flots de pourpre vive a jadis ruisselé
Sur la Rome déchue ou sur la vieille Attique ;

Peut-être as-tu, du haut de ton col effilé,
Pour la libation qui suit le saint cantique,
Ou pour les fins cheveux de Laïs ou d'Eglé,
Goutte à goutte, épandu l'essence asiatique…;

O Buire ! à ton aspect renaît tout un passé :
Voici les grands festins, l'autel encor dressé,
Voici Lydé puisant l'eau fraîche à la citerne.

Et l'on admire en toi l'art plein d'enchantement
Des siècles morts, tandis que tu sors simplement
De l'humide sous-sol d'un boutiquier moderne.

C'est presque du Soulary, avec une chute à la Coppée.

De même que par ses deux poésies antithétiques *Vierge grecque*, *Vierge gauloise*, Miss Ehrtone s'achemine à des *Poèmes gaulois :* *L'autel d'Hesus*, *Le combat d'outre-vaillance*, *Une chasse à l'Urok*, où la vigueur ne va pas sans une certaine tension des muscles ; de même, deux ou trois pièces d'un sentiment exquis *Tombeau d'enfant*, *Le cloître*, sont la préface naturelle des poésies plus intimes et recueillies par lesquelles s'achève le volume.

Ici j'ai le regret de mentionner à la hâte *Misanthropie*, jolie paraphrase du *Rus quando te aspiciam* par une parisienne en rupture de Paris ; *Le sang*, protestation indignée dédiée à Mme Séverine contre les boucheriest auromachiques ; surtout *Robes blanches*, une poésie fraîche et candide, que, seule, une jeune fille a pu écrire.

Malgré la hauteur et la générosité des pensées, j'aime moins Miss Ehrtone dans les élans philanthropiques à la Victor Hugo que lui dicte son rêve ; je la quitte trop tôt, espérant avoir fait partager à mon lecteur cette croyance qu'un vrai poète, un poète au cœur chaud, à l'âme vaste, à la main habile, nous est né. *L'Aube d'une femme* est une radieuse aurore.

OLIVIER DE GOURCUFF.

Extrait du *Biographe* :

Je ne sais si tous les collègues dont la mission est de lire les ouvrages qui paraissent, pour en rendre compte au public, partagent mon sentiment : L'envoi d'un beau livre signé d'un nom aimé me produit l'impression douce et bienfaisante de l'arrivée d'un ami.

A l'un comme à l'autre j'ouvre mon cœur sans défiance, heureuse d'y laisser pénétrer tout ce que le leur m'apporte de réconfortant et de bon. L'*Aube d'une femme* a ce don de parler à l'âme, de répondre aux instincts nobles, généreux et esthétiques que portent en eux les épris de l'Idéal.

Je passe pour être bonne — trop même disent certains — aux *jeunes*, aux Nouveaux, mais aucun, je crois, ne pourra me refuser de n'être que juste lorsque j'affirme, lorsque je proclame bien haut le délicieux talent de miss Ehrtone, dont j'ai salué les débuts avec une joie égale à celle que je ressens aujourd'hui en applaudissant son livre nouveau.

Dans le *Courrier du Puy-de-Dôme*, M. Polissé Gaultier lui rend un hommage mérité en termes charmants.

De ce poétique écrin composé de perles fines, toutes les beautés seraient à détailler, toutes à citer dans leurs genres divers : *D'après Nature, Fresques, Poèmes gaulois, Au fond du Cœur, Au hasard* et *Dans les rêves.*

Ainsi que le dit M. Roger-Milès, dans la Préface de l'*Aube d'une Femme,* on trouve dans le livre de miss Ehrtone des joyaux aux ciselures précieuses qui sertissent des gemmes au radieux étincellement.

Et le préfacier termine par cette excellente appréciation pleine de vérité :

« Miss Ehrtone n'a pas seulement une âme de poète ; elle a aussi une âme d'artiste. Son doigté sur la lyre, comme on disait au temps jadis, est d'une rare virtuosité et prête ses effets de force et de douceur à l'interprétation des situations les plus suggestives et des sentiments les plus délicats. »

Oui, forte et douce à la fois est la nouvelle œuvre de miss Ehrtone dont le nom brille d'un pur éclat parmi ceux des meilleurs poètes de la génération actuelle.

MARIE-ED. LENOIR.

S'il est un charmant journal pour la jeunesse, c'est bien certainement le *Grillon du foyer*, cette coquette feuille qui arrive deux fois par mois à ses petits lecteurs avec de nouvelles surprises. Nous ne pouvons passer sous silence son ravissant numéro de Noël. *L'Arbre de Noël,* c'est justice, occupe la première page ; puis c'est une comédie enfantine *Monsieur Noël,* — un Sonnet ; *Réchauffe-cœur,* par Mme la baronne d'Ottenfels ; un joli conte *Paquita* fantastiquement écrit par la plume alerte et gracieuse de Mme D. Mon ; *Premier jour de neige,* par Miss E. Ehrtone ; *L'Equipée d'un lion,* quatrains accompagnés de dessins humoristiques ; le *Grillon du foyer,* poésie, par Francis Maratuech ; *Premiers bavardages,* par Hippolyte Buffenoir ; l'histoire des os de Paganini ; le *Noël* de Théophile Gautier ; un curieux rondel de Marius Dillard : *Tableau de laque* ; et la livraison, après maintes illustrations dues au crayon de Mlle Lucie Attinger, se clôt par une *Gerbe de pensées* et par les *Jeux d'esprit.* Avec une telle variété, on ne doit pas s'étonner du bon accueil qui est fait de toutes parts au *Grillon du foyer ;* aussi n'est-il pas seulement recherché par les enfants de Suisse, mais encore par les petits Français.

Attinger frères, éditeurs, à Neufchâtel (Suisse). Abonnement d'un an : 2 fr. pour la Suisse, 3 fr. 50 pour l'Etranger.

LE JAPON PRATIQUE

A côté de cette partie tout artistique, voici un nouveau sujet qui cependant, touche aussi à l'art par plus d'un point : les produits naturels et les procédés de fabrication. La *Pierre* vient en première place, quoique les Japonais fassent peu de constructions en pierre, à l'exception du *tori-i* (portique) et du *toro* (lanterne) ; le *Bois* n'est pas négligé, et le bambou y occupe naturellement la place d'honneur :

« Le Japon est un pays où abondent les bois d'essences diverses, et ce n'est pas un des traits les moins touchants du caractère de ses habitants que le soin qu'ils ont pris de ménager leurs ressources forestières, non pas en avares, âpres au gain, mais bien plutôt en fins appréciateurs, mûs par un sentiment délicat de respect attendri pour tout ce qui concourt à la beauté du paysage au milieu duquel ils vivent et qu'ils savent si bien apprécier.

« En première ligne, il faut placer le clair bambou, d'un port si gracieux qu'il aurait pu se dispenser d'être utile. Son feuillage frissonnant rappelle le saule ; comme lui, il se plaît dans les endroits humides ; et comme lui, en masse et vu à distance, il manque un peu de ce que les artistes appellent le caractère : c'est donc un décor de premier plan.

« Lorsqu'on se trouve dans une de ces forêts consacrées où s'abritent les tombes des prêtres, on ressent une impression saisissante. Les fûts élancés, lisses et annelés des bambous, qui atteignent des hauteurs extraordinaires, le bruissement du feuillage, semblable à un murmure de soie froissée, la fraîcheur exquise qui règne sous ces profonds ombrages, qu'on dirait hantés par de bienveillants esprits tout contribue à inspirer un recueillement délicieux, inoubliable.

« Que serait le Japon sans le bambou ? A quoi n'est-il pas utile ?

« Sous le nom de *takenoki*, les jeunes pousses servent d'aliment.

« La vannerie, les parapluies, les éventails, les lanternes, les chapeaux, sont tributaires des jeunes bambous.

« Les jardinières de formes infiniment variées, les boîtes de toutes sortes, certains plateaux, les *kago*, chaises à porteurs où s'asseyent les gracieuses *mousmés*, maints détails dans la construction, les appareils d'irrigation et de canalisation, les ponts volants, des machines hydrauliques, etc., etc., sont faites avec le gros bambou. »

Suit la nomenclature des arbres japonais et leur usage, avec les industries et les ouvriers du bois : sculpteurs, menuisiers, sabotiers, etc., tandis que les fondeurs, armuriers, orfèvres, ciseleurs, ont leur tour dans les pages consacrées au métal, où nous relevons ce curieux paragraphe sur les sabres :

« Il y eut une époque où c'était un grand luxe d'avoir beaucoup de sabres — on en avait de différents pour chaque costume — certains seigneurs en possédaient jusqu'à douze ou quinze cents, attestant ainsi leur noblesse.

« Un homme, fût-il pauvre et mal vêtu, s'il avait à sa ceinture des sabres anciens et d'un grand prix, était plus considéré qu'un autre en riche costume mais porteur d'une lame vulgaire.

« Les légendes du pays disaient que les lames de sabres sont fées et ont une âme ; aussi, pour rien au monde, les Japonais n'auraient osé porter des armes ne leur appartenant pas.

« C'est afin de conjurer les mauvais esprits errant dans l'espace, que les armuriers consacraient leurs œuvres d'élite à Bishamon, dieu de la guerre, et qu'ils suspendaient dans leurs ateliers le *goë* shintoïste (guirlande formée d'étroites bandes de papier blanc).

« Ils croyaient aussi que le dieu Inari venait les aider à forger les belles lames, auxquelles on donnait des noms, et, ainsi respectées et aimées, elles passaient de siècle en siècle dans la famille.

« La profession de maître armurier ennoblissait celui qui l'exerçait. L'usage voulait, lorsqu'un maître armurier mettait la dernière main à une œuvre de prix, qu'il revêtît son costume de cour. Cette solennité montrait à quelle hauteur on plaçait cet art, et combien le métier des armes était honoré. »

La céramique y tient avec justice sa large place, et les procédés de fabrication y sont minutieusement développés ainsi que pour les tissus, où la soie vient en tête, et pour la laque, la laque qui a été appliquée à tout :

« Depuis les objets les plus somptueux jusqu'aux plus ordinaires, depuis la vaisselle de table et de toilette, jusqu'aux purs objets d'art; depuis les plus grands meubles jusqu'aux plus frêles bibelots. Elle tient une place considérable dans la décoration des édifices religieux, aussi bien dans les objets du culte que dans l'ornementation architecturale. On cite notamment la galerie extérieure du temple consacré à la mémoire de Yemitsu, à Nikko, dont le plancher — sur lequel on ne marche que pieds nus — est en belle laque noire; et, dans le même endroit, le pont sacré, en laque rouge, que la procession ne franchit qu'une fois par an. »

Ce sont ensuite les arts graphiques : le papier dont on fait un si grand usage au Japon, l'encre de Chine, les pinceaux, les images, qui laissent alors place au chapitre tout pratique de l'alimentation :

« Que mange-t-on au Japon? Il serait peut-être plus simple de commencer, avant de répondre à cette question, par dire ce qu'on ne mange pas.

« Les Japonais n'ayant pas de prairies, tous leurs terrains étant convertis en rizières et en vergers, ont fort peu de bestiaux, partant pas de viande de boucherie, pas de graisses, pas de lait, pas de beurre, pas de fromage. »

« Ils n'ont que peu de froment qu'ils utilisent sous une autre forme qu'en Europe et ne connaissent pas le pain, non plus que la pomme de terre, remplacée chez eux par la patate.

« Ils n'ont ni bières, ni vins, ni café, et ne boivent en mangeant que le thé ; le *saké*, boisson fermentée, vient après, et c'est tout.

« Les préparations culinaires sont extrêmement compliquées; il faut jusqu'à vingt-quatre heures pour faire un plat; les cordons bleus japonais n'ont pas de cuisine *vite faite*, tous les aliments demandent des préparations, des macérations, des cuissons, toutes sortes de combinaisons savantes qui prennent beaucoup de temps. On les dresse ensuite dans une infinité de petits ustensiles amusants et gracieux. Seul, le riz, qui en quelque sorte remplace le pain et sert d'accompagnement à tous les plats, est présenté dans une grande boîte ronde, à couvercle en laque.

« Tout est pour eux prétexte à pièces montées, à arrangements pittoresques. Les mets sont dressés avec goût, mariant leurs couleurs agrémentées de verdure qui en relève les tons variés; c'est comme une orfévrerie culinaire exécutée pour le plaisir des yeux.

« Les poissons crus, découpés en filets minces, sont disposés sur des lamelles de verre, notamment le *taï* qui est le poisson le plus apprécié, la célébrité du Japon.

« Ils ont de la volaille et des œufs, du gibier, des légumes magnifiques, dont quelques-uns même atteignent des dimensions colossales, des plantes marines comestibles en abondance, qu'ils assaisonnent d'une certaine sauce appelée *shoyu*. Puis viennent les pâtes de haricots, les saumures variées, beaucoup de confitures, des gâteaux de riz, etc.

« Ce qui distingue les cuisiniers japonais, c'est leur extrême propreté : jamais ils ne touchent les viandes avec les doigts, mais avec des baguettes spéciales. Leur installation est peu compliquée : un fourneau, des marmites, des bouilloires, des cuillères à pot ayant la forme de très petites casseroles, des baquets sur des tréteaux, un mortier, un pilon, des plats, des théières, des bols, beaucoup de bols, forment à peu près tout leur bagage.

« A la campagne, c'est plus simple : dans le plancher est pratiquée une grande ouverture carrée, fermée par une trappe à coulisse. Un trou est creusé dans le sol; c'est là qu'on fait le feu, au-dessus duquel, descendant du plafond sont suspendues les crémaillères. »

Les céréales et les légumes, les plantes marines, les poissons, les fruits, les champignons, les épices et condiments, l'huile et le miel, les breuvages : *saké*, *tosso*, ont leurs articles spéciaux, mais le privilégié, c'est le thé. L'auteur décrit la somptueuse cérémonie du thé : *le Tcha-no-yu*, la culture de la précieuse plante, et tout poétiquement raconte son origine :

« Dans ce pays du merveilleux où tout a une légende, le thé a la sienne qui mérite d'être rapportée.

« Dharma, un célèbre ermite, en grande odeur de sainteté au Japon et en Chine, était un si sévère observateur de la règle fort dure qu'il s'était imposée, que ses jambes pourrirent sans qu'il s'en aperçut, car il était resté pendant quatorze ans sans bouger, assis sur la terre dure.

« Il s'était défendu le sommeil. Une nuit pourtant, il s'endormit et ne se réveilla qu'au jour. Indigné contre lui-même d'avoir fait preuve d'une telle faiblesse, il coupa ses paupières et les jeta loin de lui comme de misérables tentatrices qui souillaient la sainteté à laquelle il aspirait.

« Alors un miracle se produisit : ses paupières prirent racine à la place où elles étaient tombées, et un arbrisseau poussa, donnant des feuilles que les gens du pays cueillirent et dont ils firent une infusion parfumée qui chasse le sommeil. »

A suivre.

A UN POÈTE

SONNET

Pour Frid-Olin (de Montréal)

Regarde, c'est pour toi que fleurissent les roses;
Les nids chantent partout la chanson de l'amour,
Et le Soleil, — ce père attendrissant du jour,
A mis un large rire au front de toutes choses.....

Poursuis ton rêve heureux et tes visions roses,
O poète, ô rêveur, sublime troubadour.
Parle-nous de ciel bleu, d'un consolant séjour,
Et de baisers sans fin sur des lèvres mi-closes.

Chante et rêve. Ta voix est douce à notre cœur,
Que la vie a meurtri et qu'endort la douleur,
Dans cette nuit obscure où s'agite notre âme.

Chante et viens nous parler d'aurore et de réveil,
Des rayons lumineux d'une divine flamme.
O poète, poursuis ton rêve de Soleil !

J.-B. CHATRIAN.

Septembre 1891.

L'OR

A François Coppée

LA satire n'aura jamais assez de traits,
Car le monde, toujours, lui fournit des portraits,
Le sot, le parvenu, l'intrigant, l'égoïste,
Viennent à chaque instant en augmenter la liste.
La verve de Boileau n'est pas éteinte encor.
Elle se modernise et reprend son essor.
Notre pauvre univers est une vaste scène,
Où se joue en tout temps la comédie humaine,
Chacun y tient un rôle, ou superbe ou banal,
Le bien s'y voit parfois, mais plus souvent le mal;

Allons, sautez pantins, dansez marionnettes,
Montez sur les tréteaux débiter vos sornettes.
Mais il est un sujet qui m'amuse aujourd'hui,
C'est l'Or !... Que ne fait-on pour courir après lui ?
Tous les moyens sont bons, oui, tous, même le crime ;
Et si l'on n'est fripon, hélas ! on est victime !
On est assoiffé d'or, de ce jaune métal
Qui de corruption est un agent fatal.
L'avare thésaurise et le boursier spécule
Avec l'argent d'autrui sans honte ni scrupule.
Entasser dans sa caisse, emplir ses coffre-forts,
C'est le but vers lequel tendent tous les efforts.
O démon tentateur, infernale puissance,
C'est toi que l'on honore et toi que l'on encense !
Funeste passion qui trouble les esprits !
On veut gagner beaucoup à n'importe quel prix,
On voudrait se plonger dans les flots du Pactole,
Le veau d'or est un roi, plus encore une idole,
Et le son des écus, agréable entre tous,
Fait entendre à l'oreille un tintement bien doux.
L'éclat des pièces d'or fascine, attire et grise,
Partout, partout on voit briller la convoitise,
C'est vraiment scandaleux et cela fait pitié !
On trahit son devoir, on ment à l'amitié,
La femme vend son corps et l'homme vend son âme !
Ah ! détournons les yeux de ce spectacle infâme
Qui, soulevant le cœur, l'abreuve de dégoût !...
Tout s'achète à présent, on fait argent de tout,
L'appât de la fortune et l'espoir des richesses
Font commettre ici-bas les plus viles bassesses ;
C'est un marché sans cours, un trafic effronté
Où sombre avec fracas la vieille probité.
Celui qui prime tout, c'est le capitaliste,
Devant lui tout s'incline et rien ne lui résiste.
Droiture, intelligence et talent sont des mots
Auxquels s'attachaient seuls les naïfs et les sots,
Voici les charlatans, en avant la parade !
Oui, mais gare au moment de la dégringolade !...

Ali Vial de SABLIGNY

CHIMIE AMUSANTE

Illusions du toucher.

1º Une des plus curieuses de ces illusions consiste à croiser le doigt du milieu sur l'index de la même main ; puis, entre les doigts ainsi disposés, à faire rouler une boule. Si vous fermez les yeux pendant cette opération, il vous semblera que vous touchez deux corps distincts ; plus vous ferez des efforts pour les séparer, plus vous maintiendrez la boule entre les doigts creusés, et plus l'illusion sera complète.

2º Si vous entrez, en hiver, dans une cave creusée dans la terre, vous éprouverez un mouvement de *chaleur* ; si vous entrez, en été, dans la même cave, vous éprouverez un mouvement de *froid*. Cela dépend de ce que l'air extérieur est plus chaud, en été, que celui de la cave, et qu'en hiver il est plus froid. Alors nos sens nous annoncent une élévation de température, dans le premier cas ; et un abaissement, dans le second.

On comprend, dès lors, la nécessité et l'utilité des *thermomètres*.

2º Illusions du goût.

Nous sommes fiers et heureux des progrès des sciences ; nous aimons à énumérer les bienfaits qu'elles nous rendent, et parmi ces sciences, nous ne cessons d'admirer les belles découvertes de la chimie.

Cependant, que d'assauts la chimie livre à notre estomac et à notre santé ! Pour nous en convaincre, passons en revue quelques-uns de nos aliments.

Quel est le Parisien qui peut se flatter de boire du lait non additionné d'eau ou encore de farine, de cervelle, etc.; d'avoir mangé du pain fait avec de la farine pure, c'est-à-dire ne contenant point de la fécule de pomme de terre, de l'albâtre pulvérisé, du sulfate de cuivre, de l'alun, de la craie, du plâtre, du carbonate de potasse, etc. Quel est celui qui peut dire que le sel de cuisine dont il se sert n'est pas mélangé avec du salpêtre, des sels de varech, de l'alun, etc.... ?

Pour le chocolat, on fait, le plus souvent, un mélange de cacao avarié, de cassonade, de fécule de pomme de terre, de graisse de mouton ; ou encore, des farines de riz, de blé, de lentilles, de pois, de haricots. Mieux encore : d'huile d'olives ou d'amandes douces, des amandes ou des noisettes grillées. Ce n'est rien, voici encore la sciure de bois, l'oxyde rouge de mercure, le minium, le carbonate de chaux, les terres ocreuses.

Les gourmets ne distinguent pas toujours le chat du lapin, le cheval du bœuf, et la vache marinée du chevreuil.

Vous croyez, Parisiens, boire du vin ; mais du vin, il deviendra

aussi rare qu'un merle blanc. Voici ce que vous prenez pour du vin :
c'est un mélange de fuschine, de raisins secs, d'alcool de pommes
de terre et de glucose ; certes, pareille liqueur se rapproche très
peu de la vigne.

Votre potage au tapioca est tout simplement de la fécule de
pomme de terre imbibée d'eau et projetée sur une plaque de cuivre
chauffée à 100 degrés.

Pour que les poissons ne se gâtent pas, on leur injecte un
mélange de chlorure de zinc et d'acétate d'alumine.

Le beurre, ah ! voici ce qu'on vous vend pour du beurre ; c'est
de la craie, de l'argile, du plâtre, du silicate de potasse, du sulfate
de baryte, de la farine de blé, de l'amidon, de la pulpe cuite de
pomme de terre, de la fécule et du fromage que l'on colore avec du
chromate de plomb, ou avec du rocou.

Illusion de l'ouïe.

Le son est le résultat d'un mouvement vibratoire imprimé à la
matière pondérable.

Par exemple, si on pince la corde d'un violon pour en tirer un
son, on distingue facilement le mouvement de va-et-vient qu'elle
exécute d'un côté et d'autre.

La principale illusion de l'ouïe est ce qu'on appelle l'*écho*.

La mythologie des Grecs nous dit qu'une nymphe du nom d'*Echo*,
de la suite de Junon, et fille de la terre et de l'air, attira sur elle,
par son babil, l'attention de Jupiter. Junon jalouse la condamna à
être changée en un rocher, et à répéter seulement la dernière
syllabe qui frapperait son oreille ; telle est la fable, mais l'écho n'est,
en réalité, que la simple *réflexion du son*.

Il existe certains échos remarquables, qui peuvent répéter plusieurs syllabes : parmi ceux-là, on cite celui de Woodstad, en
Angleterre, qui répète jusqu'à *vingt* syllabes ; il en existe un, du
côté de Verdun, répétant *douze* ou *treize* fois le même cri ; un écho
aussi, près de Nancy répète *vingt* syllabes ; l'écho du palais de
Simotretta, aux environs de Milan, reproduit soixante fois le bruit
d'un coup de pistolet.

Les foyers acoustiques que présentent certaines salles sont vraiment curieux et amusants. Qu'à l'un des foyers d'une voûte
elliptique on mette une montre, et qu'on aille ensuite à l'autre
foyer, on entend très distinctement le tic-tac de la montre. Au
Conservatoire des arts et métiers, à Paris, il y a une salle dans le
genre de celle que nous venons de dire : si deux personnes sont
placées chacune à un foyer de réflexion, elles peuvent facilement
entretenir, entre elles, une conversation à voix basse, quoiqu'elles
soient éloignées l'une de l'autre. Une pareille salle existe encore à
l'église cathédrale de Narbonne : Saint-Just.

Les illusions d'optique étant très nombreuses et très amusantes
feront l'objet d'un nouvel article spécial.

Paul Calmet.

L'ART DU DÉCOUPAGE

(SUITE)

Les numéros courants sont : 0, 1, 2, 3, 4, 5, 6. Les numéros 7, 8, 9, ne servent généralement que pour le débit des planchettes ; quant aux autres numéros, ils sont rarement employés par l'amateur. Les goûts des amateurs sont très variés sur le choix des scies ; les uns changent de numéros suivant les ouvrages à exécuter ou la complication des dessins ; les autres n'emploient qu'un seul numéro, avec lequel l'habitude les a plus familiarisés. Nous engageons les amateurs à essayer de différents numéros, tout en leur recommandant cependant le numéro 2, qui est assez fortement denté pour attaquer plusieurs planchettes à la fois et dont le fil est assez fin pour exécuter des ouvrages délicats.

Nous nous sommes jusqu'ici spécialement appliqué à décrire les qualités des scies propres au découpage. L'industrie emploie d'autres genres de scies dont les principales sont la *scie à voie*, la *scie à ruban*, la *scie circulaire*.

La scie à voie, très commune, est une scie dont les dents sont inclinées à droite et à gauche de deux en deux, pour faciliter son passage : plus la voie est prononcée, plus large est la coupure produite et plus considérable aussi est la quantité de bois perdu sous forme de sciure. Les plus fines que l'on trouve ont environ 2 millimètres de largeur.

Comme son passage dans la masse du bois émousse les dents et les redresse petit à petit, on doit de temps en temps raviver les arêtes des dents avec un tiers-point et lui rendre de la voie en inclinant ces dernières les unes à droite, les autres à gauche.

Dans les scieries, on réunit souvent dans un châssis quadrangulaire plusieurs lames de scies espacées suivant l'épaisseur que l'on veut donner aux planches, et ce châssis se déplaçant dans le sens vertical découpe à la fois autant de planches que l'on a réuni de lames.

La scie à ruban, ou *scie sans fin*, est un ruban en acier denté dont les deux extrémités sont soudées ensemble. Cette scie mise en mouvement par un moteur, coupe sans temps d'arrêt les pièces de bois qu'on lui présente.

(A Suivre).

LE DÉCOUPAGE POUR TOUS

LORIN AINÉ

A PARIS

Imp. CRESSON Paris.—

Modèle déposé.

N° 823.

15 Janvier 1892.

Ecrans à Bougie et Pare-Lumière pour Suspension.

Nº 824

RATELIER DE PIPES

Le montage consiste simplement à introduire dans les mortaises de la partie principale les tenons du râtelier qui doivent être chevillés au dos.

Si l'on préfère clouer, coller ou visser, on supprime les tenons et les mortaises.

Nº 825

ÉCOINÇON

Les deux côtés sont ajustés à onglets ; ou, plus simplement, placés l'un près de l'autre. La tablette, qui se fixe aux deux traverses laissées pleines, est tracée d'équerre sur le dessin ; mais il arrive souvent que l'intersection des murs, auxquels on destine l'objet, s'écarte de la perpendiculaire ; il est donc nécessaire de se baser sur l'ouverture de cet angle, pour que l'écoinçon s'y adapte parfaitement.

LES ARTS DU FEU

MOYEN AGE ET TEMPS MODERNES
(Fin).

L'ORIENT

I. Verrerie. — Dès le vi⁰ siècle de l'ère chrétienne, les verreries persanes produisaient des objets d'un fini et d'une perfection remarquables. La *Coupe de Chosroès* (à la Bibliothèque nationale), nous fournit un modèle de ces admirables verroteries. Plus tard les verreries arabes s'acquirent une renommée universelle ; celles d'Alep et de Damas répandirent leurs produits dans toute l'Europe, jusqu'à la fin du xv⁰ siècle. En outre de leurs lampes, aujourd'hui encore si justement appréciées, les verriers orientaux du moyen âge ont excellé dans la fabrication des ustensiles les plus divers : ils y ont mis un sentiment d'élégance et de justesse artistiques que nos verriers européens n'ont guère surpassé.

De nos jours, la Chine a envoyé en Europe divers objets de verrerie, notamment des sortes de petits flacons faisant office de tabatières. L'industrie du verre, dans ce pays, semble d'ailleurs remonter à une antiquité très haute, et avoir reçu d'importants développements. On sait en outre que, depuis le premier siècle avant notre ère, les Chinois avaient des fabriques de *lieou-li*, sorte d'émail transparent d'une couleur bleu foncé.

II. Céramique. — Toute autre est l'importance de la poterie orientale, notamment des produits céramiques de la Chine et du Japon. C'est de ces pays que nous est venue la première notion de la porcelaine : c'est d'eux aujourd'hui que divers perfectionnements des plus précieux sont arrivés à notre industrie occidentale. L'invention de la poterie chinoise remonterait, suivant les légendes, à 2690 avant J.-C., et l'invention de la porcelaine de *Kaolin* à 200 avant J.-C. Mais c'est surtout depuis le xv⁰ siècle que la porcelaine chinoise a pris un mouvement de progrès qui ne s'est ralenti que dans ces derniers temps. On connaît la variété infinie des formes des vases chinois, leur légèreté, leur élégance, leur haute valeur artistique. Porcelaines *blanche* ou à *couvertes colorées*, ou *décorées sous couvertes*, ou à *fonds craquelés*, ou *réticulées avec des décors gravés et découpés à jour*, autant de genres où les Chinois ont produit d'incomparables merveilles. Mais c'est surtout dans la porcelaine à *décoration polychrome sur couverte* qu'ils nous ont fait voir des chefs-d'œuvre de facture et de coloris. Au Japon, la céramique ne s'est développée que vers le xvi⁰ siècle, et sous l'influence de la Chine. Les porcelaines d'Arita, d'Hizen, de Koutani et d'Imari ne diffèrent des porcelaines chinoises que par une variété plus étonnante encore de formes et de décorations. Aujourd'hui le Japon produit surtout des vases de *grès* et de *faïence* (fabriques de Kioto, Satzuma, etc). Citons encore les porcelaines recouvertes de *laque* et les porcelaines à *émail cloisonné*, deux genres tout modernes où l'habileté des Japonais s'est donné libre jeu.

III. Emaillerie. — Les Chinois semblent avoir connu l'art de l'émaillerie presque en même temps que celui de la porcelaine : ils y ont mis la même adresse surprenante, les mêmes qualités d'élégance et de variété ! Leurs émaux cloisonnés, champlevés, leurs *émaux-porcelaines* ou émaux peints, sont à la hauteur de leurs poteries les plus parfaites. Les Japonais ont également pratiqué l'art de l'émail ; mais leurs émaux cloisonnés (dont le chef-d'œuvre en Europe est une fontaine du Musée vert à Dresde) ne souffrent pas la comparaison avec les cloisonnés Chinois ; leurs émaux translucides sur fond d'or sont en revanche des plus remarquables.

T. de Wyzewa.

CARLE VERNET

(SUITE)

« Le mouvement des jockeys, les différentes attitudes des chevaux, leur air impatient, la mine confiante de leurs guides, vous transportent déjà sur le lieu de la scène; vous n'attendez plus que le signal de la course. »

Il est certain qu'à cette époque, et encore bien longtemps après, Carle, comme peintre de chevaux, de courses, d'attelages, resta chez nous sans rival.

Mais, au milieu du monde des salons ou de la rue, dans son atelier même, de temps à autre, Vernet avait vu passer quelques-uns de ces fiers jeunes hommes qui revenaient d'Allemagne et d'Italie, le front ceint de lauriers ; ils lui racontaient les grandes journées de l'ère républicaine, les villes prises au pas de course, les fleuves franchis sous la mitraille, les charges héroïques, les glorieuses veillées des camps et les aventures des soldats. L'imagination de l'artiste s'échauffa, il voulut peindre les combats, les batailles de la liberté, — heureux si la fortune n'avait donné à son pinceau que ces gloires à retracer ! — Et, comme aux armées on vivait encore avec les idées d'égalité, renversant le système de Van der Meulen et d'autres, il voulut faire à tous la part d'honneur qui leur revenait, et non montrer, au premier plan, un général assistant à une bataille qu'on ne voit pas, à la prise d'une forteresse dont, au lointain, on distingue à peine à travers une fumée savante, les premiers bastions. Il voulut peindre les lieux, la scène à son moment décisif, les artilleurs à leurs pièces, les cavaliers lancés, l'infanterie ouvrant ses feux ou marchant la baïonnette au bout du fusil, les trompettes sonnant, les tambours battant la charge, les sillons couverts de morts et de mourants, la bataille enfin, la vraie, dans toute sa sauvage horreur. C'était une révolution dans la représentation des scènes militaires. A cette révolution sensée, Carle ne devait pas rester toujours fidèle; allaient venir les jours où un maître absolu exigerait que dans sa seule personne se personnifiassent toutes les victoires.

Mais enfin il devait rester à Carle cet honneur d'avoir créé une voie nouvelle, d'avoir remplacé le théâtral, l'officiel, par le réel et le vrai.

Ce fut avec ce sentiment que Carle reproduisit, dans des *tableaux historiques des Campagnes d'Italie*, les combats de *Millesimo*, de *Mondovi*, de *Saint-Georges*, le *Passage du Pô*, pour arriver, après d'autres dessins encore, à la peinture de la victoire de *Marengo*. Toutes les critiques que l'on peut faire sur cette toile, nous les connaissons: lourdeur de main, couleur terne et morne, c'est vrai ; mais, dans cette page, ce qui reste est l'exactitude et la vérité, ce que l'histoire raconte et ce qu'elle garde. En cette œuvre capitale pour l'artiste, Carle mit une noble indépendance. Ce n'est point la première bataille qu'il représenta, mais la bataille gagnée ; le héros de sa fête héroïque ne s'appelle pas Bonaparte, mais Desaix, ce Desaix qui tombe là-bas et sans lequel Kellermann n'aurait pu lancer son escadron victorieux. Temps de fabuleuse mémoire, où les lieutenants laissaient à leurs chefs les palmes dont ils auraient pu couronner leurs têtes ou leurs tombes.

Ce tableau de la bataille de Marengo, Vernet en exposa une esquisse en 1806, n'ayant pas eu le temps de l'achever pour l'ouverture du salon ; il est aujourd'hui au Musée de Versailles. Cette toile de trente pieds, ainsi que le porte le livret, fut fort admirée et fit grand honneur à Carle, devenu peintre du dépôt de la guerre. Napoléon revit cette toile pendant les Cent-Jours, et, pour témoigner sa satisfaction à l'auteur, lui envoya une gratification.

Mais, ainsi que nous l'avons dit, le peintre devait reprendre les traditions de cour ; dans son *Matin de la bataille d'Austerlitz*, dans le *Bombardement de Madrid*, la personne de l'empereur absorbe tout. Le *Matin d'Austerlitz* représente Napoléon donnant à ses maréchaux l'ordre de la bataille, de ce « coup de tonnerre » qui devait achever la campagne en écrasant l'armée russe. L'empereur, visitant avec Joséphine le salon de 1808, s'arrêta longtemps devant cette toile, en décora l'auteur, et Joséphine lui dit : « Il y a des hommes qui traînent le nom qu'ils portent, vous, Monsieur Vernet, vous portez le vôtre. » Paroles très flatteuses pour Carle, mais qui devaient sonner durement à l'oreille des descendants des vieilles races qui avaient consenti à tomber dans la domesticité de la Cour nouvelle.

Quant au *Bombardement de Madrid*, mis au Salon de 1810, tableau commandé par la servilité du Sénat, nous ne savons pas comment le peintre put se décider à représenter cette scène féroce. L'empereur, froid comme un bronze, sort de sa tente ; devant lui, à genoux, prosternés, tremblants, sont les envoyés de Madrid ; il leur désigne du geste une montre que tient le duc de Frioul, et leur jette ces paroles : « Si dans une heure à cette montre, vous ne m'apportez pas la soumission du peuple, vous serez tous passés par les armes. » Voilà le haut fait dont les Sénateurs voulaient perpétuer la mémoire ; il est vrai que, quatre ans après, ils allaient prononcer la déchéance de leur maître ; mais en 1810, ils rampaient encore.

(A Suivre).

A. GENEVAY.

L'HIVER

QUATRE heures vont sonner, et l'on est en décembre.
Un épais voile gris couvre partout les cieux.
Le jour baisse, et déjà l'ombre envahit la chambre
Où, près d'un poêle éteint, grelotte un pauvre vieux,
Immobile et muet. C'est un paralytique.
Nul ne veille sur lui. Sa femme l'a quitté
Et pour solliciter la charité publique,
Court, les pieds dans la neige, à travers la cité.
Or, quand il fait bien froid, les fenêtres sont closes,
Et, sans être entendu, le pauvre dans les cours,
Peut chanter en hiver les lilas et les roses.
Au passant affairé s'il demande secours,
Le passant, qui frissonne, est pour lui sans oreille,
Et court à son travail ou bien à son plaisir.
Aussi, lorsqu'au logis rentra la bonne vieille,
Elle avait tout le jour mendié sans faiblir,
Hélas ! et cependant maigre était la récolte.
Elle avait acheté du charbon et du pain ;
Elle fit donc souper son homme et, sans révolte,
S'endormit près de lui pour oublier sa faim.

Pauvre, l'hiver est rude, et grande est ta misère,
Mais les biens destinés à t'aider suffiraient
Si les frelons, tu sais de qui je parle, ô frère !
        Sous tes yeux ne les dévoraient.

Germain PICARD.

UNE VIEILLE AMIE

I

Un dimanche matin, le père Maurel dit à Mariette :

— Si nous allions au cimetière, petite, qu'en penses-tu ?

Mariette, qui rangeait les casseroles du pauvre ménage sur la planche de bois blanc, au-dessus de la cheminée, dit, les yeux gros de larmes et en joignant les mains :

— Oh ! oui, papa, je n'osais pas te le demander.

Le père Maurel reprit :

— Eh ! bien, petite, mets ton beau chapeau et ta robe de coton rose....

Il allait ajouter « que ta mère t'a achetée huit jours avant de mourir », mais il n'acheva pas la phrase.... Mariette sauta au cou de son père et s'écria, presque joyeuse :

— Je suis prête à l'instant, papa. Nous achèterons chez la mère Balthazar une grosse botte de violettes et de roses, n'est-ce pas, qui sentent si bon, comme celles que tu apportais quelquefois à la pauvre maman, le samedi soir, et nous l'attacherons à la croix...

Le père Maurel ne répondit rien, mais il sécha, du revers de la manche, deux grosses larmes qui lui roulaient dans les moustaches.

II

Un pâle soleil de septembre, dans le ciel tout bleu. Les feuilles jaunies tourbillonnent lentement dans les allées du cimetière, désertes encore à cette heure matinale. Elles jonchent le gazon, s'accrochent aux couronnes et aux croix de fleurs des tombes, et semblent dire à ceux qui pleurent :

— Regardez, comme tout s'en va : notre rôle aussi est terminé et nous mourons....

Dans un sentier détourné, à l'écart, bien loin du luxe des monuments de marbre et de pierre, le père Maurel et Mariette sont agenouillés dans le gazon, devant une croix de bois noir, grossièrement taillée....

Au-dessus de l'inscription, qui enseigne aux passants le nom et l'âge de celle qui dort sous ces six pieds de terre, — combien donc d'entre eux l'ont jamais lue ? — entre les bras de la croix, un gros bouquet de roses et de violettes parfume la tombe et le sentier. Un vieux saule-pleureur penche au-dessus ses grands bras chevelus et une petite fauvette, — l'oiseau des cimetières et du souvenir, — s'égosille en un air de folle gaieté.

Mais le père Maurel et Mariette n'entendent rien. Le monde n'existe plus pour eux, lorsque, la tête penchée sur les genoux, ils prient, ils conversent avec la « maman », dans ce langage mystérieux qui unit et rapproche les âmes, même dans la mort. Ils prient, et lorsque le père Maurel se relève enfin, le front tout baigné de sueur, des larmes plein les yeux, il se rappelle chaque dimanche les dernières paroles de la mourante :

— Tiens, papa, lorsque je n'y serais plus, pense toujours bien à moi, mais ne laisse pas Mariette sans mère : il y a là-bas, rue de la Roquette....

Et elle était morte, sans avoir achevé....

III

Alors, sans rien dire, le père Maurel donnant la main à Mariette, on redescendit vers Paris.

Ils pleuraient tous les deux, comme du reste chaque dimanche, et ces larmes soulageaient leur douleur.

Mais, pour se montrer fort, le père Maurel les refoulait, tant bien que mal.

Paris s'étendait là-bas, dans la brume de l'horizon, où le dôme des Invalides reluisait au soleil et, entre les maisons, un peu partout, se dressaient des flèches d'églises, des coupoles, des faîtes de monuments, à l'infini....

Le père Maurel s'arrêta, enthousiasmé :

— Mariette, regarde donc, là-bas, ce gros soleil tout jaune. Que c'est beau, hein? Ce sont les Invalides, avec le tombeau de l'Empereur....

La petite soupirait et, entre de nouvelles larmes qui lui montaient aux yeux, elle disait :

— Oh! je les connais bien, les Invalides; nous y avons été trois fois avec maman, n'est-ce pas?

Toujours ce souvenir !

— Mais regarde donc la Tour Eiffel, continuait-il, en étendant le bras.... Tu sais, ce soir on l'illumine. Ce sera un bel incendie, va... Nous irons voir, si tu veux...

Il riait, faisant tourner sa canne entre les doigts, mais rien ne pouvait la distraire de son chagrin et elle dit :

Oh ! oui, je voudrais bien, si maman était avec nous...

Alors le père Maurel s'arrêta et la regardant avec un sourire :

— Et si nous allions boire un coup de « blanc » chez la mère Mathieu, tu sais bien, la vieille amie de la maman; qu'en penses-tu?

La figure de Mariette s'éclaira aussitôt et elle s'écria :

— Quelle bonne idée, papa Maurel.

Et se faisant bien câline, elle l'attira à elle et lui dit à l'oreille :

— Est-ce que Petit Jean sera là, au moins?

— Oh ! cette fois-ci, Mariette, tu m'en demandes trop long, dit le père Maurel, tout joyeux du résultat qu'il avait obtenu. Mais si nous allions voir?...

J.-B. CHATRIAN.

A suivre.

A LA BRETAGNE

*A MM. Arthur de la Borderie et de la
Villemarqué, Membres de l'Institut.*

Pays mélancolique enfoui dans les brumes,
Si ta lande est stérile et si les océans
En se ruant sur toi te jettent leurs écumes
Et des galets polis dans leurs gouffres béants !

Sois fier : tes fils, du moins, ont gardé tes costumes
Et leur naïve foi parmi les mécréants,
Et ta langue sonore et tes vieilles coutumes,
Et la mâle vigueur de leurs aïeux géants.

Si donc, avec dédain l'on te disait : Bretagne,
Que produisent de bon ta plaine et ta montagne ?
Sans hésitation, tu répondrais alors,

L'âme d'amour, de joie et de bonheur remplie,
En montrant tes enfants ainsi que Cornélie (1) :
Ce sont eux mes plus beaux et mes plus chers trésors.

Dominique CAILLÉ.

(1) Mère des Gracques.

CAUSERIE LITTÉRAIRE

(Extrait du *Courrier de Versailles et de Seine-et-Oise*).

L'Aube d'une Femme, poésies par Miss E. EHRTONE, avec une préface de L. ROGER-MILÈS. — 1 vol. J. Rouam et Cie, éditeurs, Paris 1891.

A l'âge où les jeunes filles n'ont d'autres préoccupations que le bal, les soirées, les toilettes, les mille riens de la vie inutile et mondaine, Miss Ehrtone écrivait ses premiers vers. C'était presque encore une enfant, une toute jeune fille adolescente, timide et rêveuse, mais déjà femme par la pensée, une pensée précoce et saine, et par le cœur, un cœur charmant et pur qui connaissait toute l'âpreté de la vie.

> Elle avait l'âge ou flotte encore
> La double natte sur le dos,
> Mais où l'enfant qu'elle décore
> Sent le prix de pareils fardeaux.

Cette enfant studieuse sentait encore le prix de bien d'autres fardeaux, et elle éprouvait un délicieux plaisir à s'enfermer dans sa chambre et à confier à son cahier les impressions les plus intimes de son âme vibrante, sensible et forte à la fois.

Miss Ehrtone n'a que vingt ans. Quel âge exquis pour un poète, quand ce poète est une jeune fille, quand cette jeune fille a toutes les candeurs de la vierge idéale et tous les attraits de la femme mûrie par la réflexion et guidée par la volonté !

Ce n'est pas que sa plume manque de nonchaloir et d'une certaine élégance enlaçante, en dépit de cette gravité précoce qui surprend chez une jeune fille ; mais dans toutes les pièces qui composent son recueil délicat je ne trouve pas une strophe qui ne renferme quelque mélancolie. Cette gravité qui fait pencher son jeune front et pèse sur son âme, enveloppe la strophe d'un voile qui en adoucit la couleur et en couvre l'écho.

Mais Miss Ehrtone est un vrai poète ; elle connaît toutes les beautés du vers, elle en sait la musique, la couleur, la souplesse, l'harmonie et elle joue de son instrument avec une virtuosité qui émeut et qui charme. Car si l'*Aube d'une Femme* est un peu grise, — et je l'aurais souhaitée plus blanche et plus rose, — la forme en est impeccable, d'une pureté classique et d'une harmonie lamartinienne. Le poète n'a pas recours aux déliquescences à la mode, il parle une langue correcte, forte et châtiée.

Eh quoi ! dira-t-on, cette petite main d'enfant tient la plume et la conduit avec une telle fermeté ! Cette jeune fille qui sait penser comme une femme, mais comme une femme adorablement pure, sait écrire comme un homme, comme un poète rompu à toutes les

règles de la prosodie, à toutes les formes de la métrique, à tous les
ondoiements du style!

C'est que Miss Ehrtone a une âme d'artiste, et que l'impression
de toutes choses est reçue chez elle sur un fond admirablement
cultivé. Elle a le sentiment de la nature et l'instinct de l'observation,
et l'on sent que ces deux facultés entretenues par une sensibilité
exquise et naturelle ont été développées par une intelligence précoce
et par un savoir sans défaillance absolument dégagé d'empirisme.

Mon excellent confrère et ami, M. L. Roger-Milès, qui patronne
par une exquise préface l'œuvre de Miss Ehrtone, ne s'étonne pas
non plus de la facilité et du talent réel du jeune poète.

« Miss Ehrtone — dit-il — n'a pas seulement une âme de poète;
elle a aussi une âme d'artiste; son doigté sur la lyre, comme on
disait au temps jadis, est d'une rare virtuosité et prête ses effets de
force et de douceur à l'interprétation des situations les plus suggestives et des sentiments les plus délicats. »

Voilà des lignes écrites par un élégant poète et un brillant critique qui me dispenseraient de tout autre éloge. Mais je tiens à appuyer
les sentiments de mon confrère et les miens par une citation qui, à
mon sens, résume les qualités de fond et de forme de l'*Aube d'une
Femme*. Et, détail remarquable, c'est dans cette pièce de vers inti-
tulée *Misanthropie* que Miss Ehrtone paraît avoir condensé toutes
ses facultés de poète, d'artiste et de philosophe :

MISANTHROPIE

O bonheur ! Voici Mai ! Je vais quitter Paris,
Ses cieux fanés, ses murs implacablement gris,
Ses cris, ses voix, ses bruits que rien ne saurait taire,
Pour aller me griser des senteurs de la terre !...
Oh ! fuir dans la nature ! entendre en se levant
L'hymne lent des ruisseaux ou le basson du vent
Et le frissonnement des nids parmi les branches !
Voir au lieu des pavés les marguerites blanches,
Les fourmis, les grillons, l'oiseau, discrets passants
Qu'on rencontre en sa route, aux coteaux rougissants,
A travers les festons des prés ou des rocailles,
En égarant un peu de dentelle aux broussailles
Qui donnent en retour la fleur et le parfum ;
Glisser à l'aventure un regard importun
Sur les saphirs ailés, le long du clair rivage,
Et partager avec le moineau plus sauvage
Les mûres des buissons ou les fraises des bois,
Tandis qu'on suit son rêve en surprenant parfois
Le papillon qui fait trembler la campanule.
Contempler l'or de l'aube et l'or du crépuscule

Dont la splendeur emplit l'être d'un vague émoi,
Ouvrir tout grand son cœur, sentir au fond de soi
L'immensité d'amour si longtemps comprimée
Pour l'herbe sans arôme et la sauge embaumée,
Pour le pinson qui chante et le flot qui gémit.
Errer en vagabond sous les arbres, parmi
. Tous les bruissements qui font frémir les mousses ;
S'enivrer d'air, passer ses heures les plus douces
A laisser par les champs s'envoler sa raison,
Et dans les jours d'orage où l'on reste en prison,
A voir tomber la pluie en perles sur les feuilles....

. . . .

J'aurais pu choisir une autre pièce ; le recueil en offre parmi les *Fresques*, les *Poèmes Gaulois* et les autres parties qui le composent, d'aussi délicieuses dans l'ensemble et d'aussi pures dans le détail. Mais ne trouvez-vous pas charmante cette misanthropie de jeune fille qui préfère — « tant sa soif de nature est profonde, »

L'épine du sentier aux épines du monde ?

Sans.compter que cette misanthropie sans haine, et que je voudrais trouver dans l'âme de toutes les jeunes filles, nous fait aimer la nature et l'exquis poète qui en exprime le sentiment avec tant de persuasion et d'élégance. Miss Ehrtone est de la bonne école, elle a lu les maîtres, elle doit connaître toutes les œuvres de Coppée ; mais ce qu'elle connaît le mieux, je crois, c'est l'harmonieux émoi de son âme. Voilà toute sa lyre.

Auguste Jehan.

LE JAPON PRATIQUE

FIN.

Les pages qui nous restent à parcourir dans cet intéressant volume ne sont pas les moins curieuses. La merveilleuse description d'un *Coin de Japon aux portes de Paris*, ce site délicieux baptisé *Midori no sato* (colline de la fraîche verdure), ne le cède en rien à celle de la Maison japonaise où nous empruntons ce passage :

« Les maisons ont presque le même aspect à la ville qu'à la campagne, sauf qu'ici elles sont le plus souvent couvertes en chaume ; elles sont recrépies à l'extérieur avec un mélange d'argile et de paille hachée, recouvert d'un stuccage à base de coquillages pilés. En été, elles sont ouvertes à tous les regards, et le passant peut assister aux scènes familiales qui se déroulent sans contrainte, que ce soit l'heure du bain, du travail ou du repos.

» Ces frêles habitations, — si délicates que l'Européen n'ose y faire un mouvement, dans la crainte de crever les cloisons mobiles, faites au moyen de panneaux de papier qui se démontent et se placent au gré de chacun — veulent pour être comprises et appréciées qu'on se rende compte des habitudes de leurs habitants et de leur tournure d'esprit.

» Tout, pour eux, est dans le fini du travail, dans la décoration délicate des murs, dans l'ajustage des boiseries. Pas de meubles, pas de choses encombrantes; ceux qui possèdent des objets d'art les enferment dans une sorte d'appartement spécial, d'où ils ne sortent qu'en de rares occasions.

» Les nattes sont toujours d'une propreté immaculée, de même que le bois blanc ou jaune du plancher ou des boiseries, lavés très fréquemment, et dont jamais une tache ne ternit l'éclat.

» Çà et là quelques paravents; une niche enclavée dans la muraille qui fait face à l'entrée; c'est le *Tokonoma*; les panneaux de cette niche, en bois naturel, sont ajourés, menuisés avec un art consommé.

» Au fond du *Tokonoma* est suspendu un *Kakemono*; c'est là, comme dans une sorte de sanctuaire, que l'on place un objet d'art ou un de ces bouquets de fleurs qui sont de véritables merveilles de grâce et de composition. »

La description se continue ainsi, depuis les charpentes jusqu'au plus petit accessoire servant à composer la maison japonaise, que l'on quitte pour passer à l'*Emploi de la journée*, à la *Naissance*, au *Mariage*, aux *Funérailles*, aux *Fêtes et réjouissances*, chapitres tout aussi étonnants pour nous qui n'avons encore que de vagues notions sur les mœurs et les coutumes japonaises.

Bien curieuse aussi, la partie consacrée aux *Représentations théâtrales*; l'analyser serait lui ôter son charme et nous préférons la transcrire dans toute son originalité.

« Au IXᵉ siècle, sous le règne de l'empereur Heïjo, la terre s'abîma dans la province de Yamato, près de Nara, endroit fameux encore aujourd'hui par la magnificence de ses temples, et une fumée empoisonnée s'exhalant du gouffre répandit partout la mort. Pour conjurer ce fléau, les prêtres eurent l'idée d'exécuter une danse emblématique sur un tertre gazonné, voisin du lieu maudit. Alors, comme par enchantement, la fumée cessa de s'élever.

» Ce fut, d'après la légende, la consécration du drame.

» Jusqu'à nos jours,, en souvenir du miracle de Nara, cette même danse, appelée *Sambasho*, précède chaque représentation théâtrale et est imitée par un acteur costumé en prêtre d'autrefois.

» Le peuple, ayant pris goût à ces parades religieuses, fort simples à l'origine, le clergé Shintoïste organisa de véritables comédies-pantomimes.

» L'une d'elles, nommée *Tama-tori*, nous montre une sainte femme, agitant un sistre aux grelots tintants, qui défend la boule précieuse de cristal, emblème de pureté et de vérité, contre les entreprises d'un démon.

» Comme on le voit, le théâtre au Japon a les mêmes origines qu'en France; nos parades mystiques et nos mystères célébrés dans les églises au moyen âge, transportés chez les princes et de là sur la place publique, ont leurs équivalents chez les Japonais, et les plus grandes analogies se retrouvent dans les étapes suivies par les deux peuples pour arriver à l'état de choses actuel.

» Les marionnettes *Joruri* et *Ningyo-Tsukai*, furent inventées au commencement du XVII° siècle.

» Aujourd'hui, la façade d'un théâtre japonais est garnie de lanternes, de banderolles et de grandes images aux couleurs vives reproduisant les principales scènes de la pièce annoncée.

» L'entrée est grillée de grosses barres de bois noir, qui forment des cages où se tiennent caissiers et contrôleurs.

» Il y a un vestiaire pour les parapluies et les *guêtas*, (chaussures de bois), La salle se compose uniquement d'un parterre et d'une première galerie.

» Dans une loge grillée de l'avant-scène, le *guidayu* se tient accroupi; cet homme joue de la guitare *(chamissen)* et parle d'un ton larmoyant, cadencé. Il raconte au public la situation, et de temps en temps, on l'entend décrire les sentiments que les acteurs expriment sur la scène par leurs gestes et leur physionomie.

« Au-dessous de ce commentateur qui fait penser au chœur antique, est placé l'*amatetaké* muni de deux rectangles de bois massif avec lesquels il fait des roulements sur le plancher. C'est dans les moments pathétiques qu'il frappe à tour de bras et souligne les paroles de l'acteur par un trémolo assourdissant.

» Le plafond de la salle est orné de longues bandes d'étoffes multicolores, couvertes de caractères cursifs, fantastiquement bariolés; elles sont la propriété des chefs d'emploi en représentation et font partie de leur garde-robe.

» Ils les doivent à l'admiration de leurs contemporains, et lorsqu'on veut parler d'un comédien de grand talent, on dit : « C'est un homme à trente-six rideaux ! »

» Le service d'ordre intérieur est assuré par un seul policeman; cette particularité fait l'éloge de la bonne tenue du public.

» Le parterre n'est ni un parterre assis, ni un parterre debout ; c'est un parterre accroupi.

» Les spectateurs, campés sur leurs talons, assistent à la représentation dans cette posture qui leur est habituelle.

» Des séparations carrées de trente centimètres de haut, divisent la salle en compartiments égaux figurant des espèces de loges découvertes. Ces séparations sont assez larges pour qu'on puisse marcher dessus facilement; elles forment des sentiers que l'on suit pour gagner sa place; c'est aussi sur ces chemins surélevés que, pendant les entr'actes, les marchands de programmes, de gâteaux ou de thé, passent au milieu des spectateurs; ceux-ci, assez généralement, font venir leurs repas de chez les restaurateurs du voisinage, car il n'est pas rare qu'une représentation commencée le matin ne se termine qu'à une heure très avancée de la nuit. Dans chaque compartiment, il y a un petit brasero, *hibashi*, servant à allumer les pipes minuscules qui s'épuisent en trois bouffées. Un petit tube de bambou sert de crachoir.

» L'allure de l'auditoire se traduit bien par cette expression anglaise : « *Free and easy* »; en effet, la chaleur aidant, chacun a vite fait de se défaire d'un vêtement embarrassant.

» Autour du machiniste, deux décors : un châssis représentant la mer, éclairée par des chandelles plantées naïvement en plein dans l'eau, et la façade d'une mignonne maison de thé, un bijou.

» Outre les séparations praticables dont il a été parlé, il y a deux chemins plus larges, à droite et à gauche, qui, placés à la hauteur de la scène, permettent aux acteurs de faire leur entrée autrement que par le fond du théâtre et donnent parfois l'occasion de représenter des scènes différentes et simultanées. Un de ces chemins est assez lage pour que des voitures et des bateaux à roulettes puissent y circuler.

» Lorsqu'une pièce nécessite de nombreux et rapides changements de décorations, on dispose deux décors accolés dos à dos sur une plaque tournante, et au moment voulu un groupe d'acteurs s'en va par la rotation, tandis qu'un autre groupe apparaît dans un décor tout différent.

» Indépendamment des acteurs, il y a sur la scène d'autres personnages, vêtus de noir, que l'on est censé ne jamais voir.

» Ce sont les *Kuromango* : ils vont, viennent, s'agitent, s'occupent des accessoires, mouchent les chandelles, interviennent aussi dans les moments les plus palpitants; ils semblent avoir été mis là pour soulager l'acteur dans la douleur et l'émotion qu'il simule; ils glissent derrière lui, dans les plis de son ample vêtement, un tabouret qui l'aide à reprendre haleine, lui passent un mouchoir, une tasse de thé, etc.; dans cette scène où un guerrier affreux se prépare à égorger une innocente jeune fille, nous retrouvons deux de ces petits gnomes dramatiques : l'un rafraîchit son homme à grands coups d'éventail, et l'autre, agenouillé, tient au bout d'un long bâton une bougie qui éclaire le masque grimaçant de l'acteur.

» C'est dans l'histoire et dans la légende que sont pris les sujets des pièces ainsi représentées.

« Le spectacle est moins long dans les théâtres forains, mais comme on y serre la vérité de plus près, au point de vue des mœurs, il est peut-être plus intéressant pour nous. On y représente des vaudevilles et des farces, qui souvent ont l'attrait de l'actualité. L'introduction dans la vie courante des usages et des produits occidentaux, donnant lieu à un nombre infini d'incidents ridicules et grotesques, les acteurs de ces facéties en ont tiré bon parti. »

Mais nous nous arrêtons, car la place nous manquerait pour tout copier.

Bien intéressantes cependant sont les pages consacrées aux lutteurs — en grand honneur au Japon — et aux danses. Nous les laissons à regret pour arriver aux choses religieuses, chapitre remarquable qui passe en revue les deux cultes, *Shintoïsme* et *Boudhisme*, leurs dieux, leurs héros, et laisse place ensuite à *une Page d'histoire* retraçant la première apparition des Européens au Japon, Portugais et Hollandais d'abord, puis les Russes, les Américains, après maintes tentatives souvent suivies d'échecs, jusqu'à nos jours où l'empereur *Mutsu Hito* ratifia les anciens traités favorables aux nations étrangères et particulièrement à la France.

Sous le titre générique « *Notions diverses* », le chapitre suivant comprend la Constitution politique, le Service militaire, les Impôts, le Commerce, les Monnaies, les Poids, les Curiosités géographiques, les Dynasties des empereurs, les Héros légendaires, un alphabet, un petit vocabulaire et une liste de tous les ouvrages relatifs au Japon, complète ce livre qui laisse loin derrière lui ses devanciers.

Il serait impardonnable de ne pas donner tous les éloges dus aux charmants dessins qui y sont semés à profusion. Citons au hasard les types d'enfant; la Magicienne de la légende laissant échapper de sa large manche des petits papiers qui se transforment en oiseaux à mesure qu'ils s'élèvent vers le ciel; la prière de l'enfant qui envoie son offrande aux dieux, sous la forme d'un oiseau captif, racheté à l'une de ces vieilles femmes qui se tiennent tout exprès aux abords des temples; les fac-similé des dessins de la Petite Grainetière et de la Servante d'Auberge ; les portraits d'O' Hana, de Kiosaï, d'Ippio (le *Chéret* du Japon); la Paysanne faisant la cuisine, les Prêtres, et cent autres, sans compter ces vols de grues, ces masques, ces culs-de-lampes, ces têtes de chapitres, empreints de la plus vive couleur locale.

Certes, les illustrations sont dignes du texte, et contribuent pour leur large part au succès qui accueille le *Japon pratique*.

J. Hetzel et Cⁱᵉ, éditeurs,
18, rue Jacob, Paris.

JEUX D'ESPRIT

LOGOGRIPHE

O temps maudit d'influenza,
De bronchite, de coryza,
Où la froidure continue
Fait qu'on tousse, qu'on éternue,
Qu'on demeure un long mois au lit
Sans sommeil et sans appétit,
De mon nom vous êtes la cause,
De mon nom, nom triste et morose
Créé par l'inflexible hiver
Fertile en nombreux courants d'air...
Si vous avez une peur bleue,
De mes cinq pieds ôtez la queue,
Et vous obtiendrez sûrement
Un préservatif, un calmant,
Un digestif exquis, tonique
Fort célèbre à la Jamaïque.
Ingurgitez cette boisson
Et riez en toute saison
De la fluxion de poitrine,
De la grippe ou bien de l'angine.

A. Ellivedpac.

Adresser les réponses à *M. Ellivedpac à Villeneuve-les-Béziers,
(Hérault)*. — Comme prime, le devineur désigné par voie de tirage
au sort recevra un exemplaire des Ellivedpaciennes illustrées et
un *Diplôme du Sphinx*

Le devineur de la charade d'octobre (Ararat), a été M. A^{le} Jameux,
à Châteaubourg.

Celui de l'énigme de novembre (Pépin), a été M. Ernest Giraud, à
Angoulême.

Qui ont reçu les primes promises.

ANAGRAMME

Cherchez, lecteurs, quel est l'Académicien
Dont les noms font les mots : *Arriver* et *Maxime*.
Il est, auteur fécond, à peu près le doyen.
Vous saurez l'indiquer sans un très long escrime.

Jacques de Lucé.

Prime : Deux dessins à tous les devineurs abonnés.

SOLUTIONS DU 15 DÉCEMBRE

Triangle :

```
C A R N O T
A M O U R
R O M E
N U E
O R
T
```

LE DÉCOUPAGE POUR TOUS

LORIN AINÉ

A PARIS

Imp. CRESSON Paris.—

N° 824   **(15 Février 1892)**

RATELIER DE PIPES.

Pipe rack.

Porta-pipe.

Pipera.

Pijpenrek.

Pfeifenhalter.

LE DÉCOUPAGE POUR TOUS

LORIN AINÉ

Imp. CRESSON Paris. — A PARIS *Modèle déposé.*

N° 825 *(15 Février 1892)*

ÉCOINÇON.

Corner Bracket.
Sossegno di un canto o cantoniero.
Estante o rinconera.
Hoek Etagere.
Eckbrett.

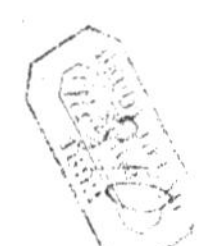

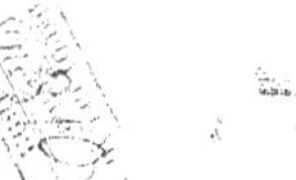

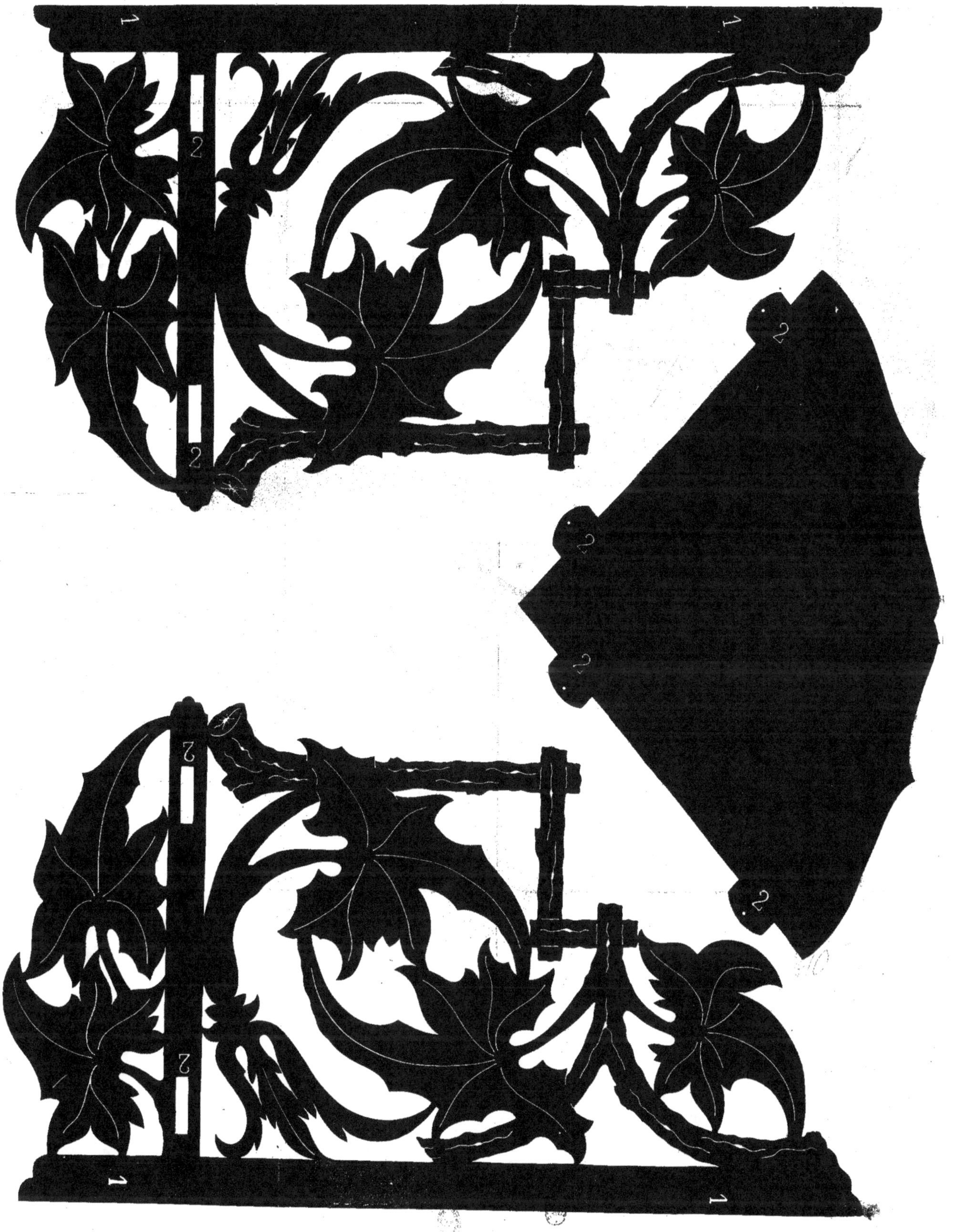

Nᵒˢ 826-828.

CAGE..

Le suite de cette Cage ainsi que les explications du montage seront données dans un prochain numéro.

CARLE VERNET

(Fin).

Au même Salon, Carle exposait la *Bataille de Rivoli*, exécutée pour le prince de Neufchâtel, l'*Empereur descendant de voiture pour monter à cheval*, une *Chasse de l'Empereur au bois de Boulogne*. Il ne se renfermait pas uniquement dans cette peinture officielle ; la quantité de dessins échappés de ses mains rapides ne peut se dire ; chasses, courses, sorties de cavalerie, charges, mameloucks, études de chevaux, scènes familières, toujours spirituellement saisies, se succèdent en popularisant son nom. Il aurait pu acquérir une très grande fortune, s'il avait, comme son père, tenu « un livre de raison », mais l'argent lui venait si vite, et il le gagnait si facilement ! D'ailleurs il n'avait pas à s'inquiéter de son fils, à économiser pour lui : Horace s'était brillamment montré au salon de 1812, ses débuts avaient été si heureux que l'envie prétendait reconnaître dans ses tableaux le pinceau de son père.

La chûte de l'Empire ne lui causa que fort peu de peine , cependant, le régime écroulé en avait fait son peintre officiel pour le dépôt de la guerre, il l'avait décoré et ses tableaux étaient entrés dans les palais du maître, des membres de la famille impériale et dans les hôtels des maréchaux. Le mobile et léger artiste s'avisa de se souvenir que, dans sa jeunesse, il avait cavalcadé au bois de Boulogne à côté du Comte d'Artois, et vécu avec cette noblesse qui revenait d'exil. Au grand déplaisir d'Horace, il se fit donc royaliste ; les princes l'accueillirent, et l'homme qui, en 1812, faisait le portrait de l'Empereur, exposait, en 1814, le *portrait du duc de Berry*. Il ne cessa point cependant d'avoir l'âme française. L'Europe avait vomi sur la France ses légions ; des types de toutes les races, des uniformes de toutes les couleurs, se promenaient dans Paris. Vernet les reproduisit, tantôt au naturel, tantôt avec une pointe d'ironie, souvent en charges grotesques, à la grande joie des Parisiens se moquant de leurs vainqueurs. Devant l'artiste passent successivement la raideur de l'officier russe, sanglé comme une guêpe, l'insolence du Prussien gourmé, la malpropreté du cosaque et de sa monture, l'Anglais en toutes les variétés de ses formes, ficelé dans ses habits étroits, ses pantalons en colonne torse, ridicule à cheval, plus ridicule à pied, pansu ou maigre ; ici, flanqué d'une lady à allure de girafe, à longues jambes, à longs pieds ; là, d'une Irlandaise en haillons traînant des enfants en loques. Satires réjouissantes pour les vaincus. Puis vinrent les *Cokneys* et leurs femmes mal fagotées dans leurs vêtement, empêtrées dans nos modes qu'elles ne savaient pas porter. Revanche de *la Porte de Calais*, du peintre Hogarth. Quel rire accueillit la bouffonne galerie ! Ces caricatures, reproduites par la gravure, par la lithographie, restées noires, coloriées, exposées aux vitrines de Martinet, devant lesquelles s'arrêtait une foule railleuse, motivèrent plus d'une fois les plaintes de lord Wellington ; elles disparaissaient un jour pour reparaître plus curieusement recherchées. Louis XVIII était homme d'esprit ; il ne lui déplaisait point de voir draper « ses bons amis les alliés » ; il y prenait joie et bien loin de retenir la verve féconde de Vernet, en mars 1816, il le nomma membre de l'Institut.

A vrai dire, Carle ne fit jamais de la caricature politique ; d'abord, la politique, croyons-nous, le touchait peu ; ensuite, il ne possédait point les qualités particulières de talent et la somme de fortes passions nécessaires à une telle tâche. Passé maître dans l'art de saisir les ridicules, il n'y ajoutait rien de lui-même ; il se contentait de rendre ce qu'il voyait ; si une charge venait sous son crayon, ce n'était point par l'effort d'une recherche, mais parce qu'elle s'était trouvée sous ses yeux telle qu'il la fixait ensuite. C'est avec cette sincérité, un peu superficielle, avec cette absence de contention d'esprit, qu'il publia une série de dessins représentant les petits marchands parisiens, *les Cris de Paris*. Ses figures exactes, bien campées, sont de vrais portraits, mais elles manquent absolument de caractère ; ils ne rendent pas le trait distinctif de chaque profession. Vernet fit encore une tentative moins heureuse lorsqu'il voulut illustrer les *Fables de la Fontaine*. Ces illustrations lourdes, sans esprit, sans finesse, dont il fit hommage à la duchesse d'Angoulême, sont aussi peu dignes du fabuliste que du dessinateur. A un autre devait échoir l'honneur de traduire le Bonhomme.

Au milieu de ses travaux, de ses plaisirs, car les plaisirs prirent une belle part de sa vie, dans la chaleur de son royalisme, Carle avait une préoccupation très vive. Horace s'était donné à l'opposition dite *libérale*, quoiqu'elle eût pour chefs des hommes de l'Empire. Dans ce monde, dont nous avons un peu perdu l'intelligence, on célébrait les vertus du héros, son despotisme s'appelait gloire ; on souhaitait la délivrance du captif de Sainte-Hélène, son retour, et nous n'oserions répéter en quels termes on parlait du roi « Cotillon » et de son frère. Par crânerie, par chauvinisme, par habileté peut-être, c'est une question que nous examinerons plus tard, Horace avait résolument embrassé ce parti, dont il peignait l'héroïsme, les malheurs et les espérances avouées. La Restauration fut assez sotte pour se fâcher contre le peintre de la cocarde tricolore ; elle lui ferma le Salon : il eut tous les honneurs de la persécution et, conséquence naturelle, ceux de la popularité. Cette attitude du fils contrariait beaucoup le père; si bien il fit que, peu à peu, il le tempéra, le ramena doucement vers la Cour et le décida, en 1826, à exposer le *portrait du duc d'Angoulême*. Pour ce service rendu à la cause du trône et de l'autel, et aussi pour ses tableaux : *la Chasse au daim de S. A. R. le duc de Berry, la Prise de Pampelune*, Carle fut, en 1825, décoré, des mains de Charles X, du grand cordon de l'ordre de St-Michel. Afin de témoigner sans doute sa reconnaissance au prince, il le représenta, alors qu'il n'était encore que comte d'Artois, *chassant le daim le jour de la Saint-Hubert.*

En 1826, raconte M. Durande, *l'Athénée de Vaucluse*, voulant rendre hommage à l'une des gloires de la Provence — et pour inaugurer, croyons-nous, le Musée d'Avignon — mit au concours l'éloge en vers de Joseph Vernet. Carle et Horace furent invités à se rendre à Avignon pour cette solennité. On les reçut d'emblée membres de l'Académie; on les chanta en français, en patois; un astronome du pays se donna même la peine d'observer que le 10 octobre, jour de la fête, les taches du soleil figuraient un V, très bien dessiné, d'une longueur de 24.000 lieues. Voilà une initiale comme peu de souverains pourraient s'en procurer ! Mais le soleil ne devait-il pas cet hommage à Joseph Vernet, le peintre de la lumière ?

Vers la même époque, Horace vint s'asseoir à l'Institut à côté de son père. Le comte Forbin dit alors spirituellement et non sans grâce : « Le fauteuil académique est pour les Vernet un meuble de famille. » En 1828, appelé à remplacer Guérin en qualité de directeur de l'Ecole de Rome, Horace emmena son père avec lui. Sain de corps, leste, si les forces physiques de Carle restaient entières, l'intelligence commençait à faiblir; il n'avait jamais eu un parfait et constant équilibre, en vieillissant, il était redevenu dévot, mais dévot à sa manière; et comme il vivait dans un milieu de peu de foi, il était curieux à suivre et à étudier. Passait-il devant une de ces images, une de ces chapelles en plein vent, si communes à Rome, il employait toutes sortes de petites ruses pour se découvrir sans avoir l'air d'obéir à une prescription religieuse; il allait sur le mont Pincio pour faire une station, non pour admirer la coupole de Saint-Pierre, comme il le prétendait, mais pour honorer la croix qui la surmonte. Le matin, à la messe; le soir... Ah ! dame le soir, il disait, il faisait mille folies et se mêlait chaudement à toutes les gaietés profanes de la villa Médicis. F. Mendelssohn, qui se trouvait à Rome à cette époque (1831), racontant à sa mère une soirée passée dans les salons d'Horace, lui écrivait : « Carle Vernet (celui qui peint si bien les chevaux) dansa une contredanse ; il était si léger, il faisait de si beaux entrechats et des pas si variés qu'on ne pouvait regretter qu'une chose : à savoir qu'il eût soixante-douze ans. Il fatigue deux chevaux par jour, peint et dessine un peu, et, le soir, il faut qu'il soit dans le monde.... » Il n'y apportait plus son esprit d'autrefois ; il était mort, le feu d'artifice ; la mousse du verre était tombée ; il avait perdu une partie de sa mémoire ; mais, du moins, celle du cœur lui était restée entière. L'illustre musicien dont nous venons de citer un fragment de lettre, dans une autre disait en parlant de la famille Vernet : « Lorsque le vieux Carle parle de son père Joseph, on se sent du respect pour ces gens-là. »

La piété filiale fut aussi une vertu d'Horace.

Quand le vieillard revint en France, il était bien affaibli ; cependant presque tous les soirs, il allait encore au Café de Foy, au plafond duquel volait cette hirondelle que son pinceau y avait suspendue, et que badauds de province et badauds de Paris allaient admirer. Il lassait son auditoire par ses redites ; il ne peignait plus ; tout ce qui lui restait de vie s'était concentré dans l'amour passionné, jaloux, difficile, dont il obsédait son fils. Mme H. Vernet écrivait : « Laisser Horace avec son père, c'est absolument laisser la victime à son oppresseur. Les exigences du pauvre vieillard sont inouïes.... » Elles l'étaient en effet. Au Café de Foy, par exemple, où personne ne se serait avisé de lui demander de l'argent, y eût-il bu et mangé pendant une année, tout-à-coup, il se désolait, faisait des scènes, déclarait que sa famille le laissait sans le sou ; il refusait d'entendre raison, il exigeait qu'on allât chercher son fils ; celui-ci, à minuit, à toute heure, accourait, donnait le bras à son père et se retirait sans lui adresser une plainte. L'escalier de l'église Saint-Roch fut le théâtre d'une scène plus pénible encore.

Enfin, ce qui avait été Carle Vernet s'éteignit et ses obsèques eurent lieu le 29 novembre 1836. Au nom de l'Académie, sur sa tombe, on prononça un discours, la plus méchante rapsodie que nous ayons lue de notre vie. Carle méritait mieux.

En songeant à la gloire de son père, à la renommée de son fils, Carle disait : « *C'est singulier comme je ressemble au grand Dauphin* (1) *fils de roi... père de roi.., et jamais roi....* » Il se trompait dans sa modestie ; à notre sens, il eut aussi une couronne, la plus rare de toutes, celle que donne l'originalité. Nous le répétons, il fut un novateur, il renouvela la peinture équestre, il ouvrit la voie à Géricault, à son fils Horace, qui adopta sa manière dans ses tableaux de batailles ; comme fantaisiste, il précéda Gavarni, Grandville, Monnier ; c'est assez de titres pour occuper une belle place dans l'École française.

A. GENEVAY.

---

(1). Fils de Louis XIV.

L'OASIS

Sous les rayons ardents du soleil africain,
Au sein du sable jaune et des déserts énormes,
La verte oasis montre, au voyageur lointain,
Ses dômes de palmiers et ses gourbis informes.

Un filet d'eau murmure en l'aqueduc romain
Qui se dresse au-dessus des plaines uniformes,
Où l'Arabe altéré s'arrêtera demain
Et que mettront à sec ses dix chameaux difformes.

Et moi, dans ce voyage étrange d'ici-bas,
Où, pèlerin lassé des retours de la vie,
Je cherchais l'oasis heureuse sous mes pas,

J'ai trouvé la retraite ardemment poursuivie :
Une maison tranquille, avec des fleurs autour,
Et c'est là que je bois le bonheur et l'amour !...

J.-B. CHATRIAN.

SINCÈRE AMI

Combien en avons-nous d'amis
Parmi tous ceux qui se le disent ?
Hélas ! la plupart nous méprisent
Dès qu'à leur foi l'on s'est commis.

Combien de liens, au tamis
Fatal de l'épreuve, se brisent !
Et combien peu se réalisent
De tous les dévoûments promis !...

Si l'amitié vive et sincère,
Devait n'être que passagère
Même au cœur de l'homme de bien,

Je m'en consolerais, peut-être,
En pensant qu'il existe un être
Qui me la rendrait : c'est le chien.

JEAN L'ATACIEN.

UNE VIEILLE AMIE

(Fin)

IV

Il n'était pas là, Petit-Jean, une grosse fièvre, assez inquiétante, paraît-il, le tenait cloué sur son lit depuis huit longs jours et vous pensez bien que la maman Mathieu n'était pas des plus gaies.

Et cependant lorsqu'elle vit entrer le père Maurel et Mariette, les yeux tout rouges de larmes, la douleur des autres soulagea un peu la sienne. Le malheur a parfois de ces rappochements.

C'était, après le cimetière, le pèlerinage de presque tous les dimanches.

Il faisait si bon, dans cette jolie salle tout ensoleillée, où tout respirait le calme et la sérénité, que tous les trois en oubliaient un peu le souvenir de leurs morts, — car la mère Mathieu était veuve et toute seule avec Petit-Jean.

Et puis, elle était du pays, et son petit vin blanc des côteaux de Touraine se faisait joliment boire, je vous en réponds.

Mais ce dimanche-là, il manquait quelque chose, Petit-Jean n'était pas là et Mariette, toute triste dans son coin, ne gazouillait pas de son gai babil de rossignol.

Le père Maurel, lui-même, vidait son verre sans enthousiasme, par habitude, et la bouteille était presque vide, qu'il n'avait pas une seule fois claqué de la langue, ce qu'il ne manquait jamais de faire.

Il se décida enfin à parler :

— Et comme ça, maman Mathieu, il est malade le « gosse » ? Rien de sérieux, n'est-ce pas ; un gros rhume, une petite indisposition sans conséquence....

La mère Mathieu branlait la tête, ne répondant rien, comme perdue dans un long rêve triste.

Le père Maurel reprit :

— Oui, les enfants, c'est pas commode, surtout lorsque le père est parti, comme chez vous... ou la mère, comme chez moi, et je me suis demandé plus d'une fois, si je ne ferais pas mieux...

Mariette, qui regardait dans la rue, le nez collé à la vitre, ne le laissa pas achever :

— Je veux m'en aller, papa, dit-elle, au bout d'un instant. — Si nous partions, dis ?

Le père Maurel la prit par la main, la mit à cheval sur ses genoux et lui passa la main dans les cheveux, en disant :

— Je veux bien, Mariette, mais il ne fera pas plus gai chez nous que chez la mère Mathieu, la vieille amie de ta maman. Enfin, puisque tu le veux, nous irons voir : d'ailleurs, la nuit descend et il y a plus de dix pas jusque chez nous. Du reste, nous reviendrons dimanche. Petit-Jean sera guéri, bien sûr, n'est-ce pas, maman Mathieu? et vous pourrez jouer ensemble toute l'après-midi, jusqu'au soir. Qu'en penses-tu?

Elle était toute rassérénée :

— Oh ! c'est cela, et nous achèterons un beau jouet pour Petit-Jean, au bazar de l'Hôtel-de-Ville, un gros polichinelle avec une bosse et un chapeau de gendarme.

Et sautant au cou de maman Mathieu pour l'embrasser avant de partir, elle lui dit :

— Au revoir, Madame Mathieu ; faites tous nos compliments à Petit-Jean et dites-lui que je prierai bien le bon Dieu pour sa prompte guérison, n'est-ce pas ?...

V.

Et alors, au moment de se quitter pour huit jours, maman Mathieu se sentit encore plus triste que tantôt, — elle ne savait pas trop pourquoi.

Plus que jamais, elle voyait le grand vide de son existence, de cette vie brisée et solitaire, où l'on sait qu'il manque quelque chose, — un absent, un disparu, un être cher, que l'on pleure toujours, — et comme le père Maurel lui tendait sans façon sa grosse main de travailleur, — c'était bien permis, n'est-ce pas, avec la meilleure amie de maman? elle le regarda bien fixement...

Mariette lui envoyait de ses petits doigts roses un baiser délicieux où elle avait mis toutes ses gentillesses enfantines.

Oh ! alors, surmontant toutes les hésitations qui la retenaient depuis si longtemps, elle se pencha tout-à-coup vers le père Maurel et lui dit tout simplement comme à un ami :

— Ecoutez, papa Maurel, ça ne peut pas durer longtemps comme ça, il faut à toute force que nous donnions une mère à Mariette et un père à Petit-Jean, puisque le bon Dieu les leur a enlevés un peu trop tôt, à ces pauvres chers chérubins....

A ces mots, le père Maurel sentit une petite main s'accrocher à la sienne et, levant les yeux sur la mère Mathieu et sur Mariette, il vit un même sourire d'intelligence sur les deux visages : Mariette avait deviné.

C'est alors seulement que, très calme, avec quelque chose qui lui oppressait délicieusement la poitrine, — il comprit le sens de la dernière phrase, que la mort avait empêché la « maman » d'achever:

— Tiens, papa, lorsque je n'y serai plus, pense toujours bien à moi, mais ne laisse pas Mariette sans mère : il y a là-bas, rue de la Roquette ....

Et tout naturellement, il l'acheva ainsi :

— .... Une vieille amie qui ne demandera peut-être pas mieux....

J.-B. Chatrian.

CROQUIS DE MONDAINE

Elle est baronne, follement éprise de son titre, et sait sur le bout du doigt la généalogie de son mari, qu'elle cite complaisamment ; mais elle tient davantage encore à sa chère personne et serait fort dépitée si l'on ne disait qu'elle est jolie.

La vérité est qu'elle tient sa place dans le clan des femmes à la mode. Doit-elle cet honneur rare à l'habileté consommée du couturier en vogue, à la délicatesse de ses parfums, au talent de son dentiste, ou à son âge merveilleux qui ne compte jamais plus de vingt-cinq ans?... Je ne saurais le dire...

Ce n'est pas que son visage ait la grâce éthérée des vierges pérugines ou la pureté du profil grec ; mais elle donne à ses toilettes un cachet si ravissant ! elle dispose avec tant d'art la ligne de khol autour de ses yeux pleins d'éclat, et le fin nuage de poudre sur le fard régulier qui recouvre son teint ! sa camériste est une telle fée qui fait de ses cheveux un véritable chef-d'œuvre, soit qu'elle les relève à la grecque ou les tresse en catogan, laissant de ci, de là, se rebeller comme par hasard quelque frisure frêle !

Ajoutez à ces attraits une taille bien cambrée étroitement emprisonnée par un corset-tyran, un pied d'enfant moulé dans la souplesse du bas de soie, une main de... baronne, et vous conviendrez qu'il n'est pas de femme plus charmante.

Voici pour le physique.

*
* *

Au moral, elle est tout aussi exquise :

Elle possède jusqu'au raffinement le brillant esprit de salon ; qui, mieux qu'elle, connaît l'art des réparties, des sous-entendus, des allusions discrètes, des saillies piquantes?...

Elle a un cœur ! un cœur d'or !... beaucoup trop tendre et sensible.

Un rien l'émeut ; à la moindre nouvelle triste, vous la voyez toute bouleversée, cherchant, dans le fouillis de son mouchoir de dentelle, le flacon de sels qui toujours l'accompagne.

Plus sincère, plus douloureuse encore est son émotion quand Zulm, son *king's Charles*, reste d'un air morne étendu sur ses coussins, ou lorsqu'elle apprend la mort d'un favori, dans sa volière ; car les oiseaux sont sa passion : elle les contemple, les caresse, et les aime presque autant que ses fleurs.

Elle a aussi deux enfants, une fillette de sept ans et un garçon de cinq : chacun sait combien elle les gâte et les adore; aussi les a-t-elle confiés à une gouvernante des plus respectables. Bons pour le vulgaire sont les mille soins maternels qu'il faut laisser aux petites bourgeoises.

***

Sa vie peu à peu s'envole sans qu'elle puisse savourer un moment de loisir ; c'est en vain qu'elle est matinale.

A neuf ou dix heures, après le chocolat qu'elle prend au lit avec la brioche odorante, elle passe les mules et le peignoir, s'installe devant sa psyché, l'esprit tout préoccupé de la robe qu'elle va revêtir ou de la fleur qu'elle mettra dans ses cheveux, et s'abandonne aux doigts de sa femme de chambre, dont elle sort dans un élégant déshabillé, pour se rendre à la salle où la table est dressée.

En hâte, elle dépose un très doux baiser sur le front de ses chéris, tend à son mari sa main de reine et s'assied à la place d'honneur. Le service commence; du bout des dents, elle mange... oh ! si peu ! A peine une douzaine d'huîtres arrosées du meilleur Chablis, un anchois ou un quartier de langouste, une tranche de pâté ou une aile de perdreau et les friandises du dessert. Enfin, madame trempe ses lèvres rouges dans un verre de marasquin ou de vieille champagne et se rend à sa toilette.

Après quoi, c'est la liste interminable des visites aux amies ou aux magasins, un *five o'clock* qu'elle ne veut manquer, un rendez-vous quelconque, et une foule d'obligations indispensables qui accaparent tous ses instants.

***

Parfois elle fait atteler avant le repas, et vient à l'Office, où elle ouvre à la page marquée son missel splendidement enluminé qui fait briller son fermail d'or.

Comme elle est recueillie !... comme elle incline dévotement la tête à l'élévation !... et comme ce pieux mouvement fait scintiller, à la lumière multicolore filtrant à travers les vitraux, le solitaire qui penche son oreille nacrée !...

Le soir, le même coupé la conduit au bal, décolletée au goût du jour, ou à une soirée travestie, l'œil pétillant sous le masque, apportant la même ardeur aux plaisirs défendus qu'aux devoirs ordonnés par l'Eglise.

*
* *

Au reste, elle est très charitable.

Elle se ferait scrupule de manquer une vente de charité et se pare à ces occasions de toilettes fraiches à ravir, car elle y vend toujours des fleurs, et c'est une joie pour elle de dire en plein salon à ses bonnes amies, avec un petit air de modestie tout indifférente : « On m'a donné cent francs de cette rose ! »

Est-il un bal, une fête au profit des inondés ou des incendiés récents, à laquelle elle n'assiste?... Dieu sait qu'elle ne regarde pas à la dépense en cas pareils ! — il est vrai que la Charité est aveugle et que nul ne peut savoir à qui vont ces prodigalités ; à coup sûr, bijoutiers et couturières y gagnent.

Et ces réunions chrétiennes, ces concerts de bienfaisance, où le digne prélat qui préside, après le discours familier qui remplit de compassion tous les cœurs, fait onctueusement le tour de l'assistance ! Peut-on mieux prouver sa générosité qu'en laissant tomber, comme chose toute naturelle, sa bague ou son bracelet dans la bourse de velours?

*
* *

Si la perfection était de ce monde, on pourrait dire hautement que la baronne y touche.

Elle a tout pour plaire : la beauté, la jeunesse, la grâce; elle est digne sans être altière, aimable sans être affectée. D'une seule voix, à part les racontars que font ces grandes dames en petit comité, le monde la trouve adorable : c'est, en un mot, une charmeresse accomplie... Mais pourquoi son mari, ses enfants, et tous ceux qui lui sont si chers, gardent-ils à son égard autant d'indifférence?...

Miss E. EHRTONE.

23 Mai 1880

NEIGES D'AVRIL [1]

Poésies par François Casale.

« Non, Mademoiselle, ce n'est pas moi qui vous reprocherai
jamais de faire des vers : d'abord parce que les vôtres sont charmants, qu'ils sont ingénieux et cependant naturels, et qu'après avoir,
dans un autre recueil, exprimé avec force tout ce que le patriotisme
attristé, tout ce que la rime vengeresse peuvent inspirer à une
Alsacienne, vous êtes revenue, plus calme, à votre naturel, qui est
fait de sourires et de grâce ; vous avez choisi, de préférence, cette
fois, les frais paysages, les légendes, les confidences de l'amitié, les
rêveries émues de votre âge. »

Telles sont les premières lignes de la très remarquable préface
d'Eugène Manuel, qui ouvre le charmant volume de vers, *Neiges
d'Avril*, dont je termine la lecture.

La poésie, — et j'entends par là la véritable poésie, et non ces
essais informes de rimailleurs essoufflés pour qui les vers à chevilles,
les poèmes sans idée et le style incompréhensible, ridiculement prétentieux, sont la plus haute manifestation de l'art, — n'est pas
chose aussi commune qu'on pense, et c'est une véritable jouissance
d'artiste, saine et réconfortante à la fois, que de parler d'une œuvre
de la valeur de *Neiges d'Avril*.

*
* *

Cela dit, — et je devais le dire pour placer ce commentaire sur
son véritable terrain, — ouvrons ensemble ce délicieux écrin que
la librairie Fischbacher a habillé, comme toujours, de si gentille
façon et choisissons, au hasard du feuillet, quelques-uns des morceaux exquis qui le composent. Ils sont nombreux et nous n'aurons
que l'embarras du choix :

SONNET

A M. A. Barth

C'est au fond du vieux Louvre, en la salle des dieux ;
Près des sphinx assoupis dans leur rêve extatique,
Les idoles sont là, débris du monde antique,
Qui sur la foule obscure entr'ouvrent leurs longs yeux.

Hélas ! tout l'univers était déjà si vieux
Quand l'Egypte à leurs pieds chantait son fier cantique !...
Que la foule aujourd'hui raille, admire ou critique,
Elles ont vu passer tant d'hommes sous les cieux !

Elles ont à jamais, sur leur face brunie,
Un sourire sans fin d'une étrange ironie,
Dont le charme cruel fait douter et souffrir.

Car il est un tourment qui n'a point de paroles
Dans ce sourire froid des anciennes idoles
Qui depuis cinq mille ans nous regardent mourir !

---

(1). Un volume, chez Fischbacher, à Paris. Prix : 3 fr.

IMPRESSIONS DU SOIR

A Mlle J. V.

Silencieusement, sur les forêts désertes,
Le soir épand la paix splendide des couchants,
— Plus rien qu'un gazouillis parmi les branches vertes
Ou quelqu'appel lointain de pâtres dans les champs.

Le ciel est plus serein et la terre plus sombre,
Tout se tait, le mystère arrive avec la nuit;
Un menhir isolé dresse dans la pénombre
Son vaste autel désert, plein d'un tragique ennui.

Il semble que le sol meurtri par les charrues,
Les côteaux et les bois exhalent vers les cieux
Les adorations des races disparues,
Qui dans une autre langue ont prié d'autres dieux.

Alors dans la forêt aux grises perspectives,
Quand la feuille frissonne et que l'ombre a des voix,
Je sens passer l'essaim des âmes primitives
Saluant la nature éternelle, et je vois,

Tandis que le soleil, au penchant des montagnes,
S'abaisse triomphal, ainsi qu'un ostensoir,
L'ombre des anciens dieux sur nos vieilles campagnes
Flotter confusément dans les brumes du soir.

⁎⁎

Voilà, entre bien d'autres, deux morceaux achevés, mais combien
nous voudrions encore vous donner en entier : *Les Hirondelles*,
d'un charme si pénétrant; *les Oubliés; la Petite Fille aux étoiles*,
cette gracieuse piécette, toute d'émotion, et dans des genres divers :
Boutade, Quand même, la Ballade d'Yseult et cette splendide
Forêt muette, où

Elle passait ici, souriante et légère,
La dame aux yeux profonds qu'on nommait Bérengère :
Elle venait rêver dans la paix des grands bois.

Mais en voilà assez, je pense, pour vous inviter à mettre *Neiges
d'Avril* dans le rayon privilégié de vos auteurs favoris, — ceux
qu'on relit souvent, la journée finie, lorsque les beaux vers font sur
les nerfs endoloris l'effet de la belle musique ou des riants paysages...

Et pour terminer par une appréciation générale, qui domine toute
cette œuvre et que, pour cette raison, j'aurais peut-être bien fait de
rappeler au début de ces lignes, l'impression que cette lecture laisse
dans l'âme est riante, joyeuse, consolante même, et je tiens à en
féliciter grandement l'auteur. Ce n'est pas de cette poésie qui dis-

tille comme à plaisir la mélancolie à haute dose, et dont les auteurs de vingt ans ont prétendument tout souffert, avant même de savoir ce que c'est que la souffrance et qui prennent la vie sous son côté le plus noir, sinistrement terre-à-terre, où tout n'est que lassitude, sombres horizons, sans au-delà et sans espérance.

Et si vous me permettez, mademoiselle, à moi aussi, quelques lignes pour finir, je serai heureux de vous dire après le grand poète Eugène Manuel : « Donnez-nous encore beaucoup de *Neiges d'Avril* et aussi de *Quand même*, votre première œuvre, ces pages où votre patriotisme d'Alsacienne a chanté vos douleurs, qui sont aussi les miennes, — et que votre poésie soit toujours riante, faite de grâce naïve et de tendresse émue, avec parfois une pointe de raillerie pour nos travers et même un peu de ce bon rire gaulois, qui est le rire de notre pays... Ne craignez pas d'abuser du soleil, des fleurs, de la gaieté : tant de poètes sont si tristes à vingt ans !... »

J.-B. CHATRIAN.

Anthologie Populaire

L'*Anthologie populaire* est une publication de luxe en grand format (19/28 centimètres) ; chaque n° de 36 pages, sous couvertures imprimées en deux couleurs, renferme de belles illustrations et de magnifiques portraits gravés sur cuivre. Elle fait connaître les auteurs en consacrant *gratuitement* à chacun un fascicule complet de 12 pages avec biographie — et portrait s'il y a lieu. Une partie de chaque livraison est exclusivement consacrée à des œuvres *absolument inédites*. C'est une publication unique en son genre.

L'*Anthologie populaire* est en vente à Paris, Librairie Universelle, dans les plus importantes gares de France et chez les principaux libraires.

Par exception il sera adressé, contre un timbre de 15 centimes, un n° à tous ceux de nos lecteurs qui en feront directement la demande à son fondateur, M. J.-L. ALQUIER, à *Gruissan* (Aude).

Concours Montesquieu

Un Concours littéraire ayant pour sujets imposés une poésie et une étude sur Montesquieu vient d'être organisé par la Revue illustrée l'*Aurore* (2 *bis*, rue Ste-Catherine, à Bordeaux). La poésie couronnée sera lue le jour de l'inauguration de la statue de l'immortel auteur de *l'Esprit des Lois*, à La Brède (Gironde), son pays natal. De nombreux prix seront décernés. En outre des récompenses qui lui seront accordées, le premier lauréat aura son portrait et sa biographie publiés dans l'*Aurore*.

Le Comité de ce Concours est composé de :

MM. F. Coppée, Alexandre Dumas, Jules Simon, A. Scholl, J. Lemaître, A. Houssaye, A. Silvestre, etc.

Le numéro renfermant le programme est adressé contre 0 fr. 30.

SOUVENIR

A MA MÈRE.

Du firmament la nue a fui
Et sur les branches aujourd'hui
Le verdier, couleur de feuillage,
Entame son gai babillage.

Mars agonise Au renouveau !
Résurrection et berceau.
Plus de frimas, de plantes mortes...
Des lilas, suaves escortes,
Annonçant de splendides jours
Aux papillons, fleurs de velours.

C'est l'hosanna de la nature,
Le chef-d'œuvre de la peinture,
Le succès de l'art musical
Pour l'oiseau, ténor idéal.

C'est l'auréole de la gloire,
Le triomphe de la victoire;
C'est la bataille des lauriers,
Le combat des blancs amandiers
Avec les primevères bleues.
Tandis que pinsons, hochequeues,
Hôtes des bois et des taillis,
Sussurrent un doux gazouillis.

Fin Mars. Tout rit. Seul l'arbre pleure
Excès de sève qui demeure
Goutte d'or, fixée aux bourgeons.
Tel le soleil ambre les joncs.

Fin Mars. Tout rit. Joyeuse fête !
Le Printemps lui sert d'estafette
Et dérobant le bas-relief
Orne l'autel de saint Joseph
Sous les bouquets et les guirlandes
De lis, symboliques offrandes !. .

A mon tour, je suis bien heureux
Car je vais exprimer mes vœux
Après le lever de l'aurore,
A ma mère, une fois encore.

A. CAPDEVILLE.

Villeneuve-les-Béziers, pour le 19 Mars.

L'ART DU DÉCOUPAGE

(SUITE)

La scie circulaire est un disque d'acier fixé en son centre à un arbre de couche qui lui imprime un mouvement de rotation continu. On présente le morceau de bois à scier aux dents de ce disque en le poussant légèrement en avant, de telle sorte que les dents entrent de plus en plus dans le bloc.

En voyant les plaques minces dont certains meubles sont recouverts, on se demande comment on peut arriver à scier des planchettes d'aussi faible épaisseur. Rien n'est plus facile. Les blocs de bois sont d'abord placés dans une étuve où ils sont soumis à l'action de la vapeur d'eau qui les pénètre et leur donne une élasticité très grande. Les blocs sont ensuite passés à la machine qui consiste en un couteau animé d'un mouvement de va-et-vient *coupant* une plaque à chaque passage sur le bloc.

Cette machine est tellement bien réglée que l'on peut obtenir des feuilles de 1/10ᵉ de millimètre d'épaisseur. Et cela sans déchet aucun ; tout le bois est parfaitement utilisé.

C'est surtout en cela que consiste le progrès de ces machines sur les scies anciennes, lesquelles donnaient lieu à un déchet moyen de 60 à 70 p. % par la transformation du bois en sciure.

On conçoit que la simplicité et l'économie du procédé permettent d'employer les feuilles ainsi obtenues à d'autres usages que le placage des meubles. On en fait des boîtes pour une foule de produits : elles peuvent également servir à la décoration des plafonds et pour un grand nombre d'usages, tant industriels qu'artistiques.

Quant au découpage des menus objets et des meubles, nous avons dit ailleurs avec quel soin nous recherchons la commodité du travail, grâce aux progrès accomplis dans la fabrication des scies, qui nous ont encore permis d'abaisser nos prix tout en conservant à ces outils une excellente qualité. Deux nouvelles sortes de scies ont été créées il y a quelques années: la scie **alternative** (à une dent longue et une dent courte) et la scie **parisienne** (à dents espacées) qui offrent l'avantage de découper très vite. *A suivre.*

JEUX D'ESPRIT

CHARADE

Certain jour, le double *premier*
Voulait cueillir le fruit *dernier*
Qu'osait becqueter un *entier*
A la barbe du jardinier.

A. ELLIVEDPAC.

Adresser les réponses à *M. Ellivedpac à Villeneuve-les-Béziers,
(Hérault)*.

Comme prime, le devineur désigné par voie de tirage au sort
recevra un exemplaire des ELLIVEDPACIENNES ILLUSTRÉES et un
Diplôme du Sphinx.

ANAGRAMMES (*suite*)

I.

L'académicien dont les livres charmants
Sont lus de tous côtés, nous donne en anagramme
Rotir, épile ; assez là de renseignements,
Composez-en le nom sur ce léger programme.

II.

Dans : *Sire, soit bon gas,* se trouve avec justesse
Le nom d'un vrai savant, académicien ;
Comme j'ai confiance en votre fine adresse
Je n'en dis pas plus long, ceci vous suffit bien.

Jacques de LUCÉ.

PRIME. — Deux dessins à tous les devineurs abonnés qui enverront ces deux solutions avant le 1er Avril.

SOLUTIONS DU 15 FÉVRIER

Logogriphe :   **Rhume, Rhum.**

Le devineur-gagnant auquel la prime promise a été adressée est
M. Léon Maroteaux, à Bucy-lez-Pierrepont (Aisne).

Anagramme : **Xavier Marmier.**

Sommaire du CONSEILLER DES DAMES ET DES DEMOISELLES, 7, rue
de Lille, Paris : *Chronique,* ***. — *L'Idylle d'une heure*, E. Pollet.
— *Le comte Skariatine*, F. Marion Crawfort. — *Dialogue*, Jean
Polonius. — *Causerie*, Old Friend. — *Modes*, la Dame d'atours.
— *La Vie pratique.* — *Réponses aux Abonnées.* — *Récréations
hebdomadaires*, Mme Celina Francony. — *Chronique littéraire*,
C. de C. — *Travaux manuels.* — Annexes : *Planche de broderie,
Patron. Gravure coloriée.*

LE DÉCOUPAGE POUR TOUS

LORIN AINÉ

A PARIS

Imp. CRESSON — Paris

Modèle déposé.

N° 826
CAGE.
Birds cage.
Gabbia.
Jáula.
Vogelkooi.
Vogelkaefig.

15 Mars 1892.

LE DÉCOUPAGE POUR TOUS

LORIN AINÉ

Imp. CRESSON — Paris.

A PARIS

N° 828

CAGE.   (Suite)

Birds cage.
Gabbia.
Jaula.
Vogelkooi.
Vogelkaefig.

15 Mars 1892.

Modèle déposé.

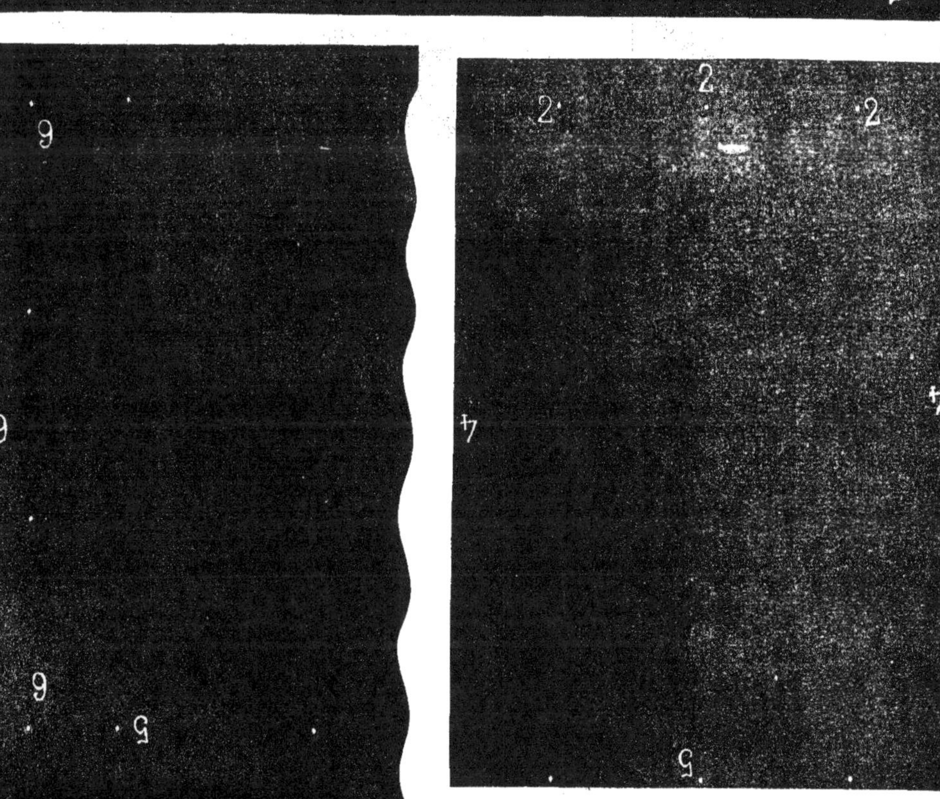

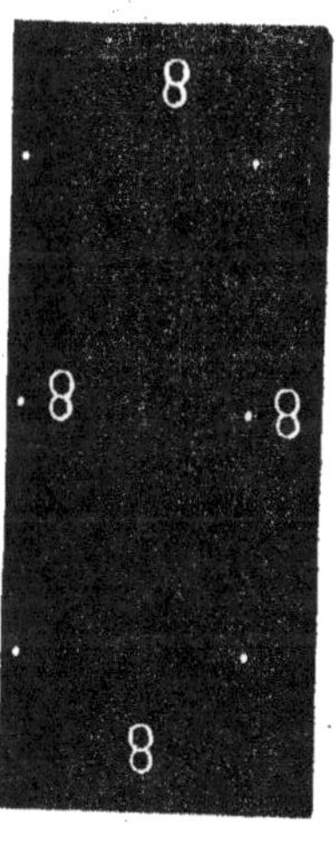

Nᵒˢ 832-834.

SUITE DE LA CAGE

Le prochain nᵒ contiendra les explications nécessaires au montage de ce Dessin.

L'ART, LA SCIENCE, L'ÉTAT

Dans tous les pays, à tous les âges, avec une volonté plus ou moins vive, pour satisfaire aux besoins de sa vie, ou seulement à ses goûts, souvent aussi impérieux que ses besoins, l'humanité a toujours eu « deux maîtres, » comme dit M. Levasseur (de l'Institut) : La Science et l'Art ; on les retrouve partout, même dans les civilisations les plus rudimentaires. Par la science et l'observation des phénomènes de la nature, toutes les races ont cherché à rendre plus douces les conditions de leur existence ; par l'art, elles se sont efforcées de l'embellir. Si le sauvage s'étudie à creuser la pierre, à pétrir la glaise pour façonner des vases destinés à la cuisson de ses aliments, si l'observation lui enseigne que la peau des bêtes qu'il tue est propre à le garantir des outrages des saisons, s'il les taille à la forme de ses membres, il voudra, du même coup, que ses vases et ses vêtements plaisent à ses yeux. Le guerrier aiguisera un silex bien tranchant pour combattre, mais il s'ingéniera en même temps, pour que son arme soit décorée de quelques dessins rudimentaires. Ce sont les premiers éveils de la sculpture qu'il poussera beaucoup plus loin, lorsque, sortant des cavernes où il s'est abrité d'abord, il se construira une demeure ou creusera une barque pour franchir les rapides ou traverser les fleuves.

La horde sauvage se fixe, la Société marche, elle constitue des groupes et alors l'architecture deviendra, ce qu'elle restera toujours, le grand art, l'art par excellence, celui dont les autres seront pour ainsi dire les serviteurs.

L'architecture chez les peuples est ce que veulent leurs besoins, le climat, la température. L'homme destiné à vivre six mois dans la neige et les brumes glacées ne construira pas sa demeure comme celui sur la tête de qui rayonne un éternel printemps. Une autre cause viendra encore modifier les formes architecturales ; le constructeur devra forcément employer dans ses travaux les matières que la nature lui fournit. De là, variété infinie des édifices sortis de la main des hommes.

L'Art et la Science ne marchent pas d'un pas égal. Au début, il n'est pas douteux que, pour subvenir aux nécessités qui pressent, l'homme ne se soit tourné vers la Science, mais comme les phénomènes qui l'entourent demandent pour être compris ou domptés de longues et difficiles observations, les notions scientifiques resteront longtemps chez lui incertaines et confuses. La présence de faits qu'il ne pourra ni comprendre ni expliquer le jettera dans le surnaturel, l'ennemi mortel de la science, qui, au contraire, séduit l'imagination et peut donner à l'art des perspectives plus hautes.

L'Art d'ailleurs n'a besoin que de voir, que de sentir, il n'a pas à entasser les faits et à en chercher les causes, ou, du moins, les faits qui l'intéressent sont en petit nombre, clairs et tangibles. Il est beaucoup plus intime, beaucoup plus personnel que la Science. Aussi je ne dirai pas du premier coup, car tout dans ce monde, avant d'éclore, passe un temps de gestation, d'incubation, mais rapidement, des peuples à l'état d'enfance au point de vue scientifique, ont atteint à des hauteurs artistiques si puissantes, si nobles, si pures, une si souveraine beauté, que leurs œuvres sont encore pour nous des objets d'admiration et de désespoir.

Autre singularité. La Science marche toujours en grandissant ; une conquête, une découverte amènent une conquête, une découverte nouvelles, le génie et les travaux d'un savant peuvent, il est vrai, en hâter le pas, mais quand il meurt, d'autres hommes seront là pour recevoir son héritage et explorer plus avant le champ qu'il a ouvert. Dans le domaine de l'art, il n'en va point ainsi. Il est bien certain que Raphaël est l'élève du Pérugin, et un peu d'El Frate ; mais après Raphaël, personne ne vient immédiatement ramasser ses pinceaux et porter la peinture plus loin qu'il ne l'avait poussée. Après Michel-Ange, même silence. Il y a des périodes artistiques : la Grèce, l'Italie, l'Espagne, les Pays-Bas ont eu une éclosion, un fourmillement d'artistes ; eux morts, la sève est tarie, et leurs élèves sont impuissants, je ne dirai point à aller plus loin que les enseignements du maître, mais même à le continuer et à l'égaler. Le ciel de l'Art est ainsi rempli d'éclatants météores qui ont tout illuminé ; puis, eux éteints, quelquefois la nuit.

On a bien cherché à expliquer l'apparition et la disparition de ces phénomènes par telle ou telle condition politique du pays et de l'époque où ils se sont montrés, on les a souvent attribués à la faveur des princes et des cours ou au règne de la liberté. Ce point me paraît assez incertain et obscur. La grande statuaire, la grande architecture ont flori dans la Grèce libre, c'est vrai ; mais elles ont créé en Sicile des œuvres admirables sous le gouvernement d'abominables tyrans. Si l'école hollandaise s'est épanouie pendant les glorieuses luttes dont les Pays-Bas ont été le théâtre, comment expliquer la superbe explosion de l'école espagnole, au moment où sombrait la monarchie de Charles-Quint ? Qu'était Naples quand elle produisit de si belles choses ? Une ville conquise, mal menée ! Et Venise, n'était-elle pas déjà un peu sur son déclin lorsque ses peintres la couronnèrent de leurs chefs-d'œuvre ? La papauté, quoiqu'elle disposât des trésors de la chrétienté, fut forcée d'emprunter des artistes dans toute l'Italie et ne put jamais créer une école romaine, même avec Bramante, même avec Raphaël, même avec Michel-Ange. Chez nous, c'est bien plus singulier encore ; Louis XIV et Napoléon Ier, en voulant protéger l'art, le laissèrent plus pauvre qu'il ne l'était avant leur règne.

Aujourd'hui, il est assez de mode de prétendre que si des chefs-d'œuvre ne jaillissent plus en pierre, en marbre, en peinture, la faute en est à l'extinction du sentiment religieux. A cette opinion, il n'est qu'une réponse à faire. A l'exception d'un très petit nombre d'artistes tels que Fra Angelico et quelques autres, parmi lesquels on compte surtout des Espagnols, les sept dixièmes des architectes, des sculpteurs, des peintres qui édifièrent des églises, taillèrent des statues, peignirent des Vierges et des Saintes-Familles adorables, étaient notoirement des incrédules, quelques-uns des athées ou des bandits de sac et de corde comme Ribeira par exemple, ce qui ne l'a point empêché de peindre d'admirables tableaux de sainteté d'un pinceau très ému.

Elle est cependant fort loin de moi la pensée que l'idée religieuse ne puisse pas fournir des données excellentes aux artistes, par cela seul qu'ils sont forcés de chercher, de creuser pour imaginer des types exquis ; les théogonies, les idolâtries, les superstitions doivent les inspirer. Assurément, la croyance en Jupiter et ses camarades était publiquement raillée à Athènes, lorsque les statuaires grecs firent respirer leurs divers immortels ; certainement Rubens était le plus païen des peintres lorsqu'il fit la *Descente de Croix*. A Rome, où en était la foi lorsque Raphaël mit au jour la *Transfiguration*, la *Vierge à la chaise*, et Michel-Ange le *Moïse* ? Il faut donc le reconnaître, si le sentiment religieux offre à l'esprit de l'artiste une idée très propre à l'enflammer, ce n'est plus pour lui, à tout prendre, qu'un idéal qu'il a quelquefois atteint, quoique n'étant ni croyant, ni orthodoxe.

On doit donc chercher ailleurs pour expliquer le phénomène qui nous occupe. Il faut même l'avouer, jusqu'à présent, ni l'observation, ni l'histoire ne nous fournissent les éléments d'une solution.

Faut-il dire avec M. Levasseur que tout s'explique par ce seul fait. « Qu'il y a des peuples artistes et d'autres qui ne le sont pas ? Chez tel peuple, l'art n'a qu'une saison ; chez d'autres, il dure aussi longtemps que la race elle-même.... » Hâtons-nous d'ajouter que le savant académicien sentant l'inanité de cette thèse, se hâte d'écrire : « La vérité est que dans, un pareil débat, il faut se garer de tout *a priori*, tenir compte des nuances et des exceptions qui ne confirment pas toujours la règle, en dépit du proverbe. Faute de quoi, on plaide et on ne juge pas. »

En effet, comment expliquer par la théorie absolue des races, le phénomène qu'à une heure donnée présente la Hollande ? Est-ce que la race italienne, par exemple, n'est pas restée pure depuis les Médicis, et ne s'est pas énergiquement défendue de toute influence étrangère ? Le génie tudesque a-t-il déteint sur elle ? Mais vingt ans après la mort de Michel-Ange, même avant, où en était la glorieuse école de Florence ? La population de la noble cité n'avait point assurément changé et cependant.... Elle a compté certainement, depuis, des hommes de talent ; mais qu'ils sont restés loin du génie des maîtres de l'âge d'or ! Le divin flambeau n'a jamais été rallumé. Ce que nous disons de Florence. nous pourrions le dire encore, en Italie, de Venise, de Parme, de Naples ; en Espagne, de Séville ; en Belgique, d'Anvers ; en Allemagne, de Nuremberg.

Si les races sont mises hors du débat, faut-il demander au gouvernement d'un pays la cause du développement ou de la décadence de l'art et l'en rendre responsable ? Ici, évidemment, il y a quelque chose à la fois de spécieux et de réel qui veut être soigneusement examiné.

Je ne nie nullement l'influence de l'Etat, mais je suis en même temps contre elle et pour elle. Je voudrais montrer en quoi elle peut et *doit* être utile, en précisant et en limitant son action.

C'est dans le recrutement de la jeunesse qui se sent appelée à la carrière des Arts que l'action de l'Etat doit s'exercer. Son premier devoir, sa première mission est de ne laisser autour de lui aucune force ou ignorée ou improductive. Si j'étais M. Prud'homme, je m'écrierais que le génie perce toujours, ou, si j'écrivais un poème, je burinerais dans un bel hémistiche que le travail obstiné vient à bout de tout ; mais je ne suis ni un Prud'homme, ni un poète. Je sais la vie, elle passe tous les jours devant moi, elle n'a pas besoin de parler pour que je la devine et la comprenne. Je lis sur son visage que, quoi qu'en disent des prétendus stoïques, la misère n'a jamais été bonne pour personne, pas plus pour l'artiste qui en meurt que pour le faible qui s'y dégrade. Mais encore, faut-il le dire, les souffrances qu'elle impose, l'homme les supportera avec courage, même avec une certaine fierté, s'il les rencontre dans la carrière qu'il aura adoptée par vocation.

J'ignore par quel moyen l'Etat pourrait les rendre plus supportables et plus douces, ces souffrances ; mais je sais qu'il lui est relativement facile d'ouvrir à chaque enfant la voie pour laquelle il se sent le plus d'aptitude et de goût. Il lui suffit de créer des écoles, et pour les futurs artistes, d'organiser des cours de dessin gratuits. C'est pour lui une obligation étroite, et la gratuité est indispensable, car si vous avez lu l'histoire des peintres, il n'est pas que vous n'ayez remarqué combien de grands artistes sont sortis de pauvres origines. Mais, dira-t-on, ils sont arrivés sans le secours de l'Etat, par conséquent ce que vous demandez est inutile. Sans doute, Giotto, Prud'hon, Il Fattore, sont parvenus, mais à quels hasards l'ont-ils dû ? Et combien sont morts sans avoir pu faire montre des dons qu'ils tenaient de la nature. Combien, diamants merveilleux, sont restés perdus dans la gangue qui les recouvrait ? Que de pertes pour l'art et pour la richesse sociale ! Il faut donc que partout l'enfant trouve sous sa main des cours gratuits de dessin. Là, se fera le grand recrutement, l'Etat seul, qu'il soit monarchique ou républicain, peut le faire.

Il est des hommes sincèrement religieux qu'inquiète ce développement de l'instruction, à mon tour, je m'étonne de leurs inquiétudes, et je trouve qu'ils manquent de respect pour le Dieu qu'ils adorent. Si c'est lui qui a mis dans le cœur de cet enfant le sentiment de l'art, n'est-ce point agir contre la volonté divine que de ne pas favoriser l'épanouissement des facultés qu'il tient de la providence?

Autre objection : que ferez-vous de cette armée d'artistes ?

N'ayez point ce puéril souci, bonnes gens! Jamais, avec toute l'instruction gratuite, obligatoire que vous voudrez, il n'existera une embarrassante cohue d'artistes ; pour être artiste, il faut une somme de qualités trop rares à rencontrer. Vous aurez en revanche des milieux plus intelligents, plus habiles à voir, qui feront prompte et bonne justice des barbouilleurs ; des milieux du sein desquels le talent seul, bien avéré alors, parce qu'il sera plus justement apprécié, se dégagera.

Ce qui arrivera, c'est que, par suite de ce mode d'instruction, toutes les industries seront peuplées d'hommes ayant plus de goût, un œil plus capable, une main plus sûre, et de la sorte, nul ne pourra pleurer sur sa destinée perdue, sur sa vocation manquée. L'élite, toujours rare, deviendra artiste, le reste suivra la voie ordinaire, et l'Etat, comme il est de son devoir, de son plus sérieux intérêt, n'aura pas laissé une force nationale improductive.

Le recrutement artistique sera ainsi fait, et bien fait.

Que devra le gouvernement à ces hommes supérieurs sortis par leur mérite de la masse ? Des travaux, des concours, du respect, voilà tout. Des travaux qui seront la gloire du pays et des cités qui les entreprendront ; des concours libres, c'est-à-dire ayant des juges point patentés, point exclusifs, n'appartenant point par tradition et routine à telle ou telle école, mais capables de voir, de sentir, et ne professant pas la théorie que le présent doit servilement répéter les œuvres du passé.

Dans tout cela, qu'y a-t-il de chimérique et qui ne puisse se faire ? Les vocations réelles seront découvertes, mises en lumière, le goût de l'art partout répandu, et le pays plus riche.

SURMAY.

RENOUVEAUX

Voici poindre au levant le printemps de la Terre :

La Nature s'éveille en écoutant le chœur
Des nids, que l'hiver sombre a forcés à se taire,
Ebaucher leur aubade à ce soleil vainqueur
Qui met la violette au hallier solitaire.

Voici poindre au levant le gai printemps du Cœur :

La jeune fille accourt dans la sente en délire
Qui met la ronce avec son front blanc de niveau ;
En son regard baigné de rayons, on peut lire
L'allégresse de vivre au sein du renouveau.

Les deux Avrils naissants échangent leur sourire.

La terre qui tressaille à ces primes chaleurs,
Entr'ouvre les bourgeons sur les buissons moroses
Et fait monter la sève aux vieux rameaux trembleurs.
Elle vêt lentement son frais manteau de roses,

Et la mignonne a mis son tablier à fleurs ;

Elle vient en chantant une chanson nouvelle,
Sentant partout flotter dans le chemin étroit,
Dans ces bois, dans ces prés que la brise échevèle,
La joie immense dont son doux bonheur s'accroît.

Le temps passe. A l'enfant la tombe se révèle ;

La corolle en un jour perd son parfum charmant ;
Mais un pareil sourire emplit cieux et brindilles
Quand de la saison chaude arrive le moment :
Ce sont d'autres printemps et d'autres jeunes filles....

Et la même Gaîté vibre éternellement.

Miss E. EHRTONE.

DIZAINS

PETITS THÉATRES

QUAND j'étais tout petit, j'aimais fort un théâtre
Qu'assiégeait, les jeudis, une foule idolâtre.
Le public? Des enfants. Les acteurs? Des pantins,
Grossiers, mal équarris, montés sur hauts patins.
Maintenant que de fils blancs ma barbe s'argente,
Ce passé très lointain me séduit et me hante ;
Et mon Paris sceptique est plein de grâce envers
Les acteurs de bois peint psalmodiant en vers
La légende ingénue et sœur du vieux mystère
Qui montre l'union du ciel et de la terre.

4 Mars 1892.

GLORIA MUSÆ

EN ce siècle de boue et de fer, pauvre Muse
Dont la douce chanson folâtrement m'abuse,
Je te suis trop enclin, j'ai tort de t'aimer tant ;
A quoi servent la rime et le rythme éclatant ?
Mais mon vice me plaît et plus on me la blâme
Plus elle est — je le sens — maîtresse de mon âme !
Avec le renouveau d'avril et la saison
Des fleurs, la poésie asservit ma raison
Et quand l'utile prose a terminé sa tâche,
Je lui reviens et veux *mourir* où je m'attache.

11 Avril 1892.

OLIVIER DE GOURCUFF.

NEIGES D'AVRIL

Il faut savoir un gré infini à Eugène Manuel de l'indiscrétion qu'il commet dans sa préface et qui nous révèle en François Casale, l'auteur des *Neiges d'Avril*, une charmante jeune fille.

Cela seul éveillerait la sympathie si le livre lui-même, par sa grâce, sa fraîcheur, sa vigueur souvent, ne se chargeait de ce soin.

Déjà, la plume de M. Chatrian en a rendu compte à cette même place ; mais, comme il l'a bien dit, ces *Neiges d'Avril*, sont un si « délicieux écrin » qu'on ne saurait trop en mettre les joyaux en lumière : qu'il me permette donc d'ajouter quelques lignes à son article.

Les pièces qu'il a citées sont superbes, et l'on peut conclure avec vérité que l'auteur excelle en ces thèmes à large allure où le vers tombe majestueux et toujours juste ; il ne manque pas dans le volume d'autres poèmes aussi bien inspirés, où la virilité des sentiments justifie assez le pseudonyme masculin de la jeune Muse qui dans sa première œuvre, *Quand Même*, avait chanté avec tant d'âme ses regrets d'Alsacienne. Car elle l'aime d'un immense amour ce cher pays qui garde ses souvenirs les plus intimes ; aussi n'est-il pas oublié dans ce nouveau recueil ; témoins ces vers qui sont la fin douloureuse du petit poème *Les Hirondelles :*

. . . .

Aujourd'hui, l'Allemand foule en paix les allées
Où sonne encor l'écho de nos rires d'enfants ;
Pour lui comme pour nous les nuits sont étoilées
Et l'horizon s'empourpre aux matins triomphants.

Il n'est pas moins de fleurs sur la terre d'Alsace.
Depuis que l'étranger les cueille à pleines mains ;
Dans les bois où nos chants ont égayé l'espace
D'autres s'en vont chantant par les mêmes chemins.

Nous aurons donc été, dans ces heures trop brèves,
Des hôtes de passage en ce vert paradis
Où s'est épanoui l'infini de nos rêves,
Sous le rayonnement du soleil de jadis !

Avril insoucieux fredonne sa romance
A la vieille maison dont ils nous ont chassés ;
Du fond du ciel qui luit comme une coupe immense
L'hirondelle revient au nid des ans passés.

Elle revient, — mais nous, te verrons-nous encore,
Doux pays dont nos yeux sont restés éblouis ?
Verrons-nous se lever la radieuse aurore
Où tu revivras tel qu'aux jours évanouis ?

Ah ! oui, elle sait chanter merveilleusement les émotions et les souvenances ; les voilà, dans ces *Hirondelles*, dans les *Deux ombres*, les *Hortensias* et en bien des endroits, retracés d'une plume attendrie qui deviendra forte tout-à-l'heure pour rimer *Sagesse, les Oubliés, France, Ni Dieu ni maître, Nostalgie, A la mémoire de Jacques-Godefroy S.*, et surtout le beau poème : *Aux femmes*.

Est-ce à dire que François Casale n'ait que cette corde à sa lyre ?. Elle est si vibrante et sonore qu'elle seule pourrait suffire ; mais le talent naissant du poète ne s'en contente pas et s'essaie avec un rare bonheur aux rythmes de la nature et de la jeunesse. Je prendrai pour unique exemple ces strophes si vivantes qui sont, en leur genre, un des passages les plus sympathiques du livre :

Un jeune gars chantait dans le sentier des vignes
Quelque très vieux refrain de tristesse et d'espoir ;
Et les prés sentaient bon, et les grives malignes
Jetaient de petits cris moqueurs dans l'air du soir.

Oh ! le charme naïf de ces chants populaires
Qui vont de bouche en bouche et sont si vrais toujours,
Où l'âme agreste a mis sa joie et ses colères
Et la mélancolie intense des amours !

Chante donc, petit gars, par les vignes fleuries,
Ta joie et ton chagrin vieux comme l'univers !
Bien d'autres, avant toi, le soir, dans les prairies,
Ont redit ta chanson sous les mêmes bois verts ;

Bien d'autres la viendront chanter, l'âme pensive,
Puisque Dieu, comme à toi, leur aura départi
Une voix pour chanter quand le bonheur arrive
Et deux yeux pour pleurer quand il est reparti.

Et *Rose de Mai ?* et cet exquis morceau *traduit de Heine ?* et la *Boutade*, et les *Chants de Route ?*... Vraiment tout serait à citer, si je ne voulais conserver un coin pour transcrire une miniature qu'on croirait peinte par un artiste de l'époque :

1788

Sous les lambris dorés du salon rose tendre,
Nouvelles de la cour, échos du régiment,
Epigrammes, bons mots, se croisent galamment;
L'esprit vole, revient et repart sans attendre.

Un amoureux, rêveur et blond comme un Clitandre,
S'assied au clavecin et prélude un moment,
Puis chante un air de Gluck, plaintif et si charmant
Que sa belle soupire et sourit à l'entendre.

Et l'abbé, se penchant sur la table de jeu,
Regarde l'échiquier, et se dépite un peu
De sentir arriver le coup que rien n'écarte.

« Echec et mat! l'abbé, je crois bien vous tenir! »
Dit l'autre, un tout jeune homme appelé Bonaparte,
Qu'on dit intelligent et soldat d'avenir.

Nous voici, avec ce sonnet savamment touché, revenus à un siècle
en arrière ; suivons donc le poète qui nous mène encore beaucoup
plus loin, en plein moyen âge, au milieu des légendes où voici la
Vieille Chanson pour le départ du soldat du roi ; *les Trois Gouttes
de Sang*, qui sont un écho breton des Croisades; *la Ballade
d'Yseult ; la Forêt muette*, où mourut Bérengère, « la dame au
hennin d'or »... Qu'ils sont gracieux, tous ces récits d'autrefois!...

C'est un charme de plus ajouté au coquet recueil de François
Casale, si gai, si jeune, malgré certaines notes de tristesse, que
devant ce titre : *Neiges d'Avril*, on se demande à quelle neige songeait l'auteur : aux derniers flocons qu'un rayon de soleil métamor-
phose en fertilisante rosée? ou à la neige odorante que le printemps
secoue des arbres en fleurs?...

E. EHRTONE.

ASPIRATION

Tel est le titre de la mélodie qui vient de paraître chez Emile
Dhont et qui fait le plus grand honneur à son éditeur. Le cadre est
digne du morceau : une ravissante poésie de Madame Marie-Edouard
Lenoir, avec accompagnement de piano par M. Edmond Ribiollet.

Ces strophes sont tristes, — trop tristes, — car, malgré les déboires de la vie, l'âme délicate qui les a rimées ne devrait point s'arrêter à d'aussi sombres pensées. Pourquoi chanter si mélancoliquement :

> L'automne vient, la feuille tombe...
> Sans effroi, rêvant à la mort,
> Je voudrais, au bord d'une tombe,
> M'endormir du sommeil dont pour toujours l'on dort !

Néanmoins, ces vers sont beaux, la musique qui les pare est à la fois simple et pénétrante comme il convient à un pareil sujet, et l'on ne peut que féliciter le compositeur en même temps que le poète.

E.

PETITE CHRONIQUE

Nous remarquons, dans le **Monde thermal**, une intéressante chronique de Saint-Hérem, sur *Crévaux et ses voyages à la Guyane*, ainsi qu'un article de M. F. Beaumont : *Faux confetti*. La *Revue des Eaux et Stations d'hiver*, les *Nouvelles scientifiques*, les *Choses et autres*, y sont également fort bien traitées, ainsi que les *Nouvelles théâtrales* et la *Bibliographie*. Nous recommandons vivement le **Monde thermal** à nos lecteurs.

Bureaux : 63, rue de Maubeuge, Paris.

⁂

Le **Japon pratique**, dont nous avons eu le plaisir de donner quelques extraits, vient d'obtenir une médaille à la Société de Géographie commerciale de Paris. Tous ceux qui ont lu le livre de M. Félix Régamey applaudiront à cette distinction bien méritée.

⁂

Sommaire du **Conseiller des Dames et des Demoiselles, 7, rue de Lille, Paris.** — *Saint-Pétersbourg*, E. Melchior de Vogüé. — *Les fantassins* (sonnet au maréchal Canrobert), Claudius Popelin.— *Causerie*, Old Friend. — *Modes*, la Dame d'Atours.— *La Vie pratique.* — *Réponses aux abonnées.* — *Récréations hebdomadaires*, Mme Célina Francony. — *Chronique littéraire*, C. de C. — *Travaux manuels.* — *Annexes :* Planche de broderie et patron coupé sur mesures spéciales.

LE POÈTE

Dieu lui dit : Sois poète et va-t'en par les plaines,
Va-t'en par la montagne et par les verts sentiers,
Où j'ai jeté pour toi mille choses sereines,
Pour toi qui m'as compris dans tes rêves altiers.

Va-t'en ; j'évoquerai de douces voix lointaines,,
Qui parleront d'amour aux muses des halliers,
Et tu t'enivreras du chant pur des fontaines,
Dans la brise odorante, aux souffles printaniers....

Et puis le cœur rempli des appels de la sève,
Par les grands bois ombreux aux parfums enivrants,
Tu t'en iras le soir quand la lune se lève,

Rêver d'étangs moussus, aux grands nénuphars blancs.
Mais sache que partout un mystère se pose,
O poète : la grande Ame de chaque chose !

J.-B. Chatrian.

CHIMIE AMUSANTE

ENCRES SYMPATHIQUES

On donne le nom d'Encres sympathiques à certains liquides à l'aide desquels on forme des caractères d'abord invisibles, et qui apparaissent ensuite: soit au contact de la chaleur, soit sous l'action d'autres liquides.

Parmi les Encres sympathiques, les plus simples sont: le suc d'oignon, de navet, de citron et d'orange.

Voici la manière de faire quelques Encres sympathiques de couleurs diverses:

Rouge. — Esprit de nitre dans huit ou dix fois autant d'eau.

Jaune. — Mettez à tremper, pendant dix jours, des fleurs de souci dans du vinaigre blanc distillé, passez la liqueur à travers un linge et mettez-la en bouteille.

Verte. — Faites dissoudre, dans une petite quantité d'eau de rivière, un peu de sel de tartre bien blanc et bien sec; puis mettez le tout en bouteille. Pour faire paraître ces encres, vous n'avez qu'à passer dessus la liqueur de violette, de pensée ou de reine-marguerite.

Cette liqueur se fait de la manière suivante:

Prenez une quantité suffisante de ces fleurs, pilez-les dans un mortier, en y versant de l'eau; exprimez le jus en les passant à travers un linge et conservez dans une bouteille jusqu'au moment de vous en servir.

Encre sympathique d'or. — Faites dissoudre, dans l'eau régale, autant d'or que vous pourrez; mettez dans cette dissolution un peu d'eau et écrivez. Pour que cette encre paraisse, il suffit de l'exposer au grand air.

Ecrivez avec une légère dissolution de sulfate de fer; passez, sur le papier desséché, un pinceau que vous aurez trempé dans le cyanure jaune de potassium; vous aurez alors des lettres bleues.

Ecrivez avec du sulfate de cuivre et exposez le papier au-dessus d'un vase contenant de l'alcali volatil; vous aurez des lettres bleues. Si vous le mouillez avec du cyanure de potassium, l'écriture sera cramoisie.

Pour avoir une encre pourpre, on écrirait avec une dissolution de chlorure d'or, puis on mouillerait le papier avec un pinceau trempé dans une dissolution de sel d'étain.

Si l'on écrivait avec du chlorure de cobalt dissous dans une assez grande quantité d'eau, on aurait une encre bleue; il suffirait, pour la fixer définitivement, de chauffer fortement le papier. Si l'on avait remplacé le chlorure de cobalt par le chlorure de nickel, on aurait obtenu une encre jaune, et le chlorure de fer nous aurait donné une encre verte.   Paul CALMET.

Sommaire du **Monde illustré**, 40, place Jacques-Cartier, Montréal. TEXTE: *A la bonne franquette*, Faucher de Saint-Maurice. — *Bibliographie au fil de la plume*, Simon Bolivar. — *L'Exposition de Chicago.* — *Chimère*, Hip. — *Notes et Faits.* — Poésie: *Au Canada*, Miss E. Ehrtone. — *Correspondance littéraire*, F. X. Burque. — Etudes historiques: *Les Cimetières de Montréal* (suite), G.-A. Dumont. — *La Famine en Russie.* — *Primes du mois de Février.* — *Un amour sous les frimas*, Louis Tesson. — *Mademoiselle de Kerven* (suite). — *Choses et autres.* — *Problèmes d'échecs.*

GRAVURES: *La famine en Russie:* Paysans demandant l'aumône dans les rues de Kazan. — *L'Exposition universelle de Chicago:* Vues des principaux bâtiments qui seront érigés. — *Gravures du feuilleton.* — *Portraits:* MM. W. Steinitz et Tschigorine.

* *

Sommaire de **Chimère**, 52, cours Gambetta, à Montpellier. — *Le Socialisme intégral*, Paul Redonnel. — *L'Allée*, Pierre Dévoluy.— *Banc des Pauvres*, Robert de la Villehervé. — *Les Troubadours* (suite), Charles Brun.— *Miroir*, André Lancy.— *Apparition*, Léon Leclère. — *Petite Reine*, Charles Frappart. — *Quand j'ai vu la mer*, Henry de Braisne.— *Glose sur quelques peintures*, M. Doris. — *Labes Amoris*, Joseph Loubet.— *Croquis d'hiver*, Paul Hubert. — *Tréteaux*, Auguste Vierset. — *La mauvaise ballade*, Tristan Maldange. — *Les concerts classiques de Monte-Carlo*, P. D. — *Critique dramatique*, Léon Dequillebecq. — *Au pays de Chimère*, E. Portal, Jean Staout, M. D. et P. R.— *Un sonnet à l'Italie*, A. B. Crousillat. — *Les Tourmentes*, Fernand Clerget. — *Christophe Colomb devant les taureaux*, Léon Bloy. — *Préface pour le Vercingétorix* de Louis Bastide, Paul Redonnel. — *Les petites escales*, Roustoubique. — *Hochets*, Bellérophon. — *Notules.* — *Poste restante.*

* *

Sommaire de l'**Echo de Gascogne**, 38, rue Auguste-Gué, à Agen. — *Chronique*, Arlequin. — Instantanés: *Raoul Ponchon*, Etienne Guary. — *Le vieux portrait*, Miss E. Ehrtone. — *Le duel au champignon*, Jean de Numidie. — *Nouvelles et échos*, Agénor. — *Revue artistique*, Jules de la Riberie. — *La vie mondaine*, Oculus. — *Théâtres et Concerts*, Spectator. — *Sport.* — *Jeux d'esprit.* — *Petite correspondance.* — *Portrait de Raoul Ponchon*, F. Cazals.

L'ART DU DÉCOUPAGE

(SUITE)

Après avoir exposé succinctement les points qui nous ont semblé avoir quelque intérêt pour ceux qui aiment et pratiquent le Découpage, nous donnerons maintenant les principes pratiques de cet art.

Matériel du Découpeur

Aussi peu compliqué que possible, l'outillage nécessaire au débutant doit être ainsi composé : un dessin représentant l'objet à exécuter, une machine, des scies, une planchette, une alène ou un porte-foret, un polissoir et du papier de verre.

Pour des ouvrages compliqués, comme pour obtenir un travail plus parfait, la pratique désigne ensuite les outils qui peuvent être utiles.

Les Dessins

On conçoit que les premiers artistes qui se sont adonnés au Découpage étaient dans l'obligation de créer eux-mêmes leurs dessins, ce qui fait que pour être bon découpeur, il était indispensable d'être aussi un excellent dessinateur, et cela rendait cette distraction inaccessible à beaucoup de personnes dont les études n'avaient point comporté celle du dessin.

Mais depuis l'apparition de la machine à main, cette difficulté a été surmontée, et, grâce aux collections de dessins qui sont mises à la disposition des amateurs, toutes personnes peuvent découper, puisqu'il ne s'agit plus pour elles que de suivre les contours de dessins tout préparés et dont la perfection varie d'ailleurs avec le talent et surtout l'expérience de leur auteur.

Il ne faudrait pas croire que telle ou telle gravure ou lithographie représentant un ornement parfaitement exécuté puisse servir de guide à un découpeur. Les dessins doivent être étudiés avec soin et comporter des indications qui sont un guide sûr pour l'exécutant. La collection présentée par le *Découpage pour Tous* est dans ce cas, et tous ont été exécutés avant d'être livrés à l'impression, ce qui permet d'arriver, avec ces modèles, à une perfection irréprochable au point de vue de la justesse et de l'élégance.

(A suivre)

JEUX D'ESPRIT

MÉTAGRAMME

Des voyelles j'offre la gamme
Dans ce bizarre métagramme :
Avec l'**A**, française cité ;
Avec l'**E**, maint pape cité ;
Avec l'**I**, prudemment en cage ;
Avec l'**O**, le nom d'un village
Dans le département du Nord ;
Avec l'**U**, meunier, un ressort
Au moulin à vent très utile ;
Avec l'**Y**, fort grande ville
Qu'on devinera sans effort.

A. ELLIVEDPAC.

Adresser les réponses à M. ELLIVEDPAC, à *Villeneuve-les-Béziers*, (*Hérault*).

Comme prime, le devineur désigné par voie de tirage au sort recevra un exemplaire de la **Musette de Lilliput**, et un *Diplôme du Sphinx*.

MOTS EN TRIANGLE

SONNET

— Mon *premier :* — ur héros qui mourut à son bord,
Avait trois grands amours : Dieu, Famille et la France.
— Mon *second* — dit Loti — de babord à tribord
Voltigeait éperdu dans ce jour de souffrance.

— Mon *trois :* est ville au centre avec facile abord,
Autrefois d'un duché, le chef-lieu d'importance.
— Mon *quatre :* est véritable, on en reste d'accord,
On ne peut contester, voyant son existence.

— Le *cinq :* est à vingt ans un plaisir enchanteur,
Bien qu'il soit quelquefois par trop agitateur.
— Le *six :* une autre ville : — ici que vous en dire ?

Arrivez sur la Bresle... et vous l'y trouverez.
— Le *sept :* en l'alphabet, a sa place... cherchez...
Sur ce, je vous salue... en terminant d'écrire.

PRIME. — Deux dessins au choix à tous les devineurs abonnés qui adresseront cette solution au bureau du Journal, avant le 1er Mai.

SOLUTIONS DU 15 MARS

Anagrammes : **Pierre Loti** et **Gaston Boissier.**

Charade : **Béjaune.**

LE DÉCOUPAGE POUR TOUS

LORIN AINÉ

A PARIS

Imp. CRESSON — Paris.

Modèle déposé.

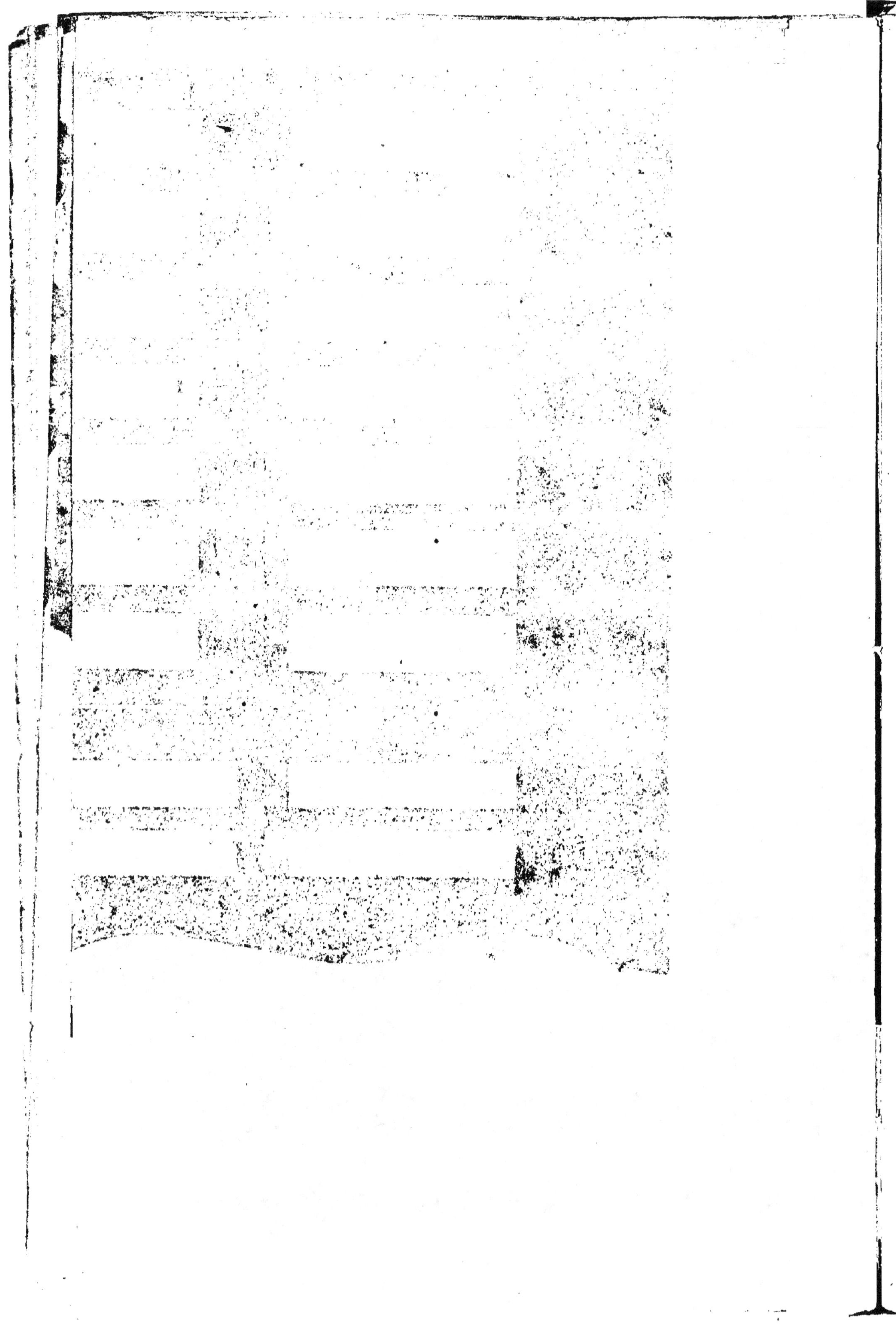

N° 836.

CAGE (*Suite*)

Cette Cage comprend les N°ˢ 826 à 838.

Afin de n'en pas prolonger la publication, nous ne donnons pas dans l'abonnement les planches N°ˢ 827 (répétition du 826); 829-830-831 (répétition du 828); 833 (répétition du 832); 835 (répétition du 834); 837 (répétition du 836).

Pour les obtenir, il suffira de décalquer ou de découper ensemble plusieurs épaisseurs de bois, à moins qu'on ne préfère se procurer les N°ˢ complémentaires.

Le montage de cette Cage, qui paraît difficultueux au premier abord, est en réalité très simple: une fois les diverses pièces exécutées, on en comprend très facilement la construction.

Les pl. 836-837 donnent chacune une moitié du fond; on devra donc, en collant le dessin, rapprocher ces deux parties, de façon à ne former qu'une seule planchette.

Afin de faciliter le montage, toutes les pièces 0, 00, 000, et 0000, devront être présentées à ce fond où on les fixera provisoirement pour les ajuster entre elles.

Après avoir abattu en biseau les bords 4 des côtés 1, 4, 00, on y adaptera les 4 toits, 2, 4, 5 (pl. 828-829-830-831). Les parties 5, 9 (pl. 834-835), seront ensuite placées à cheval sur ces toitures pour les fixer aux points 5.

Quant aux deux parties 8, 5, 6 (pl. 832-833), qui surmontent la Cage, avant de les fixer par les points 5 aux parties que l'on aura placées à cheval, on fixera par le bord les petites toitures 8 aux points 8 des côtés 8, 5, 6.

Ces petites toitures se fixeront également sur les parties 3, 8, 0000 (pl. 834-835), après avoir abattu en biseau le haut 8 des côtés 1, 8, 3, 000, ainsi que le haut 9 des parties à cheval 5-9, qui recevront les deux toitures 5-6 données par moitié sur les pl. 828-829-830-831 et qui devront, par conséquent, être rapprochées au collage.

Ces toitures couvriront les côtés supérieurs 5, 6, 8.

Il ne restera plus qu'à placer sur le devant de chaque toiture les frontons qui figurent au-dessus de chacun des côtés où ils doivent être mis.

On terminera en plaçant les deux petites galeries (pl. 834-835), aux points 4 des deux toitures, et la grande galerie (pl. 836) au sommet de la toiture du pignon supérieur.

La porte de la Cage qui se trouve au milieu de la façade recevra des charnières et une fermeture.

On pourra, à volonté, remplacer par des fils de fer les barreaux figurés sur le dessin.

N° 838.

BROUETTE

On doit commencer par arrondir les extrémités de l'essieu 1 pour lui permettre de tourner librement dans les trous 1 des côtés.

Les roues sont glissées dans ces extremités jusqu'aux épaulements 1 et sont chevillées afin de les maintenir en place. On peut leur donner plus de solidité en les garnissant d'une bande de cuivre ou en les découpant chacune sur deux bois collés en croisant le fil.

Entre les deux côtés 1, 2, 3, 4, 7, on place l'essieu avec les roues ainsi montées ; on y fixe également la tablette inférieure 4, 6, la tablette supérieure 3, 5, le dossier 2, 5, 6 et la traverse 7, après avoir donné à toutes ces pièces le biseau exigé par la pente et la position de chacune d'elles.

JOSEPH - MARIE VIEN

L'on éprouve quelque embarras pour parler de Vien, pour allier en exacte mesure les louanges qu'impose le grand rôle qu'il a joué dans l'art avec l'hommage tempéré dû à son talent. Si une comparaison ne manquait pas toujours d'un peu de justesse, nous dirions que son action sur la peinture ressemble un peu à celle qu'exercèrent en Italie Giotto et le Pérugin. En effet, si le pâtre de Colle délivra l'Italie de la servile imitation des artistes byzantins, Vien, rompant avec l'école triomphante de Boucher, la frappa d'un coup mortel, et, de même que le Pérugin fit naître Raphaël, Vien enfanta L. David.... Mais le peintre des Horaces resta aussi loin du divin maître que Vien le fut lui-même de Giotto et de Pietro Vanucci. Nous aurons du reste le loisir, dans cet article, d'apprécier ses qualités et ses défauts, tout en nous inclinant devant l'heureux et ferme novateur.

Vien, né à Montpellier le 18 Juin 1716, appartenait à une famille de rang et de fortune modestes, il était de ceux à qui le sort a dit : « Tu gagneras ton pain à la sueur de ton front. » Sa vocation se déclara de très bonne heure ; à cinq ans, prenant pour modèle l'effigie d'un écu, il reproduit très heureusement le portrait de Louis XIV ; à dix, il copie si habilement à l'encre de Chine le *Serpent d'airain* de Le Brun, qu'un peintre nommé Legrand lui donne pendant un an des leçons. Malheureusement, ils étaient rares à cette époque ceux qui arrivaient à la fortune en suivant la carrière des arts, et la sollicitude de la famille de Joseph le fit recevoir dans une étude de procureur. Dame, l'enfant avait peu de goût au métier : les réprimandes arrivèrent ; mais le petit incorrigible ne cessant de répéter: « Je veux être peintre ! » Son père crut faire une grande concession à la tenace volonté de son fils en le plaçant chez l'ingénieur des Etats du Languedoc. Là, Vien fut plus heureux, fit montre de qualités spéciales, mais lorsque son chef voulut se l'attacher par un engagement définitif, le jeune dessinateur en revint à son éternel refrain : « Je veux être peintre ! »

Son père dut donc céder, mais il le fit avec prudence, et, toujours convaincu que la brosse ne donne pas de l'eau à boire, il obtint pour Joseph une place dans la fabrique de poterie de Montpellier. Il y resta vingt-sept mois, plutôt mécontent que satisfait; mais, au bout de ce temps, nouvelle requête. Cette fois la famille céda, et un peintre de mérite, Giral, le reçut dans son atelier. Que l'on juge de sa joie !

On raconte que le premier dimanche qui suivit son admission, au lieu d'aller à la messe, l'élève courut chez son maître, et, tout enfiévré, prit des pinceaux, une toile, des couleurs, se mit à copier une tête d'étude. Il était dans tout le feu du travail, lorsqu'il sentit une main se poser sur son épaule et une voix lui dire : « *N'y touchez plus, vous la gâteriez !* » C'était Giral qui lui donnait un tel éloge.

Ses progrès furent si rapides, qu'au bout de quelques mois il secondait son maître dans ses travaux et vendait ses propres ouvrages. Il peignit à cette époque pour l'Hôtel-de-Ville de Montpellier trois grandes toiles représentant les échevins et les consuls en exercice, et ses ouvrages semblent avoir été rapidement goûtés, puisque quinze mois après son admission chez Giral, il possédait quatre mille livres d'économie. Alors il sentit le besoin d'un plus vaste théâtre, et quoique son maître lui offrit sa fille, belle et riche, il refusa avec regret disant : « Je ne veux me marier que lorsque je me serai fait un nom ! » Et il partit pour Paris en juillet 1740. Il avait alors vingt-quatre ans.

Porteur de recommandations qui lui eussent ouvert de brillants et utiles salons, il n'en remit aucune; il se rendit chez Natoire. On devine, en voyant ses œuvres, quel pouvait être l'enseignement de cet artiste. Dans cet atelier, Vien ne ressemblait pas mal au paysan du Danube au milieu d'un magasin de chinoiseries. Tout en reconnaissant son talent, ses camarades se moquaient de sa rusticité :

— « Ce n'est pas difficile ce que vous faites là....

— « Je ne cherche pas le difficile.

— « Et pourquoi copiez-vous la nature ?

— « Que voulez-vous que je copie ? »

S'il eût voulu comme tant d'autres « sacrifier aux grâces, » suivant l'expression du temps, certainement il eût facilement gagné de l'argent; mais, pour ne pas sortir de la voie qu'il s'était tracée, il s'était entendu avec un marchand du pont Notre-Dame, dont il remettait à neuf les vieilles toiles. Cependant, peu à peu il se fait connaître, le comte de Caylus l'estime ; son maître, ayant une copie de Lanfranc à exécuter le charge de ce travail ; chaque année il emporte un prix de dessin, et enlin, à sa troisième année, il concourt pour le prix de Rome. Les tableaux sont exposés, le sien est le meilleur ; un seul concurrent approche de lui ; mais voici qu'un matin ce jeune artiste est ramassé dans le Jardin des Tuileries. On l'a assassiné. Qui avait intérêt à sa mort ? On évoqua les sanglants souvenirs de la jalousie de Ribéra à Naples. On ose accuser Vien, un homme d'honneur et de cœur. Que l'on juge de l'horreur de son supplice. Heureusement, la calomnie, l'envie, furent aisément confondues, et le jury l'envoya à Rome, où il arriva à la fin de 1744.

On raconte que Joseph Vernet se fit attacher à un mât pour pouvoir étudier le ciel et la mer en tempête. Vien fit autre chose. Quoique sa traversée de France en Italie n'eût été qu'une incessante série d'orages, il entra dans la ville des grands souvenirs avec une vaste toile, *le Massacre des Innocents*, qu'il avait commencée et achevée à bord.

A Rome, Vien trouva le même goût, la même critique qu'il avait rencontrés à Paris ; la lutte recommença. Mais il se sentait bien plus fort sur les bords du Tibre que dans l'atelier de Natoire. Là, tout ne lui donnait-il pas raison ? N'avait-il pas pour lui les antiques, Raphaël, Michel-Ange, le Dominiquin, Poussin? C'était sous leur yeux qu'il combattait. Son travail alors fut immense, et, comme il ne voulait que travailler, qu'il était entretenu par la France, il donnait sa peinture presque pour rien. En 1750, il peignit *l'Ermite endormi*, très bonne toile qui fait partie de la collection du Louvre. Quand il quitta Rome, il possédait déjà un nom, une force reconnue ; aussi, lorsqu'en cette même année (1750), il revint à Paris, la morgue académique l'accueillit avec une impertinente froideur. Coypel, premier peintre du roi, lui fit l'honneur de le recevoir.... dans son antichambre.

Cependant, ainsi que l'exigeaient les us du bon temps, s'il veut exposer, paraître devant le public, il faut qu'il se fasse recevoir de l'Académie. En conséquence, il compose un *Saint-Jérôme,* qu'il soumet au Cénacle. Restout, Pierre Natier, Colin de Vermont déclarent à l'unanimité que *Vien ne sait pas peindre*.

Quel coup de massue ! Mais le ferme lutteur n'était pas fait pour se décourager. D'ailleurs, le comte de Caylus, devenu son ami, soutient son énergie. Vien se décide à livrer une seconde bataille. La scène qui suit a trop bien été contée par M. Cozic pour que nous ne lui laissions pas la parole ; je prie nos membres des jurys pour Salons et autres lieux de vouloir bien écouter.

SURMAY.

[A suivre].

UN HOMME DANGEREUX

Lieb Vaterland magst ruhig sein !
(*Die Wacht am Rhein*).

Dans la morne blancheur des couloirs d'hôpital
Il passait comme une ombre entre les voûtes nues,
Lugubre, ayant déjà dans son regard fatal
Comme un effarement des choses inconnues.
A la haute fenêtre il s'accoudait longtemps ;
Et quand, le regardant, sous sa cornette blanche
Quelque sœur murmurait : « Verra-t-il le printemps ? »
Il disait, le vieillard : « Verrai-je la revanche ? »
— Ah ! ce rêve dernier de son être engourdi,
Cet humble cri d'espoir, qui donc a pu l'entendre?
O vainqueurs, ô bourreaux ! qui donc vous l'a redit ? —
Des gendarmes, un soir sont venus le surprendre
Dans sa mélancolique extase de mourant.
— Des agents à l'hospice ! hélas ! qu'allaient-ils faire ?
Les sœurs de tous côtés arrivaient en courant, —
Mais eux : « C'est à ce vieux que nous avons affaire,
Cet homme est accusé de haute trahison,
Expulsé de la ville et du pays d'Empire !.... »
Il ne comprenait pas. « Jusqu'en cette maison
Cet homme a transporté la haine qui l'inspire ;
Nous le savons Français de cœur ; c'est plus qu'assez
Pour que le vieux coquin sorte d'ici sur l'heure ! »

. . . .
Il fait nuit et là-bas sur les sentiers glacés,
Passe le moribond sous la bise qui pleure...
Un tourbillon parfois le saisit brusquement,
L'arrête, le secoue, et pourtant il avance :
Il ne veut pas mourir sur le sol allemand,
Il n'a plus qu'une idée : atteindre encor la France !
« Oui, puisqu'ils m'ont ainsi chassé de mon pays,
Chassé de l'humble hospice où me berçait mon rêve,
Où finissait ma vie, ils seront obéis....
O France ! est-tu bien loin ? » Dans la trombe qui crève,
Les voix de l'ouragan lui répètent : bien loin !
Et mille bruits sans nom cernent son épouvante,
Et la forêt déserte, implacable témoin,
Emplit de hurlements sa ramure mouvante.

. . . .
Au matin, le soleil, de son rayon chagrin,
Nimbait le front d'un mort couché dans la campagne....
        Rassure-toi, grande Allemagne !
        La garde veille au bord du Rhin !

François CASALE.

L'AMIE

Immuablement belle, immuablement douce,
En sa sérénité que nul bruit ne corrompt,
Elle tient à demi penché son jeune front,
— Un front de sphinx où l'œil du profane s'émousse.

Par la fausse pudeur son regard n'est pas clos :
Il s'en va lentement vers l'horizon du rêve ;
Et sa lèvre, où s'ébauche un sourire sans trêve,
N'a jamais frémi sous l'angoisse ou les sanglots.

La flore printanière autrefois s'est ouverte
En ses cheveux ondés dont le flot blondissant
S'attache sur la nuque et tombe en caressant
La tunique ou la gorge à moitié découverte.

L'artiste, épris soudain, retrouve en son profil
Le galbe délicat de la Vénus antique,
Unissant aux traits purs du ciseau de l'Attique
Le teint brun d'une vierge éclose au bord du Nil.

Sa bouche ne m'a point prodigué de tendresse
Ni d'éternels serments ; mais, tant que je vivrai,
Je pourrai contempler ce visage adoré
Qui gardera toujours sa grâce enchanteresse,

Ces charmes radieux qu'en mon beau temps j'aimais,
Ces yeux dont s'émouvrait l'austérité du bonze....
Car ses fermes contours sont coulés dans le bronze
Qui demeure impeccable et fidèle à jamais.

Miss E. EHRTONE.

LES CARTES A JOUER

Bien qu'une opinion généralement accréditée veuille que les cartes à jouer aient été inventées dans le but de distraire et d'amuser le roi Charles VI dans ses jours de démence, il paraît certain que les cartes, comme les échecs, nous viennent de l'Asie, que leur origine remonte à une haute antiquité, qu'elles ont été introduites en Europe par des bohémiens, vers la fin du treizième siècle. Les cartes doivent primitivement offrir une représentation à peu près exacte des échecs ; cette analogie est prouvée par l'examen des vieux tarots du seizième siècle, dans lesquels il y a le fou et la tour.

Encore actuellement les tziganes, — les bohémiens, si vous le préférez, — possèdent ces mêmes tarots, et leurs tireuses de cartes y lisent la bonne aventure. Le sens allégorique est le même dans les deux jeux qui sont, l'un et l'autre, une représentation de la guerre. Le fameux jeu de cartes de Charles VI, auquel on voudrait faire l'honneur d'être le premier qui ait existé, était une collection de leçons morales, de devises et d'emblèmes philosophiques ; ces cartes étaient enluminées sur un fond d'or.

Les jeux se composaient d'abord de soixante-dix-huit cartes ; on trouve en Chine le matériel d'un jeu semblable, composé de soixante-dix-sept tablettes.

Jusqu'en 1423, époque de la découverte de la gravure sur bois en Europe (les Chinois la connaissaient alors depuis longtemps), les cartes, qui étaient enluminées comme les manuscrits, coûtaient fort cher ; c'était un objet de luxe permis seulement aux grands seigneurs. Visconti, duc de Milan, paya quinze cents pièces d'or à un peintre français pour un seul jeu. Mais aussitôt que la gravure permit de reproduire les cartes à l'infini, les graveurs d'Allemagne répandirent dans toute l'Europe leurs jeux qui, par leurs bas prix, devinrent vite populaires. La ville d'Ulm en faisait un tel commerce qu'on les envoyait par ballots énormes en Italie et en Sicile, pour les échanger contre des épices et d'autres marchandises.

Avec la multiplication des cartes, leur caractère changea, et elles prirent bientôt la forme et le dessin de celles dont on fait usage aujourd'hui.

Le valet de cœur, appelé Lahire, représente Étienne de Vigrolles, qui servait sous Charles VII ; le valet de carreau, Hector, est l'un des officiers de Charles VII, qui devint, sous ce même nom d'Hector, capitaine de la grande garde sous Louis XI ; le valet de pique, Ogier, représente Ogier le Danois, l'un des preux de Charlemagne ; enfin le valet de trèfle, Lancelot, n'est autre que le fameux Lancelot du Lac.

Quand aux rois, David, Alexandre, César et Charlemagne, on

croit généralement qu'ils représentent les quatre monarchies juive, grecque, romaine et française; quelques-uns voient dans ces noms des personnifications allégoriques, et pensent que David représente Charles VII, dont le fils Louis XI serait un autre Absalon.

La dame de pique, Pallas, c'est Jeanne d'Arc, à qui Charles VII fut redevable de son trône, et que, par reconnaissance, il fit figurer dans les cartes sous le nom de la déesse de la guerre. Le nom d'Argine, la dame de trèfle, est l'anagramme du mot latin, *regina*, reine; cette dame représente Marie d'Anjou, femme de Charles VII. Enfin Judith, la dame de cœur, n'est autre que la femme de Louis le Débonnaire.

Quand aux cœurs, carreaux, piques et trèfles, dont se composent les jeux de cartes, ce ne sont que des symboles: le cœur est celui du courage; le pique figure les armes; le trèfle, les fourrages; et le carreau, les munitions.

Les dénominations des rois, des reines et des valets furent proscrites à l'époque de la Révolution, et les cartiers inventifs signalèrent leur patriotisme en imaginant de nouvelles figures et de nouvelles appellations. Les rois furent transformés en génies, et l'on eut le génie de cœur ou de la guerre, le génie de carreau ou du commerce, le génie de trèfle ou de la paix, le génie de pique ou des arts. Les reines devinrent des *libertés*; les valets se changèrent en *égalités*; les as, en *lois*. D'autres novateurs allèrent plus loin; ils métamorphosèrent les rois en *Sages*, et les appelèrent Caton, Solon, Rousseau, Brutus; les reines en *vertus*, Justice, Prudence, Union, Force; les valets en *braves*: Annibal, Horatius Coclès, Décius, Scævola. Enfin, il y eut des jeux de cartes où les rois furent des écrivains: Molière, la Fontaine, Voltaire et Rousseau, et les valets, des républicains.

Sous le premier Empire, on imagina des figures de fantaisies, et peu à peu les rois reparurent, mais les dames furent Hildegarde, Statira, Calpurnie et Abigaïl; les valets, Ogier, Parménion, Curion et Azaël. Tout cela fut de courte durée, et, dès le milieu de l'Empire, les anciennes cartes étaient revenues.

Les cartes n'ont pas seulement servi d'amusement. En 1507, un cordelier imagina un jeu dont les cinquante-deux cartes avaient pour mission d'enseigner la philosophie. Sous Louis XIV Desmarest publia le jeu des Fables, puis le jeu de l'Histoire de France, le jeu des Reines, et le jeu de Géographie. Orance Fines fit le jeu des Armoiries. On conserve à la Bibliothèque Nationale un jeu de cartes gastronomiques qui date de la fin du XVIIe siècle; la couleur de trèfle y est consacrée aux poissons; celle de cœur à la viande; le carreau est réservé à la volaille, et le pique aux mets préparés; le roi de cœur règne sur un magnifique bifteack; celui de carreau sur un dindon; celui de trèfle sur un hareng; et celui de pique sur un pâté de gibier.

Gaston BONNEFONT.

CONSEILS PRATIQUES

POUR CONFECTIONNER UN MÈTRE

Quand vous désirez, à la campagne ou en voyage, mesurer un objet, et que vous n'avez pas de mètre sous la main, il est une manière facile d'en confectionner un. Prenez un petit sou, et rappelez-vous qu'il mesure 0^m025 de diamètre. Prenez une bande de papier et pointez des diamètres à la suite les uns des autres : vous obtiendrez facilement le mètre, 4 sous formant 10 centimètres.

POUR CHANGER LES ABEILLES DE RUCHES

Pour changer les abeilles de ruches, lors de la récolte du miel, il suffit de diriger dans la ruche, à l'aide d'un appareil quelconque, des vapeurs de chloroforme, qui les stupéfient immédiatement, le liquide, en se volatilisant, se mêlant intimement à l'air respiré par les abeilles. *(L'Hygiène pratique).*

PETITE CHRONIQUE

VILMA PARLAGHY, l'artiste peintre hongroise, déjà bien connue à Paris, par les toiles exposées par elle l'année dernière, au Salon des Champs-Elysées, expose cette année au Salon (Salle 25), deux portraits remarquables :

Celui de M. L. de Kossuth, dictateur de la Hongrie en 1848. — (C'est la première fois que M. de Kossuth pose pour son portrait).

Et celui de l'artiste par elle-même.

Le Progrès, journal parisien illustré, fait à nos lecteurs une faveur que nous nous empressons de porter à leur connaissance.

Ce journal sera servi pendant deux mois aux personnes qui, en même temps que leur adresse, enverront 0 fr. 50 pour les frais d'envoi à M. A. Ricard, faubourg St-Denis, 150, Paris.

Sommaire du **Conseiller des Dames et des Demoiselles,** 7, rue de Lille, Paris. — *Les Réceptions de Compiègne,* Ernest Pinard. — *Chronique,* *** — *Le Comte Skariatine,* F. Marion Crawford. — *Causerie,* Old Friend. — *Modes,* la Dame d'Atours. — *La Vie pratique.* — *Réponses aux abonnées.* — *Récréations hebdomadaires,* Mme Célina Francony. — *Raffet et son œuvre,* Armand Dayot. — *Travaux manuels.* — *Annexes :* Planche de broderie, Patron découpé, Gravure coloriée, musique (*Interlaken,* par A. Lebeau).

LES DEUX ORAGES

I.

DANS L'AIR

Éclairs éblouissants, vous présagez l'orage !
La barque est balancée.... elle encourt un naufrage.
La feuille est secouée en tous sens par le vent,
Le pauvre oiseau s'enfuit.... il en périt souvent,
La nature effarée est comme une furie :
De tous côtés sa voix gémit, résonne ou crie.
Un funèbre linceul nous cache le soleil,
Le tonnerre y repose et voici son réveil :
Il gronde, il fait ravage, et la pluie, en prière,
Laisse tomber ses pleurs, frémissant tout entière...
Mais on voit la nature et le ciel purs le soir :
Oiseau, feuille et nacelle ont retrouvé l'espoir.

II.

DANS LE CŒUR

Comme l'oiseau dans l'air aveuglé par l'orage,
Comme la barque en mer exposée au naufrage,
Comme la feuille à l'arbre agitée à tout vent,
Notre cœur en ce monde est éperdu souvent :
Les Passions sont comme éléments en furie !
Alors l'âme en détresse, en ces instants, nous crie :
« Levons, levons les yeux vers l'éternel soleil !
« La force vient d'en haut jusqu'au dernier réveil.
« *Sursum corda !* debout ! Confiance et prière !
« Nous verrons s'apaiser leur fureur tout entière,
« Nous atteindrons le port où tout est par le soir,
« Et d'un bel au-delà, nous garderons l'espoir ! »

Jacques de Lucé.

25 Avril 1892.

PHYSIQUE AMUSANTE

LES ILLUSIONS D'OPTIQUE

Les miroirs

Les miroirs plans nous fournissent un bel exemple de ces illusions.

Si vous entrez dans une de ces belles boutiques modernes, où les murailles sont remplacées par de grandes glaces sans cadre, placées les unes vis-à-vis des autres (par le moyen que les glaces reproduisent alors, non seulement les corps interposés, mais encore les images de ces images, et ainsi de suite, à l'infini), il vous semblera que cette boutique est une grande galerie, où les mêmes objets se répètent à des distances égales.

Le bâton brisé

Prenez un bocal plein d'eau et plongez-y un bâton. Par l'effet de la *réfraction* de la lumière, il vous semblera que le bâton est coupé à l'endroit de la surface du liquide.

La pièce invisible

Ayez un vase de terre plein d'eau, placez une personne de manière qu'elle ne voie la pièce, qu'on mettra au fond du vase, que lorsque son rayon visuel passera juste au ras du bord du vase ; à l'aide d'un siphon, enlevez l'eau du vase, la pièce deviendra *invisible*, parce que la réfraction de la lumière n'existera plus.

Le mirage

Le phénomène du mirage est encore dû à la réfraction de la lumière.

Le mirage se remarque surtout en Egypte, dans le grand désert du Sahara ; on l'observe cependant encore à Genève, du côté de Dunkerque, au village de Gruissan (Aude), et en quelques autres endroits.

C'est pendant l'expédition d'Egypte que Monge, fondateur de l'Ecole polytechnique, en donna le premier l'explication.

Le mirage nous fait apercevoir les objets lointains, lorsque le temps est calme, renversés comme s'ils étaient réfléchis par une nappe d'eau.

Le kaléidoscope

Le kaléidoscope est un petit instrument composé d'un tuyau cylindrique en carton ou en métal ; il est fermé à une de ses extrémités par un verre dépoli. On a placé au fond de menus objets : fragments de verre coloré, clinquant, fleurs artificielles, etc.. Tous ces objets sont maintenus par un verre transparent qui les enferme comme

dans une boîte. L'intérieur du tube comprend encore deux lames de
verre poli, doublées de papier noir et formant un angle de 60 degrés;
elles sont maintenues immobiles par l'obturateur de la seconde extrémité du tube.

Lorsque vous regardez par l'oculaire du kaléidoscope, vous voyez
des images d'une symétrie parfaite, et qui changent à chaque moment, en tournant l'instrument entre les doigts ou en l'agitant.

Panoramas, Dioramas, Cosmoramas

Les *panoramas* ne sont autre chose que de grands tableaux disposés en rond. Un des artifices les plus importants est d'isoler complètement le spectateur du tableau, afin que les bords de celui-ci
ne soient jamais aperçus; il faut encore que le tableau soit éclairé
par en haut comme dans la nature. Le spectateur doit, avant d'entrer
dans la rotonde d'exposition, parcourir un certain nombre de corridors
obscurs et il faut que l'endroit où il devra être soit faiblement éclairé.

On obtiendra ces divers résultats en mettant le lieu d'observation
sur une plate-forme à laquelle on est conduit par un escalier à vis.
Au-dessus est une toile imitant un nuage et soutenue par en haut,
masquant ainsi les trous par lesquels arrivent la lumière et le bord
supérieur du tableau. Enfin, à la partie inférieure, on a mis en re-
poussoirs des objets naturels, : masses de terre, arbustes, pierres,
etc. pour cacher le fond du tableau qui doit représenter un lieu élevé. Si la peinture est bien faite, on ne distinguera plus le véritable
relief qui semblera se continuer à perte de vue.

Les *Dioramas* sont des toiles qui représentent deux apects de la
même scène, elles ne sont pas, comme dans le panorama, disposées
en rond, mais elles sont tendues sur une muraille.

Le peintre a d'abord peint sur cette toile bien transparente une
première vue, en ayant soin de ne pas mettre des couleurs épaisses;
le derrière de ce tableau est peint aussi, suivant les mêmes contours
que le premier dessin; mais avec des couleurs plus foncées et avec
certaines modifications. On éclaire d'abord ce dessin par devant et
par derrière; puis, peu à peu, on diminue la lumière de devant et on
augmente celle de derrière.

Les *Cosmoramas* sont des peintures disposées horizontalement sur
une table et réfléchies par des miroirs inclinés. Les tableaux sont
éclairés par des lampes placées de manière à n'être pas réfléchies
par les miroirs, et ne pouvant par conséquent pas être aperçues par
les spectateurs. En face de chaque miroir est une lentille bi-convexe
servant de regard au spectateur.

Disque de Newton

Le disque de Newton est un simple morceau de carton partagé en sept parties, sur lesquelles on a étendu les couleurs : *violet, indigo, vert, jaune, orangé, rouge,* qui sont les couleurs de la lumière et de l'arc-en-ciel. Si vous faites tourner ce cercle, vous le verrez d'une couleur à peu près *blanche*; on conclut de là que la réunion de ces sept couleurs forme la couleur *blanche;* le corps qui ne reçoit aucune couleur est *noir*; il est ensuite facile de trouver quand est-ce qu'une chose sera: *bleue, rouge,* etc.. suivant qu'elle laissera passer les rayons des autres couleurs et conservera ceux qui lui donnent sa couleur naturelle. Un corps qui laisse passer les sept rayons de la lumière est incolore.

Persistance de l'image rétinienne

Si l'on fait tourner rapidement un objet incandescent devant une personne, elle ne voit qu'un cercle de feu continu. Cette expérience nous prouve que l'impression faite sur la rétine persiste pendant quelque temps, puisque celle qui a été produite au début du mouvement circulaire de cet objet brillant, n'a pas complètement disparu lorsque l'objet est revenu à son point de départ.

La persistance de l'image rétinienne est cause de beaucoup d'illusions, elle nous explique pourquoi les étoiles filantes semblent laisser après elles une lueur phosphorescente; l'impression faite sur la rétine ne disparaissant que lorsque ces météores ont parcouru un grand espace.

C'est encore la même cause qui fait que, lorsque nous voyons tomber la pluie dans le lointain, le ciel paraît rayé de rubans noirâtres, étendus des nuages au sol; que les rayons d'une roue de voiture tournant rapidement disparaissent à notre vue et que la roue elle-même semble pleine; qu'une toupie moitié blanche moitié noire paraît grise en tournant; que lorsque nous sommes emportés par un train courant à toute vapeur, les arbres, les maisons, les paysages semblent emportés dans une course vertigineuse pendant que nous nous croyons immobiles.

L'observation de ces faits a servi de point de départ à la construction de plusieurs appareils de physique amusante : entre autres, le *zootrope.*

Dessinez sur un carton un oiseau et de l'autre côté une cage, faites tourner rapidement le carton, à l'aide de deux fils, et vous croirez voir un oiseau dans sa cage.

A suivre.

Paul CALMET.

JEUX D'ESPRIT

LOGOGRIPHE

Des *cinq pieds* épineux garde-toi prudemment :
Qui s'y frotte s'y pique.
Sans tête je deviens trente grammes vraiment
Du système métrique.

A. ELLIVEDPAC.

Prière d'adresser les solutions à M. ELLIVEDPAC, *à Villeneuve-les-Béziers (Hérault)*.

Comme prime, le devineur-gagnant, désigné par voie de tirage au sort, recevra un exemplaire des *Ellivedpaciennes illustrées* (poésies).

ANAGRAMMES D'ACADÉMICIENS (*suite*)

Au nombre des quarante, avec : *Max, campe, dime*,
Découvrez, cher lecteur, sans rouler dans l'abîme,
Celui dont ces trois mots doivent former le nom,
Il est, autant qu'aucun, écrivain en renom.

Lecteur, on peut former, sans l'aide de Thalie,
Le nom d'un directeur connu de tout Paris,
Des deux mots que voilà, soit : *Rajuste, Clélie*,
Académicien parfait de ses écrits.

JACQUES DE LUCÉ.

PRIME. — Deux dessins au choix à tous les devineurs abonnés qui adresseront cette solution au bureau du Journal, avant le 1er Juin.

SOLUTIONS DU 15 AVRIL

Métagramme : **Laon, Léon, Lion, Loon, Luon, Lyon.**
Devineur-gagnant : M. Paul MERCIER à Frévent.
Triangle :

```
C O U R B E T
O I S E A U
U S S E L
R E E L
B A L
E U
T
```

L'ART DU DÉCOUPAGE

Les Dessins (*Suite*)

Le choix des dessins a une importance capitale pour le découpeur, et l'on peut affirmer, en général, qu'un dessin ne sera juste, surtout lorsqu'il doit se composer de plusieurs pièces devant être réunies par le montage, que s'il a été exécuté et monté avant le clichage. D'autre part, l'exécution n'en sera facile que si l'auteur est un praticien qui sache conserver au modèle son style tout en suppprimant ce qui pourrait embarrasser l'exécutant, ce à quoi on n'arrive que par une grande pratique et par une longue expérience.

On peut admettre, en règle générale, qu'un dessin flattant l'œil quand il n'est que tracé sur le papier produira un très médiocre objet, tandis qu'un autre de moindre apparence, donnera après l'exécution un ornement d'un très bel effet.

Il existe deux genres principaux d'impression des dessins :

1° Au trait, c'est-à-dire au moyen de lignes qui indiquent les contours que la scie doit suivre; ces traits sont quelquefois entremêlés de hachures ou de teintes qui donnent au modèle une idée plus ou moins claire de l'effet à produire;

2° D'autres représentent le plein et le vide au moyen d'une teinte noire uniforme qui indique la partie à conserver et de blancs représentant les parties à enlever à la scie. Tel est le cas de la collection du *Découpage pour Tous* et les avantages qu'elle présente sur les collections similaires sont appréciés de tous les vrais connaisseurs. Il est facile d'ailleurs, par un raisonnement très simple, de se rendre à l'évidence.

Supposons un dessin au trait et admettons que l'amateur suive fidèlement toutes les lignes ; il enlève par le trait de scie une épaisseur équivalente à la grosseur de celle-ci, et le dessin se trouve diminué de la largeur des lignes sur toutes les parties en saillie, tandis qu'au contraire les parties rentrantes sont augmentées de la même largeur, d'où reproduction infidèle du modèle proposé.

(A suivre).

LE DÉCOUPAGE POUR TOUS
LORIN AINÉ
Imp. CRESSON — Paris. A PARIS Modèle déposé.

N° 836 15 Mai 1892

CAGE. (Suite)

Birds cage.
Gabbia.
Jáula.
Vogelkooi.
Vogelkaefig.

LE DÉCOUPAGE POUR TOUS

LORIN AINÉ

A PARIS

Imp. CRESSON – Paris.

Modèle déposé.

N° 838   **15 Mai 1892.**

BROUETTE (Porte-Cigares).
Carriage (cigar stand).
Carretto (porta-sigari).
Corrito (purera).
Kruiwagentje (sigarenstel).
Kleiner (cigarrenstaender).

826 à 837

Élévation (côté et façade) de la Cage, nᵒˢ 826 à 837, publiée dans les précédentes livraisons.

Nᵒˢ 839-840.
CANDÉLABRE (style Rocaille)
(faisant partie de la Garniture de cheminée, nᵒˢ 751 à 755).

Ce Candélabre se compose de deux parties distinctes :

1º *Le pied*. — Les pièces 3-6 reçoivent deux tablettes 3-5 de manière à faire pénétrer les tenons 3 dans les mortaises 3. A cet effet, chacune de ces parties doit recevoir un double biseau pour s'ajuster au centre des planchettes, entre lesquelles les quatre panneaux 6, ajustés à onglets, sont collés aux points 6 des montants, et cloués ou vissés en haut et en bas.

Les huit galeries 5 sont également ajustées à onglets entre les montants et vissées aux bords 5 des deux planchettes.

Les tenons 2 de la petite pièce (qui doit se fixer au-dessous de la tablette inférieure), ainsi que le tenon 2 de la partie principale (qui se place au-dessus de la tablette supérieure), sont introduits dans les mortaises 2 avant de coller les panneaux 6.

Un poids quelconque, posé dans l'intérieur du pied, donne au Candélabre beaucoup plus d'assise. On peut clouer ou coller des moulures sur les galeries, afin de dissimuler les vis.

2º *Le Candélabre*. — Les pièces 0, 7, 8, 2 et 4 reçoivent sur toute leur longueur un double biseau, afin de pouvoir s'ajuster au centre et permettre aux parties 4 de s'appuyer aux points 4 des pieds et d'être maintenues dans le haut au-dessous de la bobèche.

Chaque branche 0, 7, 8, 2, avant d'être fixée par le tenon 2, reçoit une bobêche composée d'une fourche 0 placée à enchevêtrement dans l'entaille 0 d'une partie 7 mise au fond, de façon à introduire dans ses quatre entailles les quatre prolongements, sur lesquelles une rondelle 8 est vissée.

Le Candélabre comprend seulement cinq bobêches ; les modèles en portent 8, dans le cas où quelqu'une viendrait à se briser.

Nota. — Afin de ne pas prolonger la publication de ce candélabre, nous ne donnerons pas dans l'abonnement les n°s 841-842 qui sont la répétition des n°s 839-840.

JOSEPH-MARIE VIEN

(SUITE)

« Pour livrer sa deuxième bataille, Vien se mit à peindre, pour les capucins de Tarascon, *l'Embarquement de sainte Marthe.*

« Le tableau terminé, les Commissaires arrivent, et M. Natier, prenant la parole, dit à Vien aigrement :

« — Ce n'est ni dessiné, ni composé, ni peint, ni drapé.

« Or, c'était une toile d'une valeur hors ligne, et Vien, qui avait conscience de sa supériorité, ne put s'empêcher de répondre :

« — Eh ! bien, M. Natier, je suis jeune et je puis apprendre ; mais il y a bien des peintres d'un certain âge qui ne le savent pas et qui ne le sauront jamais.

« Toutefois, l'injustice était si criante que M. de Caylus prit sur lui d'amener à l'atelier de Vien le grand maître de l'époque, Boucher lui-même, tant il était convaincu que son esprit supérieur saurait s'élever au-dessus de toutes les petitesses académiques et reconnaître les qualités de premier ordre qu'avait déployées le peintre de *l'Embarquement de sainte Marthe.*

« Boucher vient à l'invitation qui lui est faite. Il examine longtemps le tableau avec un étonnement aussi profond que celui de ses collègues de l'Académie, mais son étonnement à lui touche à l'admiration, et il se tourne vers le jeune candidat en disant :

« — Si vous n'étiez pas reçu pour ce tableau de la manière la plus honorable, je ne mettrais jamais les pieds à l'Académie.

« Et comme preuve de la sincérité de ses éloges, il prie M. Vien de vouloir bien prendre son fils comme élève. L'opinion de Boucher était un ordre pour l'Académie. Les Commissaires revinrent. Ils feignirent d'approuver les corrections de l'auteur, qui n'avait pas retouché à son tableau :

« — Ah ! maintenant, vous serez reçu tout blanc.

« Et les Commissaires le reçurent à l'unanimité... »

Éternelle comédie humaine. O Molière ! Molière !

Le fils de Boucher chez Vien! quelle surprise! mais n'allez point vous figurer que le peintre des *Amours et des Ris* eût été converti. Quelques années plus tard, fidèle au système qui avait si bien réussi à sa fortune, il répondait à Louis David, un peu son parent, qui demandait l'honneur d'être admis dans son atelier : « Va trouver Vien, et quand tu sortiras de ses mains, tu viendras me trouver, je t'apprendrai comment on rompt un bras avec grâce. » L'anecdote était de tradition dans la famille du peintre des *Sabines*.

Ce n'était pas tout d'être entré dans l'Académie, d'avoir conquis le peintre des sublimes élégances, il fallait ramener les peintres égarés et la société pervertie. Vien fit comme ce sage, qui, pour démontrer le mouvement, se mit à marcher: il peignit. Il exposa en 1753 le tableau qui avait séduit Boucher, plus cinq autres toiles et huit esquisses; en 1755, six toiles peintes à l'huile et six autres d'après le procédé du comte de Caylus, qui pensait avoir retrouvé l'art de peindre à l'encaustique comme le faisaient les anciens; en 1757, quatre tableaux, dont l'un appartient au roi, l'autre à M. de la Live de July — on le voit, il gagne du terrain; il est d'ailleurs, depuis un an, adjoint-à-professeur à l'Académie. — En 1759, même fécondité et application d'un nouveau procédé à peindre sur marbre imaginé encore par le comte de Caylus; en 1761, sept toiles; en 1763, huit, dans presque toutes sont traités des sujets mythologiques; en 1765, deux, et Flipart et Beauvarlet exposent des gravures d'après lui. Enfin, en 1767, il présente le tableau généralement considéré comme son chef d'œuvre : *Saint Denis prêchant la foi en France.*

Nous avons été revoir cette toile, qui appartient à l'église Saint-Roch où elle est, par parenthèse, assez mal éclairée. C'est de la bonne et solide peinture, rappelant de loin, par quelques figures, les sévères beautés de Lesueur. Mais l'ensemble est froid, et, par la légende même que l'artiste a donnée à son tableau, on peut prévoir qu'il n'y a pas la moindre vérité historique. Le saint sort d'un temple grec, et les gens auxquels il s'adresse sont à peu près costumés comme les bergers d'Arcadie de Poussin, la pose, la figure de saint Denis sont excellentes; l'ange qui apporte la palme du martyre vole légèrement et gracieusement dans les airs. La disposition générale laisse peu à désirer, et, sans avoir une grande vivacité, la couleur ne manque ni de franchise, ni d'effet.

En étudiant le *saint Denis* de Vien, on comprend parfaitement l'enthousiasme de Diderot ainsi que le succès du peintre rénovateur, dont l'atelier se remplissait d'élèves et qui commençait à sentir, confusément encore il est vrai, que là était l'avenir. Mais l'école académique n'en poursuivait pas moins son système, tout en considérant comme une exception, le talent de Vien. Natoire, son ancien maître, en était à comprendre comment il pouvait peindre les figures du second plan et du fond d'après nature.

Et lui, pour la millième fois, donnant aux vieux comme aux jeunes l'enseignement vrai, répétait : « Mais que peut-on peindre si on ne peint pas la nature ? »

Portant, à son tour, la guerre dans les jeunes recrues du camp adverse, il leur disait : « Vous, vous copiez sans rien voir ; vous ne faites que ce que vous voyez faire à vos maîtres, qui, n'ayant jamais la nature sous les yeux, ne travaillent que de souvenir ; si cette manière continue, dans vingt ans, il n'y aura plus de peinture en France. »

Si les peintres s'entêtaient dans leur routine, le public même des délicats s'obstinait dans le culte des bras, des jambes rompus avec grâce, des chairs pétries dans le lait et le jus des framboises. La spirituelle Mme Geoffrin, l'hôtelière de la littérature, monte un jour dans l'atelier de Vien, à qui on avait gracieusement accordé un logement au Louvre : « Je viens vous prier de me peindre une tête à la Van Loo, dit-elle.

— Madame, Van Loo demeure plus bas, vous pouviez vous dispenser de monter si haut.

— Mais c'est vous que je veux.

— Je ne fais pas du Van Loo, je fais du Vien.

— Oui, je sais, *l'Ermite endormi*, la nature.... Quand vous serez familiarisé avec le goût de nos artistes, vous changerez de manière.

— Moi, jamais ; vous ne me connaissez pas, madame, si la France repousse mes tableaux, j'irai ailleurs : l'univers est la patrie de l'art. »

Mme Geoffrin n'insista plus ; elle eût une tête à la Vien dont elle fut très satisfaite. La réputation du peintre grandissait d'ailleurs rapidement ; il produisait beaucoup. Le roi de Danemark, l'impératrice de Russie, non contents de lui faire des commandes, lui offraient dans leurs états des positions honorables et lucratives ; mais Vien, très dédaigneux des questions d'argent, marié avec Mlle Reboul, qui devint membre de l'Académie et fut un peintre de fleurs et de natures mortes distingué, repoussa respectueusement toutes ces offres. Il aimait son pays, et comme à cette époque l'Europe, en art ainsi qu'en littérature, suivait l'impulsion du génie français, il comprenait que c'était à Paris qu'il devait faire triompher ses sages principes s'il voulait voir la réforme s'accomplir. Il réussit dans la mesure de ses forces ; il lui manquait malheureusement pour être un chef de révolution, ce je ne sais quoi qui emporte, la chaleur, la flamme, le coup de foudre à qui rien ne résiste. Tout révolutionnaire d'ailleurs qui veut triompher, il est triste de le dire, doit un peu dépasser le but ; le sage Vien l'atteignait à peine. Du moins il le montra d'une main ferme, et personnellement, il l'imposa. Il fut élu recteur de l'Académie de peinture, membre de celle d'architecture, chargé de diriger en France les élèves protégés par le Roi ; puis enfin, en 1771, appelé à la direction de l'école de Rome, où le premier courrier qu'il reçut lui apporta le cordon de l'ordre de Saint-Michel. Vien avait amené L. David avec lui.

(A suivre). Surmay.

Olivier de Clisson

Statue de M. Fremiet, au Salon de 1892.

Tenant droite la tête et tenant haut le glaive,
Le frère d'armes de Du Guesclin, le vainqueur
Des Anglais qu'il battit vingt fois de si bon cœur,
Rentre au manoir dont au lointain la tour s'élève.

Olivier de Clisson n'est pas l'homme du rêve,
C'est l'homme d'action, mais un rire moqueur
Sillonne ses traits durs : assouvir sa rancœur,
Tomber sur l'ennemi sans relâche et sans trêve.

Voilà *ce qui lui plait.* Pourtant ce vrai rocher,
Celui que les soudards appelaient le Boucher,
Pleurait de rendre au lit de mort, la lourde épée

Qu'il brandissait dans les combats comme un bâton !
Connétable, on te vit toujours la main crispée
Sur le fer, nul ne fut plus tenace Breton !

Olivier de Gourcuff.

9 Juin 1892.

LA MÉDECINE NOUVELLE

Tout est au Progrès, la Médecine comme le reste : elle arpente largement la route, laissant bien loin les savants d'autrefois qui furent ses créateurs; mais, si les plus grands bienfaits résultent de ce progrès à outrance, il n'en résulte pas moins quelques maux.

Vous souvient-il du *Médecin malgré lui* de Molière? Sans doute, car Molière ne s'oublie pas comme on a oublié des centaines d'auteurs de son siècle et du nôtre; cependant je crois qu'il ne serait pas inopportun de remettre en mémoire la page suivante qui, à un certain point de vue, est encore toute d'actualité.

Comme on le sait, Sganarelle, Géronte, Lucinde et Valère sont en scène, avec Jacqueline et Lucas :

. . . .

SGANARELLE, *à Lucinde.* — Donnez-moi votre bras. *(A Géronte)* Voilà un pouls qui marque que votre fille est muette.

GÉRONTE. — Hé ! oui, monsieur, c'est là son mal; vous l'avez trouvé tout du premier coup.

SGANARELLE. — Ah! ah !

JACQUELINE. — Voyez comme il a deviné sa maladie !

SGANARELLE. — Nous autres, grands médecins, nous connaissons d'abord les choses. Un ignorant aurait été embarrassé, et vous eût été dire : c'est ceci, c'est cela; mais moi je touche au but du premier coup, et je vous apprends que votre fille est muette.

GÉRONTE. — Oui, mais je voudrais bien que vous me puissiez dire d'où cela vient.

SGANARELLE. — Il n'est rien de plus aisé. Cela vient de ce qu'elle a perdu la parole.

GÉRONTE. — Fort bien. Mais la cause, s'il vous plait, qui fait qu'elle a perdu la parole?

SGANARELLE. — Tous nos meilleurs auteurs vous diront que c'est l'empêchement de l'action de sa langue.

GÉRONTE. — Mais encore, vos sentiments sur cet empêchement de l'action de sa langue?

SGANARELLE. — Aristote, là-dessus, dit.... de fort belles choses.

GÉRONTE. — Je le crois.

SGANARELLE. — Ah ! c'était un grand homme !

GÉRONTE. — Sans doute.

SGANARELLE. — Grand homme tout à fait; *(levant le bras depuis le coude)* un homme qui était plus grand que moi de tout cela. Pour revenir donc à notre raisonnement, je tiens que l'empêchement de sa langue est causé par de certaines humeurs, qu'entre nous autres savants, nous appelons humeurs peccantes, c'est-à-dire.... humeurs peccantes; d'autant que les vapeurs formées par les exhalaisons des influences qui s'élèvent dans la région des maladies, venant.... pour ainsi dire.... à.... Entendez-vous le latin?

GÉRONTE. — En aucune façon.

SGANARELLE, (se *levant brusquement*). — Vous n'entendez point le latin.

GÉRONTE. — Non.

SGANARELLE, (avec *enthousiasme*). — *Cabricias arci thuram, catalamus, singulariter, nominativo hæc musa*, la muse, *bonus, bona, bonum. Deus sanctus, est-ne oratio latinas? Etiam*, oui. *Quare*, pourquoi? *Quia substantivo, et adjectivum, concordat in generi, numerum et casus,*

GÉRONTE. — Ah ! que n'ai-je étudié !

JACQUELINE. — L'habile homme que v'la !

LUCAS. — Oui, ça est si biau que je n'y entends goutte.

SGANARELLE. — Or, ces vapeurs, dont je vous parle, venant à passer du côté gauche, où est le foie, au côté droit où est le cœur, il se trouve que le poumon que nous appelons en latin *armyan*, ayant communication avec le cerveau, que nous nommons en grec *nasmus*, par le moyen de la veine cave, que nous appelons en hébreux *cubile*, rencontre en son chemin les dites vapeurs qui remplissent les ventricules de l'omoplate ; et parce que lesdites vapeurs.... Comprenez bien ce raisonnement, je vous prie ; et parce que lesdites vapeurs ont certaine malignité.... Ecoutez bien ceci, je vous conjure.

GÉRONTE. — Oui.

SGANARELLE. — Ont une certaine malignité qui est causée.... Soyez attentif s'il vous plaît.

GÉRONTE. — Je le suis.

SGANARELLE. — Qui est causée par l'âcreté des humeurs engendrées dans la concavité du diaphragme, il arrive que ces vapeurs.... *Ossabandus, nequeis, nequer, potarinum, quipsa milus*. Voilà justement ce qui fait que votre fille est muette.

JACQUELINE. — Ah ! que c'est bien dit, notre homme !

LUCAS. — Que n'ai-je la langue aussi biau pendue !

GÉRONTE. — On ne peut pas mieux raisonner, sans doute. Il n'y a qu'une seule chose qui m'a choqué ; c'est l'endroit du foie et du cœur. Il me semble que vous les placez autrement qu'ils ne sont ; que le cœur est du côté gauche et le foie du côté droit.

SGANARELLE. — Oui, cela était autrefois ainsi, mais nous avons changé tout cela, et nous faisons maintenant la médecine d'une façon toute nouvelle.

. . . .

Et Sganarelle avait raison. Sauf la place du foie et du cœur que décemment on ne pouvait intervertir, on a tout changé, et à cette heure, nous nous trouvons environnés d'une foule de médecines nouvelles.

Il convient de distinguer. Nous connaissons le dévouement de la plupart des médecins, et nous nous faisons gloire de leur talent qui n'est pas à contester. Ce n'est pas de ces hommes de bien que nous voulons parler ici, mais seulement des brebis galeuses qui se sont glissées dans leur corporation. Par malheur, le nombre est plus grand qu'on ne pense et on le voit avec regret augmenter de temps en temps.

Ouvrez le moindre journal : quelles annonces miraculeuses !... Comme le Protée de la fable, voici l'antique orviétan ressuscité sous mille formes, dans les mains des opérateurs modernes qui clament avec plus d'ardeur encore qu'au bon vieux temps, par le porte-voix de la réclame :

> L'or de tous les climats qu'entoure l'Océan,
> Peut-il jamais payer ce secret d'importance?
> Mon remède guérit, par sa rare excellence,
> Plus de maux qu'on en peut nombrer dans tout un an !

Ils font mieux. Au bon vieux temps on n'était pas ce qu'on appelle humanitaire. Ils le sont aujourd'hui, et n'ont que leur dévouement à l'humanité pour mobile. C'est à titre purement gracieux qu'ils mettent leur ouvrage d'hygiène (lisez : « leur catalogue ») à la disposition du public auquel ils réclament uniquement 0 fr. 50, 1 fr. ou 1 fr. 25, suivant le cas, pour les frais de transport.

Un seul reproche. La modeste pièce de trente sols, qui jadis vous rendait possesseur d'une boîte de l'orviétan sans pareil, ne suffit plus. C'est par cinq francs, dix francs, vingt francs, que se donnent les tisanes, pastilles, lotions, pommades, baumes, plaques électriques, etc., qui doivent vous guérir, dans un traitement court et secret, de toutes maladies, y compris les convulsions, les verrues et les idées de suicide. Voyez plutôt les dernières brochures parues.

Ah ! c'est que Sganarelle est encore vigoureux et gaillard malgré ses deux siècles, et vous dit aussi bien que lorsqu'il jouait la farce du *Médecin Volant* :

« Ne vous imaginez pas que je sois un médecin ordinaire, un médecin du commun. Tous les autres médecins ne sont, à mon égard, que des avortons de médecins. J'ai des talents particuliers, j'ai des secrets. »

Certes, Molière, en créant ces types immortels, n'en avait pas sous les yeux de meilleurs qu'à présent. Seuls, l'apothicaire, la robe et la perruque seraient de trop ; et les titres de ses comédies ne conviendraient pas entièrement : *Médecins volants?* Peut-être. *Médecins malgré eux?* Non pas, mais bien *malgré* la Faculté.

Le plus simple remède à cet abus serait sans doute tout indiqué : laisser ces boniments et leurs auteurs pour ce qu'ils sont, et avec eux leurs merveilleuses drogues.

Mais n'y aura-t-il pas toujours des Sganarelles et des Gérontes?

ARMEL.

FANEUSE

Devant les glaces qu'orne au dedans la tenture
Où, sur chaque feston, au hasard est semé
Un fleuron constellé d'or, le passant charmé
S'arrête à contempler la Faneuse en peinture,
En Saxe, en terre cuite, en bronze ou marbre blanc,
Qui sourit dans un air de radieuse idylle.
La paisible beauté brille en son front tranquille,
En ses doigts effilés, en son pas nonchalant,
En son visage au traits si purs qui se profile
Comme un camée ancien sur l'étoffe aux tons roux,
En sa taille bien prise, en ses grands yeux très doux
Et jusque dans les plis de sa jupe écourtée.

Voyez aux champs :
    Voici la Faneuse, à genoux
Dans les gerbes, dressant les foins par charretée ;
Elle est dure à l'ouvrage et reçoit sans effroi
Les chauds rayons de juin qui teint son front de hâle.
Le poème ébauché s'envole en désarroi
Aux accents du patois sonnant en sa voix mâle
Qui, jusqu'aux prés lointains, vibre au milieu du vent ;
Son bras rouge et noueux accortement manie
La fourche ; ce n'est pas elle qu'on voit rêvant,
Les yeux perdus au ciel, à l'immense harmonie
Des monts lavés d'azur par la voûte infinie
Et des bois où les fleurs font un tapis mouvant.
Le temps presse. Il lui-faut s'aventurer souvent
A travers les fossés où son sabot s'embourbe ;
Elle n'y prend pas garde, et se hâte, et se courbe
Sur son labeur ingrat, tandis que, par endroit,
Ses rudes mouvements font craquer la couture
Du corsage grossier, devenu trop étroit
Pour son robuste corps.
    Et c'est là la Nature !
C'est la vie !... et soudain, l'esprit désenchanté,
Devant le tableau vrai taché d'ombres chagrines,
Voyant s'enfuir le rêve, a bientôt regretté
Le mensonge de l'Art qui s'étale aux vitrines.

E. EHRTONE.

Salon des Champs-Élysées

I

Comme beaucoup de personnes, nous avions manifesté l'année dernière, à propos de la scission survenue dans le centre artistique, la crainte bien naturelle qu'un tel état de choses ne portât un grave préjudice à l'art lui-même. Quand une armée se divise, les forces s'amoindrissent.

Dieu merci, le cas ne s'est pas présenté, et il s'est produit ce résultat imprévu que chacun se sentant pris d'une louable émulation, loin de nuire à l'intérêt général, cette dissidence a accru le nombre des bonnes toiles.

Il y aurait donc mauvaise grâce à se plaindre et nous retirons volontiers des regrets qui n'ont plus raison d'être.

Et maintenant, critique, à l'œuvre ; surtout sois impartial ; distribue sans marchander l'éloge à qui le mérite, mais inflige sévèrement le blâme à qui se l'est attiré. Flatter maladroitement est toujours un mauvais service à rendre, la justice et la vérité avant tout, quelques rudes qu'elles soient; montrons franchement l'écueil qui peut, si l'on n'y prend garde, briser une carrière ; si l'on se fâche, tant pis, nous aurons fait notre devoir; on excuse une erreur, on ne pardonne pas une faute.

Du reste, j'espère bien ne pas être obligé d'avoir souvent recours à semblables extrémités; celui qui a la vocation est un travailleur sérieux ; qu'il tâtonne au début, qu'il cherche sa voie, qu'il sacrifie même au besoin, aux exigences matérielles de la vie, cela lui est permis, mais il persévérera, et une fois sûr de lui, il tiendra à sa gloire et à sa réputation. Le barbouilleur, c'est autre chose; il n'y a pas à le ménager, pas de scrupules à son égard.

II

Ce léger préambule terminé, je signalerai tout d'abord à l'attention du public, deux plafonds allégoriques destinés à décorer l'Hôtel-de-Ville : *Paris appelant le monde à ses fêtes* et *la Danse à travers les âges*. C'est un genre à part et qui demande des aptitudes spéciales, car il s'y mêle de l'optique. MM. Benjamin Constant et Aimé Morris s'en sont merveilleusement tirés.

Nul ne reproduit les sites agrestes avec plus de goût que Harpignies, ses paysages ont une douceur infinie, un charme poétique, une tonalité harmonieuse qui les font rechercher et apprécier; Riou ne lui cède en rien, sa touche est fine et délicate, il a conquis ses grades et son rang est parmi les meilleurs.

Une page historique, d'un réel mérite, bien vivante, bien mouvementée, c'est *l'entrée de Louis XI à Paris* de Tattegrain, curieux assemblage de types et de costumes du siècle. *Entre amis* de M. Chocarne-Moreau est une délicieuse pochade qui pourrait tout aussi bien s'intituler Blanc et Noir, car nous y voyons, assis derrière une palissade, à l'abri des regards indiscrets, un petit ramoneur dévorant à belles dents un gâteau qu'un petit pâtissier a tiré de la commande qu'il va porter en ville ; en voilà un régal auquel le pauvret n'est pas habitué ! Oui, mais si le patron vient à s'apercevoir du larcin, qui est-ce qui sera grondé ? Bast ! c'est une espièglerie, un enfantillage, une gourmandise de gamins qui ne tire pas à conséquence.

Detaille est assurément le peintre militaire par excellence, il nous donne une nouvelle preuve de son énergique talent dans cet épisode du siège de Huningue, où le général Barbanègre, sortant de la place à la tête de sa poignée de braves, se voit serrer la main par le commandant de l'armée adverse, rempli d'admiration pour sa vaillance.

Tous les groupes sont bien formés, et l'expression des physionomies bien rendue, ce sont là de vrais soldats qui cèdent devant la force, mais qui ne s'avouent pas vaincus.

Marchant de pair avec lui, Berne-Bellecour nous offre : *La Défense d'un pont*, une scène à effet, que la gravure ne tardera pas à vulgariser comme *Les Dernières Cartouches* et *Le Combat sur la Voie ferrée*, qui ont illustré le nom d'Alphonse de Neuville qu'une mort cruelle nous a trop tôt ravi. Ah ! que l'ennemi vienne, il sera bien reçu, je vous le garantis. Fermes et résolus, ils sont là, nos troupiers, prêts à verser leur sang jusqu'à la dernière goutte plutôt que de se rendre. Ce sont là de beaux et nobles exemples qui font tressaillir le fibre patriotique, et l'on est fier de les voir revivre sous le pinceau d'hommes de cœur.

La Transfusion du sang de chèvre par M. Jules Adler, dans un ordre d'idées différentes, produit aussi une profonde impression, car en dehors de la valeur du tableau qui n'est pas discutable, on ne peut s'empêcher de songer aux progrès que ne cesse de faire la science médicale, et l'on s'incline avec respect devant ces chercheurs infatigables, ces fils de l'étude qui se dévouent pour l'humanité, et dont les généreux efforts tendent à ce but suprême : la santé de leur prochain. Honneur à eux plus qu'aux *Conquérants* auxquels M. Fritel a voulu rendre un éclatant hommage. Les uns sauvent, les autres tuent ; les uns, modestes, sont bénis, les autres ambitieux, sont détestés, les uns ont la charité pour guide, les autres sont les suppôts de la discorde.

ALI VIAL DE SABLIGNY.

(*A Suivre*).

LA VILLÉGIATURE AU TEMPS PASSÉ

DE PARIS A SAINT-CLOUD

Vers l'an 1750, Saint-Cloud était fort à la mode. De tous temps, les Parisiens ont aimé à passer la journée du dimanche à la campagne.

Au dix-huitième siècle, les moyens de communication n'étaient pas aussi rapides qu'aujourd'hui, mais la vie ne se comptait pas par minutes. Le temps n'avait pas la même valeur; quelques heures de voyage n'effrayaient pas nos aïeux ; aux premières chaleurs de l'été, l'essentiel pour eux était de se soustraire un moment à l'atmosphère embrasée et aux miasmes pestilentiels de la grande ville.

La moyenne et la petite bourgeoisie préféraient Saint-Cloud à tout autre village de la banlieue. On pouvait y aller sans être obligé de s'entendre entre amis pour louer à frais communs une berline, ou de monter dans un de ces affreux *carabas*, durement cahotés sur le pavé du Roi, qui transportaient, par privilège, les gens du commun à Versailles. Il suffisait de prendre le coche d'eau, qui partait du Pont-Royal et suivait avec une majestueuse lenteur le cours sinueux de la Seine.

Il n'en coûtait pas à nos aïeux de se lever tôt. Le *Vieux-Saint-François*, commandé par le capitaine Duval, partait du Pont-Royal à huit heures et demie du matin. Il était amarré sur la rive droite de la Seine, et portait fièrement au haut de son grand mât une oriflamme blanche. Les voyageurs arrivaient en foule, et se précipitaient sur la planche qui servait de passerelle ; les bains involontaires n'étaient pas rares, mais les imprudents étaient bien vite repêchés.

Le pilote donne le signal du départ, les passagers s'installent de leur mieux sur le pont ou dans la cabine, les hommes de l'équipage pestent, jurent, sacrent; on sait que les mariniers d'eau douce ont de tout temps aimé à imiter le langage des gens de mer. Enfin le navire commence à se mettre en mouvement, mais à peine parti, il s'arrête. Le capitaine a aperçu quelques retardataires qui arrivent tout essoufflés sur le quai. Aussitôt, il fait détacher la chaloupe pour les embarquer. Complaisance patriarcale dont la tradition ne s'est pas conservée à bord des *Bateaux-Mouches* et des *Hirondelles* de nos jours.

Le coche d'eau, ce vénérable ancêtre de la flottille qui transporte maintenant des milliers de passagers sur la Seine, avait un aspect imposant. Il ressemblait plutôt à une arche de Noé qu'à un navire.

La cabine qui s'élevait sur le pont, en laissant libres d'assez larges espaces à l'avant et à l'arrière ainsi qu'un étroit passage de chaque côté, avait l'air d'une maison de bois portée sur un bateau.

Tant bien que mal, chacun a trouvé une place. La cabine est pleine, le pont regorge de voyageurs. Les commencements de la navigation sont laborieux. Le coche d'eau, porté par le courant, avance avec difficulté au milieu des grands bateaux chargés de bois du Nord ou de marchandises des Iles, qui remontent la Seine, et viennent aborder au port de la Conférence, trop étroit pour les recevoir.

Ce passage une fois franchi, le *Vieux-Saint-François* prend des allures plus vives. Trois chevaux qui attendent sur le chemin de halage, près de l'entrée du *Petit-Cours*, sont attelés à une corde attachée au haut du grand mât. A gauche, disparaissent assez rapidement les Invalides et le Gros-Caillou. Un peu plus loin, le coche longe l'île des Cygnes qui n'existe plus aujourd'hui. Elle a été annexée au rivage et, à titre de compensation, la destinée lui a réservé la gloire de servir d'emplacement à la tour Eiffel.

De l'autre côté de la rivière, un village s'élève en amphithéâtre. C'est Chaillot, dont les couvents sont célèbres. En cet endroit, la rive est très escarpée, et la haute muraille qui sépare la grève de la terre ferme est couverte d'échelles. On dirait un bastion qui va recevoir un assaut. C'est là que se tiennent les blanchisseuses. Chargées de linge, elles montent et descendent, du matin au soir, sur les échelons glissants et, au passage du coche, elles échangent avec les mariniers la fleur de leur répertoire.

Le bateau ne s'arrêtait pas sur ces rivages inhospitaliers. Il continuait sa route en laissant à droite le monastère des *Bons-Hommes* fondé par la reine Anne dans le château que les anciens ducs de Bretagne possédaient aux portes de Paris. Cette communauté, autrefois prospère, était en pleine décadence au dix-huitième siècle. Il ne se présentait plus de novices, et les libéralités des fidèles commençaient à faire défaut.

A peu de distance du couvent, dont le déclin était irrémédiable, on voyait des jardins magnifiques ; le *Vieux-Saint-François* ralentissait sa marche ; un homme de l'équipage appelait les voyageurs qui descendaient à Passy. Une barque se détachait du rivage et venait chercher les passagers. Presque tous ils allaient prendre les eaux minérales. Les sources de Passy, découvertes en 1658, étaient, un siècle plus tard, dans tout l'éclat de leur renommée. En ce temps où les longs voyages coûtaient cher, elles étaient suffisamment éloignées de Paris pour guérir les malades. On leur attribuait des vertus miraculeuses. Elles étaient la ressource suprême des familles menacées de s'éteindre. A la Cour de Versailles, on racontait que plus d'une noble maison de France leur devait son salut.

Sur le coteau qui domine la rive droite de la Seine, il ne restait guère plus de traces, au dix-huitième siècle, des vignes d'Auteuil autrefois si célèbres. Au moyen âge, elles appartenaient à l'abbaye de Sainte-Geneviève, qui vendait chaque année sa récolte aux évêques. D'élégantes maisons de campagne, des parcs et des jardins avaient peu à peu remplacé les vignobles dont les produits avaient depuis longtemps cessé de paraître sur la table des prélats.

Un grand nombre de voyageurs s'arrêtaient à Auteuil. Le coche d'eau s'amarrait au port, et une planche mettait en communication le pont du navire avec le rivage. Quelques malades, atteints de la cataracte, allaient consulter le fameux oculiste Gendron, mais la plupart des passagers du *Vieux-Saint-François* ne venaient à Auteuil que pour se distraire. Il était de bon goût de passer la journée du dimanche dans un village encore tout imprégné des souvenirs littéraires du grand siècle, et de visiter la colline dont Boileau et La Fontaine avaient fait une sorte de Parnasse français.

G. LABADIE-LAGRAVE.

CONSEILS PRATIQUES

POUR NETTOYER LES MEUBLES EN VIEUX CHÊNE

Les ménagères se trouveront fort bien d'un procédé employé dans le Périgord, et qui consiste dans l'emploi du marc de café, pas trop sec, que l'on prend à pleines mains, et avec lequel on frotte vigoureusement le bois ; on termine ensuite avec une flanelle légèrement imbibée d'essence de térébenthine.

POUR COUPER UNE BOUTEILLE

Placez une bouteille sur une surface plate, et remplissez-la d'huile (de l'huile de lin, par exemple) jusqu'à l'endroit où vous désirez opérer la coupure. Prenez ensuite une barre de fer aussi grande que possible, mais assez mince pour pouvoir passer par le col de la bouteille. Chauffez cette barre presque jusqu'au rouge-blanc, et plongez-là dans l'huile. Un craquement ne tardera pas à se faire entendre ; retirez alors la barre de fer, et la bouteille sera alors coupée aussi délicatement qu'avec un diamant. Si les parois de la bouteille étaient très épaisses, et qu'il ne se produise aucun craquement au bout d'une minute, il suffit de jeter un peu d'eau froide à l'extérieur pour déterminer la coupure. *(L'Hygiène pratique).*

BIBLIOGRAPHIE

Roch Le Baillif, sieur de la Rivière, édelphe médecin Spagiric, par Charles Vérel. — Renault-de-Broise, éditeur à Alençon.

Cette brochure nous ramène au siècle de Henri IV où Roch Le Baillif, à la fois disciple d'Hippocrate et de Paracelse, florissait dans toute sa gloire. Ce nom est aujourd'hui presque inconnu; aussi M. Charles Vérel a-t-il bien fait de remettre en lumière le savant qui fut, en sa qualité de médecin du roi, mêlé intimement aux affaires de la Cour, où il servait les projets de Gabrielle d'Estrées et, peu après, tirait l'horoscope du Dauphin, fils de Marie de Médicis.

Le Baillif avait écrit bon nombre de traités; mais le plus célèbre est son *Démostérion* dont tout un passage est cité dans cet ouvrage, qui consacre entièrement sa seconde partie à la sorcellerie et aux pratiques superstitieuses.

Aussi est-ce là une œuvre fort curieuse, prouvant une fois de plus que M. Vérel est, en même temps que brillant compositeur de musique, agréable conteur et archéologue distingué.

E.

Sommaire du CONSEILLER DES DAMES ET DES DEMOISELLES, 7, rue de Lille, Paris : *Guignol (suite)*, Ludovic Halévy. — *Les Salons sous l'Empire (fin)*, Ernest Pinard. — *Le comte Skariatine, (suite)* F. Marion Crawford. — *Lettres à une amie*, Comtesse Germaine. — *Modes*, la Dame d'atours. — *La Vie pratique. — Réponses aux Abonnées. — Récréations hebdomadaires*, Mme Célina Francony. — *Chronique artistique*, C. de C. — *Travaux manuels.* — Annexes : Planche de broderie, patron découpé, gravure coloriée.

MAISON DE LA PHOTOGRAPHIE POUR TOUS

Fondée à Bordeaux en 1862

91, Rue Malbec

Papier à Cigarettes : **LE MIROIR PHOTOGRAPHIQUE**

Ce papier, qui ne craint pas la comparaison avec n'importe quel autre — un seul essai suffira pour s'en convaincre — est orné de *Portraits photographiques* de célébrités politiques, scientifiques, littéraires, etc., etc.

Le Cahier de 75 feuilles   **10** centimes.

NOTA. — Si le fumeur désire son propre portrait sur chaque cahier, il lui suffira de faire parvenir sa photographie (n'importe quel format). — Dans ce cas, la commande ne devra pas être inférieure à 25 cahiers. Les photographies données à reproduire sont rendues *intactes* avec les cahiers demandés.

JEUX D'ESPRIT

LOGOGRIPHE

Debout sur onze pieds, j'ai plumes, tête, queue
Et je vole aussi bien qu'un léger hochequeue,
A mon centre enlevez trois pieds, ma tête-queue
Domine le château. Supprimez-moi la queue
En se rapetissant, ma tête sans la queue
S'agrandit. Maintenant, ne parlons plus de queue,
Car mes six premiers pieds sans les cinq de la queue
Forment un bon gâteau....Trouvez-moi tête et queue.

A. ELLIVEDPAC

Envoyer les solutions du précédent logogriphe à *M. Ellivedpac à Villeneuve-les-Béziers (Hérault)*.

Prime offerte au devineur désigné par le sort : *Un diplôme du Sphinx et un exemplaire de la Musette de Lilliput (poésies)*.

ANAGRAMMES (*suite*)

Dans *Copions préface* on trouve l'anagramme
D'un très aimable auteur académicien,
Il sait écrire au mieux pour l'esprit et pour l'âme
Ah ! que n'a-t-on chacun.... talent comme le sien.

Transformer ces trois mots : *Dam, Xérès* et *landau*
En deux : noms d'un auteur renommé dans le monde ;
Ses ouvrages au poids seraient un lourd fardeau,
Tant son aimable verve à produire est féconde.

PRIME. — Deux dessins au choix à tous les devineurs abonnés qui adresseront ces solutions au bureau du Journal, avant le 1er Juillet.

SOLUTIONS DU 15 MAI

Anagrammes : **Maxime du Camp, Jules Claretie.**
Logogriphe : **RONCE, ONCE.**
Devineur-gagnant : M. Paul Mercier à Frévent.

LE DÉCOUPAGE POUR TOUS

LORIN AINÉ

A PARIS

Imp. CRESSON – Paris.

Modèle déposé.

N° 839   15 Juin 1892

CANDÉLABRE (style Rocaille).

Large candlestick.

Candelabro.

Candelabro

Kondelaar.

Armleuchter.

LE DÉCOUPAGE POUR TOUS

LORIN AINÉ

A PARIS

Imp. CRESSON – Paris.

Modèle déposé.

Nº 840

CANDÉLABRE (style Rocail

Large candlestick.
Candelabro.
Candelabro
Kandelaar.
Armleuchter.

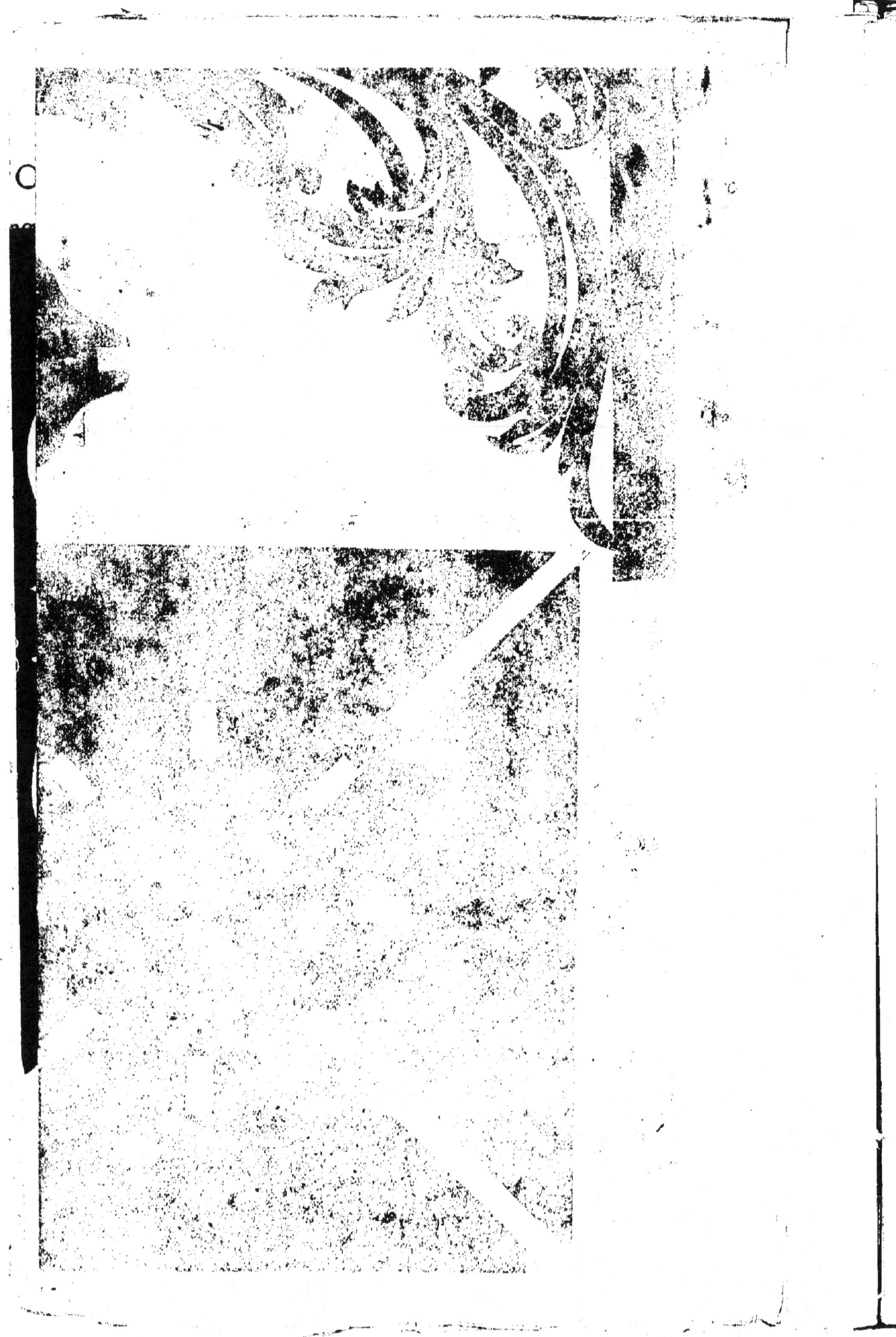

Nᵒˢ 843-844

GRANDE CORBEILLE A OUVRAGE

Les deux moitiés du fond 2-4 (pl. 843-844), doivent être rapprochées très exactement en collant le dessin sur le bois, afin de rétablir ce fond sur lequel on ouvre en biais les mortaises 4 (voir la *Méthode*, page 83). On introduit dans ces mortaises les tenons 4 des côtés qui doivent être vissés entre eux ; il en est de même pour les pieds 2, lorsque leurs tenons 2 ont pénétré dans les mortaises 2.

LES ARTS DU BOIS [1]

Les origines de l'art et de l'industrie des bois ouvrés se perdent dans la nuit des temps. L'homme primitif, naturellement porté par le souci de son existence à faire arme de tout ce qui lui tombait sous la main, sut rapidement tirer parti des branches d'arbres des forêts qui l'abritaient. Et comme le bois est la matière première qui offre le moins de résistance au travail, il put facilement y tracer les premières manifestations de ce goût du décor qui est inné en l'espèce humaine. On a retrouvé des manches de haches et des fusées de flèches qui portent des entailles symétriques et parfois de naïfs dessins enlevés à la pointe d'un éclat de silex. Certaines figures gravées sur des omoplates ou des cornes de cerfs, accusent les progrès rapides accomplis dans la voie de l'art : le sentiment artiste n'est pas nécessairement le produit d'un état de civilisation avancé ; nos premiers pères ont connu ce sentiment à une époque où ils vivaient dans un état de complète barbarie.

Nous venons d'indiquer sommairement les origines du dessin et même de la gravure ; celles de la sculpture doivent être contemporaines ; les premiers monuments que l'on connaisse sont de grossières idoles, faites d'un bloc de bois à peine équarri, ou même d'une simple planche découpée, comme on en a retrouvé à Délos.

On devine ce que pouvait être l'ameublement chez les habitants des Cavernes ou les peuplades des Cités lacustres ! Tous les peuples enfants se ressemblent ; pour se renseigner, il n'y a qu'à consulter les récits des voyageurs au sujet des mœurs des hordes sauvages encore éparses dans certaines parties du globe.

Laissant de côté les temps préhistoriques, sur lesquels nos connaissances sont toutes nouvelles et, par conséquent, peu étendues, nous arrivons à l'étude de la civilisation la plus ancienne ou du moins la plus

(1) *Les Arts du Bois*, magnifique album, comprenant 164 gravures de Meubles et Sculptures sur bois — ROUAM et Cⁱᵉ, éditeurs, 14, rue du Helder, Paris.

anciennement connue. Ici les documents abondent. La vieille Egypte a laissé un grand nombre d'œuvres créées par ses artistes et par ses ouvriers ; d'autre part, elle a pris soin de figurer sur les murs de ses temples et dans l'intérieur de ses tombeaux une histoire complète de ses mœurs et de ses usages ; il n'y a donc pas de lacune à combler de ce côté. Il ressort de l'étude de ces divers documents que les anciens Egyptiens étaient particulièrement habiles dans l'art de tailler le bois ; les plus vieilles statues que l'on ait conservées sont précisément des statues de bois recueillies sur le sol égyptien, et l'on admire avec raison le profond sentiment de vie et de réalité dont elles sont imprégnées. Quant aux objets mobiliers, ils ne sont pas moins remarquables ; à l'élégance du galbe, ils joignent la richesse et le soin de la décoration ; certains sont incrustés de faïence ou d'émaux, d'ivoire et d'ébène, ou décorés de fine peintures. On voit dans plusieurs musées, et notamment au Louvre, toutes sortes de meubles : lits, sièges, tabourets, pliants, terminés par des pieds de lion, de taureau ou de gazelle ; les parties montantes portent des têtes de ces animaux. Quant aux Coffres de momies, ce sont d'excellents ouvrages d'ébénisterie, décorés avec beaucoup d'élégance. Les Egyptiens des premiers âges s'inspiraient de la nature ; plus tard ils subirent les lois décoratives fixées par la religion ou se laissèrent aller à imiter les arts de l'étranger : ce fut l'origine de leur décadence.

Les produits de l'antique Assyrie dans les Arts du bois sont très rares, mais on a trouvé de magnifiques plaques de revêtement en bronze ou en ivoire sculpté qui donnent une idée des richesses mobilières entassées dans le palais des rois Achéménides à Suse et à Ecbatane. Les formes et les procédés de décoration des ustensiles d'usage commun, des meubles, sont à peu près les mêmes en Assyrie et en Egypte, ce qui s'explique par les relations constantes des deux pays. Il en est de même pour divers objets trouvés en Phénicie et en Palestine ; ils portent à la fois la marque des deux grands peuples qui tour à tour ont dominé ces pays. La Judée était d'ailleurs un lieu de passage pour les caravanes qui allaient d'Egypte et d'une partie des Indes aux villes de l'Asie Mineure.

La Grèce, tributaire de l'Orient dans le principe, n'eut un art propre que le jour où son indépendance politique fut bien établie. Les premières statues qu'elle éleva dans ses temples étaient des statues de bois. On trouve dans Homère de pompeuses descriptions qui donnent une haute idée de la richesse des matières employées à la confection et à la décoration des trônes, des trépieds, des sièges et des lits. Mais ce n'est pas le bois, c'est l'airain qui, la plupart du temps, forme l'ossature de tous ces meubles.

Dans Pausanias, il est question pour la première fois d'un véritable meuble d'art en bois ; c'est un coffret de cèdre sculpté que l'on voyait au vi^e siècle avant notre ère, dans le trésor de l'Olympie. Les tombeaux du Bosphore Cimmérien nous ont restitué, par bonheur, quelques beaux spécimens de l'art du bois, de provenance grecque évidente : ces débris témoignent du goût et de l'habileté des artisans du ive siècle, époque à laquelle on les fait remonter : ce sont un trépied de bois de cyprès, la partie centrale d'une lyre de bois portant des figures tracées à la pointe, et surtout un magnifique cercueil décoré de rinceaux, de figures en relief, de marqueterie et d'ornements polychrômes.

Les Romains, héritiers directs et continuateurs de la civilisation grecque, ont porté au dernier point le luxe des objets mobiliers. On a des renseignements précieux à ce sujet par les récits de Pline l'Ancien, et d'ailleurs les fouilles opérées en Italie, surtout celles qui ont abouti à la résurrection d'Herculanum et de Pompéi, ont mis à jour une telle quantité d'objets intacts et de débris qu'il est facile de reconstituer la vie intérieure des Romains dans tous ses détails.

A vrai dire, parmi ces objets il en est peu qui appartiennent en propre à la matière dont nous nous occupons. Chez les Romains, comme chez les Grecs leurs maîtres, qui avaient continué à leur fournir des modèles et des artistes, le bois ne jouait souvent qu'un rôle secondaire dans la confection du mobilier : les lits, les tables, les sièges et les trépieds parvenus jusqu'à nous sont faits de bronze plein fondu et ciselé ou de plaques reposant sur un bâti de bois. Sans doute, l'art de l'ébéniste et du sculpteur a dû également produire des œuvres remarquables, le témoignage de Pline et de Cicéron en fait foi, mais les spécimens en sont fort rares : l'Italie, tant de fois ravagée par la guerre qui traîne à sa suite le pillage et l'incendie, a vu périr tout ce qui était facilement périssable.

Le style romain, dérivé du style grec lui ressemble à ce point qu'il est souvent difficile de se prononcer sur l'origine véritable d'un objet ; d'ailleurs, nous l'avons dit, dans Rome florissante, l'art et les industries qui en dérivent étaient le plus souvent dans les mains des Grecs expatriés volontairement ou par force. Quoi qu'il en soit, le mobilier de cette époque est absolument remarquable au double point de vue de l'élégance et de la commodité. Les Romains ont connu la plupart des meubles que nous employons aujourd'hui, si ce n'est peut-être les meubles à tiroirs, et nous leur avons emprunté presque littéralement certaines formes.

A suivre

ALFRED DE LOSTALOT.

BOUTADE

Quand les âmes sont trop viles,
Quand les cœurs sont trop méchants,
Enfuis-toi bien loin des villes,
Vers les forêts et les champs.

Laisse-là les tristes proses,
Les fâcheux ou les pervers,
Et va voir les matins roses
Emperler les buissons verts.

Va sous la pâleur des aulnes
Où murmurent les roseaux,
Où danse en paillettes jaunes
La lumière sur les eaux.

Ecoute au flanc de la terre
Les êtres plus purs que nous
Dont l'esprit rudimentaire
Est encore obscur et doux.

Au fond des clairières franches,
Près des ruisseaux irisés,
Les petits oiseaux des branches
Ne sont pas civilisés;

Entre le bois qui frissonne
Et le soleil qui sourit.
Ils n'ont appris de personne
A trahir qui les nourrit.

L'insecte des hautes herbes
Ainsi qu'un joyau vivant,
Brille dans les ors superbes
Des blés courbés sous le vent.

Le chevreuil vient boire aux sources
Dans les brumes du matin,
Et dévale en folles courses
Sur les coteaux bleus de thym.

Tous ceux-là vivent sans pose,
Gardant éternellement
Une candeur qui repose
De l'homme qui passe et ment.

Ils ont, loin du gouffre immonde
De l'humaine lâcheté,
Comme aux premiers temps du monde
L'antique sérénité.

Va vers eux, âme meurtrie !
L'homme est le seul animal
Qui sur la terre fleurie
Fasse le mal pour le mal.

La nature, en sa simplesse,
Jamais ne nous a déçus,
La ronce même ne blesse
Que si l'on marche dessus !

François CASALE.

Joseph-Marie Vien

(FIN)

Il se servit naturellement de sa haute position pour faire prévaloir ses idées ; et, pendant qu'à Paris les vieux peintres continuaient à suivre le système du maniéré, lui criait plus haut que jamais : « A la nature, mes enfants, à la nature ! » et armait les vainqueurs de l'avenir. Il rendit un grand service, non seulement à l'école française de Rome, mais à tous les artistes qui étudiaient dans cette ville, en exposant tous les ans dans une galerie ouverte au public les tableaux de ses élèves. Il leur inspira ainsi une généreuse émulation et prouva, en même temps, l'excellence de son enseignement. Personnellement aimé et respecté autant pour son talent que pour son caractère, il mérita ces mots que Louis David lui écrivait de Rome, le 16 août 1785 ; « Il faut qu'avant
» de finir, je vous dise combien votre mémoire est chère aux Romains.
» C'est surtout quand M. Lagrenée a exposé son tableau que j'en ai
» été témoin. Combien ils m'en disent tous les jours sur votre compte, et
» ils savent bien apprécier le rang que vous tenez dans la peinture !
» Mais c'est moi qui le sait le mieux, ayant reçu vos leçons ; car s'il y a
» quelque chose de passable dans mon tableau, c'est, comme j'ai eu
» l'honneur de vous le dire, c'est qu'il est fait dans votre goût. Adieu,
» cher maître. »

Vien revint en France, et, quoique âgé de soixante-cinq ans, il se remit au travail avec une ardeur toute juvénile. Son atelier n'était pas assez vaste pour contenir tous les élèves que la France et l'étranger confiaient à ses soins. Il les encourageait, les guidait tous avec une égale sollicitude ; le mérite et le travail, seuls, pouvaient lui dicter des préférences légitimes. Quant à la question d'argent, nul n'y fut moins sensible, quoiqu'il eût de la famille, que cet homme de bien et d'honneur. Que l'on me permette de le prouver par une simple anecdote :

Un lord, qui avait placé son fils dans l'atelier de Vien, arrive chez lui, le remercie chaleureusement des soins qu'il avait donnés à son enfant, et, pour dernière preuve de sa gratitude, dépose délicatement sur une table une bourse bourrée de guinées. Le peintre, qui a suivi de l'œil cette généreuse manœuvre, pose sa palette, ses pinceaux, et, allant droit à la bourse, y prend une pièce d'or, et tend en souriant le reste au millionnaire. Celui-ci se refuse à reprendre ce qu'il a offert, mais l'artiste tient bon et dit :

« Pourquoi, monsieur, prendrais-je plus à votre fils qu'à mes autres élèves ? N'est-il pas aussi bien qu'eux mon enfant ? »

Que l'on me pardonne d'ouvrir ici une parenthèse : je veux raconter comment, en pareille circonstance, se conduisit un de nos peintres contemporains, je pourrais nommer les deux personnages, mais je me ferais vivement tancer par l'artiste pour mon indiscrétion que, réellement, je n'ai pas le droit de commettre.

Un jour, un richard dont le fils venait d'avoir un tableau admis aux honneurs du Salon vient, tout joyeux, remercier l'éminent professeur, et, lui serrant la main, y laisse un rouleau de cinquante napoléons.

Le peintre, étonné, éprouve un mouvement d'hésitation ; mais prenant rapidement son parti, il va à la porte qui le sépare de l'atelier de ses élèves et appelle le « massier ». Celui-ci paraît, et le maître alors lui adresse cette question :

— Y a-t-il de vos camarades en retard de leurs cotisations ?

— Oui, monsieur, quelques-uns, malgré leurs efforts et leurs économies.

— C'est bien, c'est bien. Voici M. X... qui, au nom de son fils, vous prie d'accepter cette somme afin que les retardataires soient à jour. Je n'ai pas besoin de vous dire que ceci doit rester secret entre nous trois ; remerciez monsieur pour vos amis. »

C'est de M. X... que je tiens le fait, il était ravi de la noblesse du procédé de l'artiste.

Revenons à Vien. Il s'était donc remis à l'ouvrage, il exposa à tous les Salons ; les commandes abondèrent, et, le 17 mai 1789, il fut nommé premier peintre du roi ; il était ainsi appelé à la plus haute position que pût obtenir un artiste. Mais déjà avaient paru le *Serment des Horaces*, *Bélisaire*, *les Licteurs rapportant à 'Brutus les corps de ses fils ;* l'élève avait pris le pas sur le vieux maître, qui salua avec enthousiasme le triomphe de David, tandis que celui-ci lui reportait noblement une partie de sa gloire. Du reste, la conduite de David à l'égard de Vien est le côté le plus honorable de sa vie.

Vien traversa tristement la Révolution ; il n'avait plus de commandes mais il travaillait toujours. Vinrent le Consulat et l'Empire. Inspiré sans doute par son premier peintre, Bonaparte se plut à honorer le vieillard. L'Institut lui ouvrit ses portes, il fut nommé Commandeur de la Légion d'honneur, comte de l'Empire, sénateur. Au milieu de ces dignités qui couronnaient sa laborieuse carrière, il resta l'homme simple et bon qu'il avait toujours été. Il eut la joie de voir son fils marcher de loin sur ses traces. Quand il mourut, le 27 mars 1807, de grands honneurs furent rendus à ses dépouilles mortelles, et, ce qui vaut mieux, et ce qui n'est pas toujours, il laissa des regrets unanimes, sincères et durables.

SURMAY

LA MOISSON

Les champs, sous les rayons éclatants des midis,
Sentent gonfler la sève en leurs flancs attiédis :
    Voici l'heure d'emplir les granges.
La terre, qu'on dévêt de son lourd manteau d'or,
Prendra le voile d'ombre, et contre messidor
    Gémira des plaintes étranges ;

Triste, elle pleurera les bleuets et les blés...
Qu'importe !... Sous la faux qui vous a mutilés,
    Tombez, blonds épis, gerbes mûres !
Tombez !.. les moissonneurs, qui n'ont point de remords,
Lancent leurs chants naïfs, sans regret de ces morts,
    Jusqu'aux nids profonds des ramures.

*
* *

En avant ! fiers soldats ! car le temps est venu
Où la guerre en folie a mis son glaive à nu
    Et s'en vient faucher l'herbe humaine.
Tressez-vous, jeune espoir, les sinistres lauriers,
Offrez votre âme en fleur aux boulets meurtriers,
    Agonisez !... l'horreur vous mène !...

Après, quand les clameurs mourront vers les lointains,
Quand, au soir, les canons fumants seront éteints
    Sous les flots de sang de la gloire,
Quand tous s'entasseront dans le même cercueil,
Viendra le tour des pleurs où les mères en deuil
    Revêtiront leur robe noire.

*
* *

Qu'importe !... un peu d'angoisse est bien vite passé !...
Et tandis qu'au retour, le paysan lassé
    Compte ses gerbes copieuses,
Plus haut, le souverain qu'on célèbre à l'envi
Sent grandir son étoile et songe, l'œil ravi,
    A la moisson des mitrailleuses.

23 février 1889.   E. EHRTONE.

Salon des Champs-Elysées

(FIN)

Marceau, le héros qui partagea avec Hoche l'honneur de défendre la République, fut, chacun le sait, frappé mortellement le 19 août 1796 dans la forêt d'Altenkirchen et vint expirer quelques jours après dans le camp allemand, honoré et respecté de ceux-là mêmes dont il s'était montré le plus redoutable adversaire. Il avait à peine 27 ans, et déjà les palmes de la victoire avaient maintes fois couronné son front. Mais à la bravoure, il joignit la générosité, et sa mort fut une source de regrets unanimes et d'un deuil général. Sa dépouille ayant été réclamée par la France, l'archiduc Charles ne crut pas devoir s'y opposer et ses hussards remirent leur funèbre dépôt entre les mains d'un détachement de l'armée de Sambre-et-Meuse.

Tout en sachant gré à M. Georges Roussel d'avoir fait choix d'un souvenir aussi émouvant, il me semble qu'il aurait pu en tirer un parti plus avantageux ; il règne dans sa toile un certain air de gêne et de froideur que je ne saurais définir et qui apparaît bien plus quand on se reporte à l'œuvre de J.-P. Laurens qui fut si remarquée. Est-ce une illusion ? en tout cas, mon opinion est toute personnelle et je n'oblige qui que ce soit à la partager, je ne voudrais pour rien au monde influencer autrui, je souhaite même ardemment me tromper, c'est aux vrais amateurs de se prononcer en dernier ressort.

Bonnat expose un portrait sans prétention et très ressemblant de M. *Ernest Renan*; cependant les traits de l'illustre philosophe ne s'y prêtent guère, l'expression de son sourire et de son regard est un mélange de finesse et de bonhomie d'une nature à dérouter les plus malins; Bonnat en est sorti avec tous les honneurs de la guerre, on dirait qu'il a pris son modèle à l'improviste dans une pose familière, l'attitude de la réflexion, assis, les mains sur les genoux, la tête légèrement inclinée. Les procédés du maître peuvent ne pas être du goût de tout le monde, car il use volontiers de l'empâtement et du heurt violent des tons ; n'importe, tel qu'il est, je préfère de beaucoup ce portrait à celui du pape *Léon XIII* par M. Chartran, bien que l'exécution de ce dernier soit de tous points irréprochable, l'un est une peinture d'intérieur, l'autre est un tableau d'apparat.

Les détails ne doivent jamais entrer qu'en seconde ligne et n'ont pour but que de mettre en relief l'image principale, c'est donc un tort de leur donner de l'importance ; à mon humble avis, M. Chartran s'est trop attaché à l'éclat des accessoires ; il nous montre le chef de l'Eglise dans toute la pompe de la souveraineté ; tandis que Bonnat représente le penseur dans la simplicité de sa retraite.

Du reste, ce jugement est mien, s'il n'est pas rectifié par les nombreux visiteurs qui se pressent chaque jour au palais des Champs-Elysées, je m'inclinerai respectueusement devant sa décision.

M. Henri Martin est un philosophe qui vous montre l'homme cheminant entre les vices et la vertu; j'aurais souhaité un peu plus d'expression dans le personnage principal et un peu moins de sécheresse dans le paysage; néanmoins, la figure symbolique de la Vertu, enveloppée de longs voiles blancs, possède un charme inexprimable dont les Vices, en dépit de leurs poses provocantes, de leurs costumes chatoyants enguirlandés de fleurs n'approcheront jamais. Le choix n'est pas embarrassant, et tout fait présumer que les tentateurs en seront pour leurs frais et que la Vertu triomphera. C'est une leçon de morale, il n'y a plus qu'à la mettre en action.

M. Bouguereau reste toujours le même, c'est à dire un expert en l'art de peindre des chairs veloutées et transparentes dans la nacre et le carmin, et son *Guêpier* n'ajoute ni n'enlève rien à sa réputation. *Les Barques n'arrivent pas* de M. Thirion forment un petit drame maritime très saisissant : sur la grève, au pied d'une croix, des femmes inquiètes interrogent assidument l'horizon; père ou fils, le pêcheur est parti depuis longtemps, il devrait être déjà de retour, que lui est-il arrivé? une tempête s'est-elle élevée, et la vague en fureur a-t-elle englouti le malheureux? Oh non ! le ciel le protégera et le Seigneur exaucera la prière ardente que ces pauvres cœurs lui adressent, il ne fera pas de veuves ni d'orphelins.

Quant à M. Albert Maignan, le Jury lui a décerné la médaille d'honneur pour son *Hommage à Carpeaux*, c'est tout dire. Enfin lorsque nous aurons cité les noms synonymes de succès de M. Olivier Merson, G. Mellinguer, Moreau de Tours, Jules Breton, Henner, Jules Lefebvre, Munkasie, Henri Lévy, Raphaël Collin, Fantin-Latour, Luminais, Clairin et de Vuillefroy et indiqué en sculpture *La Bellone* et *Galathée et Pygmalion* de Gérôme, l'une bronze et ivoire avec un mélange peut-être plus original qu'heureux de métaux précieux, l'autre en marbre auquel une légère coloration semble donner l'animation et la vie, le *Washington et Lafayette*, groupe en bronze de Bartholdi, le *Guillaume Tell*, d'A. Mercié, la *Jeanne d'Arc* de Barias et la *Toilette de la poupée* de Croisy, où, avec ce sérieux qui n'appartient qu'à l'enfance, un bambin débarbouille avec une énorme éponge son amie de carton, nous croyons en avoir assez dit pour vous donner un aperçu général du Salon de 1892. Les manquants à cette liste, et malheureusement ils sont nombreux, comprendront que le cadre de la *Revue Artistique et Littéraire* nous impose certaines limites que nous sommes les premiers à déplorer, mais nous leur promettons de les dédommager amplement l'an prochain, et nous terminons en disant que si l'art n'a pas de patrie en principe, de fait, la France est la vraie, la seule patrie de l'art.

ALI VIAL DE SABLIGNY.

L'OREILLER

SONNET

Pourquoi limer des vers, pourquoi forger des strophes,
Pourquoi toujours gémir, plaindre l'humanité,
Adresser aux mortels de vaines apostrophes
Ou combattre l'erreur avec ténacité ?

A quoi bon ? Désormais, les pauvres philosophes,
Prophètes de malheur, monstres de vérité,
Lorsqu'ils annonceront d'immenses catastrophes
Feront rire un public par le doute gâté.

Place aux flatteurs mielleux ! Juvénal satirique
Cache son fouet vengeur pour allumer l'encens.
Plus de rudes leçons, de terribles accents !...

Poëte, l'entends-tu, le genre pindarique
Endormant les lecteurs fort enclins à bailler,
J'ai déjà trop écrit. Donc je vais sommeiller.

A. CAPDEVILLE.

Villeneuve-les-Béziers, 19 Juin 1892.

LES VOYAGES
AU POINT DE VUE HYGIÉNIQUE ET MÉDICAL

Au moment propice où nos concitoyens vont, en grande partie partir en villégiature, soient qu'ils aillent demander à l'air de l mer de renouveler leurs forces affaiblies par les veilles et les luttes pour la vie ; soient qu'ils aillent rechercher dans les hautes régions des montagnes de la Suisse de nouveaux éléments de résistance ; soit que, plus prosaïquement, ils aillent quérir à la campagne les plaisirs et les distractions multiples que leur refusent les grandes villes, il nous paraît utile de leur donner quelques conseils sur les voyages, considérés au point de vue hygiénique et médical.

Tous ces voyageurs, ces admirateurs des villes d'Italie, ces intrépides ascensionnistes des montagnes de la Suisse, ces arpenteurs des galets de l'Océan et de la Méditerranée, ces joyeux fanatiques de la campagne, tous vont généralement chercher à satisfaire leur légitime curiosité ou leur plaisir particulier, mais encore pensent retirer de leurs excursions un bénéfice certain pour leur santé. Cette seconde partie du problème est-elle résolue avantageusement, la plupart du temps ? Je ne le pense pas, et demeure, au contraire, convaincu que le résultat le plus immédiat qu'ils en tirent est un épuisement physique et moral. A cet effet, il nous paraît bon de relever une par une les erreurs qui ont le plus généralement cours, à ce sujet, dans le public.

La première erreur, de beaucoup la plus radicale, a trait à la fatigue proprement dite du voyage en lui-même : le trajet en chemin de fer ou en bateau, l'anxiété des bagages, les fréquents changements d'hôtels, et les accidents y afférents, l'intervalle irrégulier entre les repas, le trouble inévitable du sommeil, sont, avant tout, choses qui épuisent l'organisme, et nuisent à la vitalité et au tempérament.

Quand, à ces premières fatigues, auront été ajoutées celles résultant des promenades, excursions, ascensions, peut-être sera-t-on facilement convaincu que les voyages sont généralement mal compris.

Je ne veux parler que pour mémoire des voyages, soi-disant circulaires, entrepris sous la direction d'une agence quelconque, où les abus deviennent des attentats contre la santé ; la surcharge du programme, l'excessive tension d'esprit, l'entassement irrationnel ne sont certainement pas compensés par le minimum de plaisir ou d'agrément qu'on a pu rencontrer.

Aussi ne peut-on s'empêcher de blâmer hautement tous ces gens épris de villégiature, qui, à leur retour, vous avouent innocemment qu'ils ont cru faire simultanément un voyage de plaisir et de santé. Voyage de santé, avec toutes les fatigues extrêmes qui viennent d'être énumérées, erreur et illusion !

La personne qui voyage pour sa santé doit se reposer absolument, se garer autant que possible des tracas et de la fatigue, chercher la plus grande régularité pour sa nourriture et son sommeil, ne se livrer qu'aux distractions qui ne peuvent surexciter son organisme, et faire passer en toutes circonstances la santé avant la satisfaction d'un plaisir éphémère.

A ceux-là seuls le voyage est avantageux, parce qu'ils ne cherchent dans leur déplacement qu'une meilleure influence tonique, un changement d'habitudes, et une modification de climat et d'air. Est-ce le cas des touristes multiples qui abandonnent annuellement leurs affaires pour aller courir la campagne ? Il serait oiseux de répondre à cette question !

Un autre inconvénient, et non peut-être des moins graves, que rencontre quotidiennement le touriste, c'est la qualité des eaux et le changement de nourriture. Au premier, il peut encore répondre par la consommation des eaux minérales dites de tables, mais devant le second il reste, la plupart du temps, désarmé. Les repas, pris généralement à table d'hôte, sont, dans la majorité des cas, plus variés que substantiels, et l'insipidité des viandes est savamment palliée par des sauces savantes et échauffantes en même temps. Si le touriste a pu, dans son voyage d'agrément, éviter la fièvre typhoïde, il n'échappera pas à la dyspepsie.

CONSEILS PRATIQUES

> Jean, mon jardinier et le vôtre,
> Racle avec tant de gravité,
> Que lorsqu'il racle d'un côté,
> L'herbe repousse de l'autre.

C'est, qu'en effet, rien n'est plus assujettissant, dans les travaux du jardinage, que le nettoyage des allées.

Dans les petits jardins, un coup de ratissoire, donné de temps à autre, suffit pour entretenir celles-ci en bon état de propreté ; il n'en est pas de même dans les jardins un peu vastes, où l'herbe arrive à pousser de désespérante façon, quand, surtout, les allées ne sont guère fréquentées.

Différents moyens ont été préconisés pour nettoyer celles-ci sans être obligé de recourir à un personnel nombreux, dont le salaire ne laisse pas que d'être souvent fort dispendieux. Mais, parmi ces moyens, celui qui semble avoir donné les meilleurs résultats, c'est l'emploi du sel.

On sait que le Gouvernement accorde aux cultivateurs la faculté de se procurer des sels à prix réduits, soit pour être utilisés dans la culture à titre d'amendement, soit pour entrer, en plus ou moins grande quantité, dans la nourriture du bétail.

Eh bien, en répandant ce sel, à raison de un litre par quatre mètres carrés, dans les allées, les cours sablées, ou même pavées' on arrive facilement à tuer sur place toute sorte de végétation parasitaire.

Il suffit de faire cette opération deux ou trois fois par an, pour que la place reste constamment indemne de tout envahissement herbacé.

G. Percheron.

L'Hygiène pratique.

PHYSIQUE AMUSANTE

LES ILLUSIONS D'OPTIQUE

FIN

Phénomènes d'irradiation

Quand, sur un papier blanc, vous tracez un dessin noir à contours anguleux, ces contours paraissent émoussés, la couleur blanche empiète sur la couleur noire, et le dessin noir paraît plus petit que le dessin blanc, qoiqu'ils soient mathématiquement égaux.

Phénomène de contraste des couleurs

De même qne les images laissent sur la rétine une impression persistante, on peut constater que les couleurs donnent lieu à des phénomènes correspondants, points de départ d'effets singuliers, qu'on appelle *contrastes*. Ils sont dus à ce que l'œil, encore impressionné par une couleur, est soumis à l'influence d'une couleur différente.

Placez sur une feuille de papier vert un petit carré de papier blanc, et recouvrez le tout d'une feuille de papier transparent, le petit carré paraîtra rose: c'est donc la couleur complémentaire du vert qui apparaît. C'est là ce qu'on appelle le *contraste simultané*.

Sur une feuille de papier blanc, ou mieux de papier gris, vous placez un petit carré de papier rouge, et, tandis que vous fixez celui-ci, si on le retire rapidement de dessous les yeux, vous verrez très nettement apparaître à sa place un carré vert de même grandeur: c'est ce qu'on a appelé *contraste successif*.

Il existe encore beaucoup d'autres illusions d'optique, aussi très intéressantes, mais je m'arrêterai ici; je n'ai voulu donner qu'une idée de ces importantes illusions de la vue. Je n'abuserai pas de la bienveillante attention du lecteur qui m'a suivi dans cette énumération rapide.

Paul Calmet

L'ART DU DÉCOUPAGE
Les Dessins (*Suite*)

Avec les dessins où le noir représente le plein et où le blanc indique le vide, c'est l'intersection même de ces deux teintes qui est la ligne de démarcation que l'on doit suivre; or cette limite est sans épaisseur, et en suivant très exactement le contour noir, le trait de scie n'enlève absolument que le blanc, c'est-à-dire précisément celle que l'on se propose de détacher; il n'y a plus alors défiguration du modèle.

Notre collection ne contient que des dessins de ce genre, et c'est après en avoir reconnu la supériorité que nous avons renoncé à en éditer d'aucune autre sorte.

REPRODUCTION DES DESSINS

L'on peut désirer, avec un seul modèle, en reproduire un plus grand nombre, de telle sorte que lorsqu'on aura détruit le premier par le travail lui-même, on puisse refaire l'objet représenté une ou plusieurs fois encore.

Plusieurs procédés sont employés pour arriver à ce résultat.

1º *Par le décalque.* On place entre une feuille de papier blanc et le dessin un papier à décalquer; puis, avec un crayon à décalquer ou une pointe, on suit, en appuyant légèrement, tous les traits du dessin, en prenant chaque motif par sa base.

Le dessin se trouve alors reproduit sur la feuille blanche.

On obtiendrait plusieurs dessins d'une seule fois en superposant ainsi et dans le même ordre plusieurs feuilles; on pourrait, par le même procédé, décalquer directement sur du bois poli.

(A Suivre).

L'Anthologie Populaire organise un important concours de prose et de poésie, du 15 juin au 15 août.

Les quatre meilleurs recueils présentés seront imprimés *gratuitement* sur papier de luxe avec titre en deux couleurs et chaque lauréat en recevra 100 ou 50 exemplaires, selon son rang de classement.

En plus de ces prix spéciaux, il sera décerné une dizaine de médailles ou palmes, des volumes, peintures à l'huile, dessins, mentions, etc., dont l'énumération trop longue est donnée par l'Anthologie Populaire (Nº 7 et suivants).

Pour recevoir le programme détaillé, il suffit d'envoyer son adresse à l'*Imprimerie spéciale* de l'Anthologie Populaire, à *Gruissan* (Aude).

JEUX D'ESPRIT

CHARADE

Mon *un :* fils du temps, ce grand maître.
Mon *deux* est cheville de fer
En forme de certaine lettre ;
Et mon *entier* en os, en chair,
Ne sachant dire le *pater*
Ne se fera jamais connaître
Par son esprit ou son bel air.

A. ELLIVEDPAC

Envoyer les solutions à *M. Ellivedpac à Villeneuve-les-Béziers (Hérault)*.

Prime offerte au devineur désigné par le sort : *Un diplôme du Sphinx et un exemplaire de la Musette de Lilliput (poésies).*

ANAGRAMMES D'ACADÉMICIENS (*suite*)

TOBI, ZURICH, VERCEL : — ont tout le nécessaire
Pour faire le nom d'un académicien
Qui romancier fécond, esprit fin, littéraire,
Fut d'abord professeur au sol Helvétien.

MÊLE DU CALICOT — renferme l'anagramme
D'un très-digne savant académicien :
J'eusse aimé rencontrer : bel esprit et belle âme
Mais ses noms ne l'ont pas, — malgré qu'il l'ait fort bien.

PRIME. — Deux dessins au choix à tous les abonnés qui enverront ces deux solutions avant le 1er Août.

SOLUTIONS DU 15 JUIN

Logogriphe : **Tourterelle — Tourelle — Tour — Tourte.**
Devineur-gagnant : M. D.-S. à Béziers (adresse s. v. p).
Anagrammes : **François Coppée, Alexandre Dumas.**

LE DÉCOUPAGE POUR TOUS

LORIN AINÉ

A PARIS

Imp. CRESSON — Paris.

Modèle déposé.

N° 843   15 Juillet 1892.

GRANDE CORBEILLE A OUVRAGE.

Basket.
Cesta.
Canastillo.
Werkmandje.
Koerbohen.

N° 845
Chiffres enlacés

Ces chiffres, une fois découpés, sont fixés à l'écusson ou à la plaque auxquels on les destine au moyen de colle ou de clous perles.

N° 846
Cartes pour Menus

Pour chaque carte, on découpe une feuille de papier ou de carton mince sur laquelle on écrit le menu ; cette feuille est ensuite appliquée sur le bois avec quelques points de colle ou des petits clous d'ornement. On peut également écrire sur le bois même, si son grain et sa nature le permettent.

LES ARTS DU BOIS
(SUITE)

L'ameublement religieux des premiers siècles du christianisme continue avec évidence les traditions artistiques du paganisme ; mais l'art lui-même a sombré dans la chute de l'empire romain ; les invasions des barbares achevèrent de détruire ce que les adeptes du culte nouveau avaient laissé debout. Cependant la fondation de Byzance par Constantin offrit un dernier refuge aux chefs-d'œuvre du passé et aux artistes qui étaient dignes d'en créer de nouveaux.

Quand l'empire d'Orient sombra à son tour sous les coups d'autres barbares, la conquête définitive de Constantinople par les Turcs, en 1453, ne fut pas un malheur irréparable : elle arriva trop tard pour porter un coup définitif à la civilisation antique. Une renaissance avait pu se produire déjà dans une partie de l'Europe ; elle renoua la chaîne des traditions et sauva le monde de la barbarie.

Nous ne savons rien des Gaulois nos ancêtres, avant la conquête romaine ; cependant la qualité de certains objets trouvés dans les tombes établit péremptoirement qu'ils étaient déjà parvenus à un degré assez avancé de civilisation. Vaincus, ils s'assimilèrent rapidement les mœurs des conquérants.

On conserve à la Bibliothèque nationale un fauteuil dit de Dagobert : ce n'est autre chose qu'une chaise curule, à la façon romaine, en bronze doré, dont le dossier a dû être ajouté quelques siècles plus tard. L'art des époques qui suivirent, entravé par des guerres continuelles, ne prit en France un caractère original que du jour où il y eut un pouvoir central assez fort pour assurer la sécurité de la population. Plus tard, la renaissance des corporations laïques, au XII° siècle, l'affranchit des formules hiératiques conservées dans les couvents : de cette époque datent les manifestations vraiment notables de notre génie national débarrassé de tout alliage étranger.

Il arrive souvent qu'un meuble grossier est décoré de magnifiques pentures en fer forgé ; c'est que l'art de la ferronnerie était considérablement en avance sur celui du meuble ; cet art est à son apogée au XIII⁰ siècle,

Les premiers « huchiers » dont on ait conservé les noms sont Jehan le Mestre et Grandin. Primitivement associés aux charpentiers, les huchiers formèrent bientôt une corporation distincte, et cette émancipation définitive fut le signal d'une véritable rénovation du meuble d'art et du bois sculpté. C'est le moment où va commencer la création des magnifiques retables et des stalles de chœur qui ornent nos vieilles Cathédrales.

Jusqu'à la fin du XV⁰ siècle, on ne connut guère dans les demeures seigneuriales que les meubles portatifs ; le maître en changeant de résidence emportait tout avec lui dans des coffres que l'on transportait sur des chariots ou même à dos de cheval ; aussi employait-on surtout le bois de chêne à cause de sa solidité et les meubles étaient-ils faits de pièces faciles à démonter.

L'art de l'ébéniste commence au XVI⁰ siècle ; jusque là on s'était borné à décorer le bois plein, d'abord de motifs d'ornement, puis de médaillons en relief et de figures abritées sous des niches ogivales plus ou moins ornées : c'était affaire au menuisier et au sculpteur sur bois d'établir ces meubles ; comme style, ils imitaient les admirables travaux dont les tailleurs de pierre décoraient les porches des églises. De tous temps, d'ailleurs, le meuble a été plus ou moins sous la dépendance de l'architecture ; c'est à elle qu'il emprunte ses formes essentielles et le caractère de sa décoration.

Pour les diverses raisons que nous avons exposées sommairement, les sculptures sur bois et les meubles de fabrication antérieure au XVI⁰ siècle sont d'une extrême rareté. On en conserve de magnifiques spécimens dans les églises et dans les musées, mais les collections particulières en sont à peu près dépourvues, ou du moins n'y rencontre-t-on que des pièces d'une authenticité douteuse.

La première moitié du XVI⁰ siècle est une époque particulièrement féconde dans l'histoire de notre art national. Il n'est pas de province, de ville un peu importante qui ne possède des sculpteurs, des ornemanistes en tous genres et beaucoup des œuvres que nous a léguées la France de cette époque sont d'une absolue perfection tant au point de vue de la richesse du travail que du goût exquis dont cette richesse est relevée. Dans les travaux du bois qui nous occupent spécialement, de grands progrès ont été accomplis ; les ouvriers commencent à faire leur tour de France ; leur goût et leur habileté technique se développent en voyant ce qu' se fait en dehors de leur petit centre industriel ; ils profitent des leçons de l'étranger sans abdiquer devant lui, comme ils le feront malheureusement plus tard. L'art s'imprègne ici d'un sentiment allemand, là d'un sentiment italien, mais il ne cesse pas d'être français ; la comparaison développe le sens critique de nos nationaux et ils y gagnent de voir s'élargir le champ de leurs facultés artistiques en même temps qu'une sensible épuration de leur goût.

Quoique ces migrations ouvrières aient amené une certaine confusion dans les styles régionaux de la France, il est possible de déterminer la provenance géographique de la plupart des sculptures en bois et des meubles de la Renaissance. Certains caractères communs à des écoles voisines n'empêchent pas, dans la plupart des cas, de dresser en quelque sorte leur acte de naissance ; on retrouve dans leur signalement des marques particulières à tel ou tel groupe, et dont l'ensemble équivaut à un certificat d'origine. L'espace réservé à cette notice ne nous permet pas de nous étendre sur ce sujet ; nous devons nous borner à quelques indications sommaires. Les meubles de la Normandie, par exemple, se distinguent à la fermeté de leur exécution et au caractère particulièrement dramatiques des figures. Les ouvriers du nord de la France travaillaient surtout dans le chêne ; la rudesse de cette essence se prête mal aux délicatesses de l'outil. Ceux de la Bourgogne et du Midi employant des matières plus souples, ont pu se livrer à toutes les fantaisies décoratives et apporter dans leur facture un fini d'exécution qui rappelle les travaux de ciselure sur métaux. L'Ecole de la Touraine, influencée par les exemples qu'apportaient les artistes et les ouvriers amenés d'Italie par Charles VIII et ses successeurs, sacrifie surtout à l'élégance et emprunte ses sujets à l'antiquité classique.

Dans la seconde partie du XVIe siècle, la composition des meubles est empruntée aux édifices élevés par les architectes : Jean Bulland, Pierre Lescot et Philibert Delorme fournissent les dessins. Pour les figures on s'inspire des sculptures de Jean Goujon, qui par leurs formes gracieuses et allongées, modelées à fleur de bois, se prêtaient admirablement à la décoration des meubles. L'Ecole dite de Fontainebleau qui comprend beaucoup d'artistes parisiens a produit des merveilles en ce genre.

A Lyon florissait l'art de la gravure sur bois ; les sculpteurs et les ébénistes vont prendre leurs modèles dans les dessins des maîtres du genre, Pierre Wœriot et Bernard Salomon ; les meubles sont incrustés à l'italienne ou sculptés d'arabesques en relief ; d'autre part le voisinage de la Bourgogne se manifeste par l'introduction dans les meubles lyonnais de ces sculptures puissantes et contournées, mascarons, cariatides, satyres, etc., dont son école, fameuse entre toutes, usa jusqu'à l'abus.

L'Italie, plus favorisée que nous par sa situation géographique, a pu entretenir des rapports constants avec l'Orient, qui fut le dernier foyer de lumière qui ait brillé en Europe pendant les premiers siècles du Moyen âge. Aussi sa Renaissance, ce mot entendu comme le retour au culte de l'antiquité classique, est-elle de plus ancienne date que la nôtre. Nous n'avons pas à nous en plaindre puisque notre ignorance prolongée de ce qu'avaient fait les Grecs et les Romains, nous a valu une magnifique floraison du génie national, ainsi qu'en témoignent les sculptures et l'architecture de nos vieilles églises, les miniatures de nos manuscrits et les trop rares épaves de nos industries d'art au Moyen âge.

L'art de la mosaïque qui n'a jamais cessé d'exister en Italie, la tradition en étant conservée par les ouvriers amenés de Byzance, eût une influence décisive sur le mode d'ornementation de l'ameublement italien ; les meubles des basiliques primitives furent décorés de mosaïques en bois de couleurs, à l'imitation des mosaïques de verres qui décoraient les murs. Le goût de la polychromie s'étendit aux meubles domestiques. Sienne et Florence fabriquèrent une grande quantité de ces coffres ou *Cassoni* dont la décoration est obtenue moins par la sculpture que par la peinture et la marqueterie. Les travaux de sculpture, on les retrouve dans les portes et dans les boiseries de chœur de certaines églises de la Péninsule. A l'encontre de ce qui se passe chez nous, on connaît les auteurs de ces magnifiques ouvrages ; les plus grands sculpteurs du XIIIᵉ au XVᵉ siècle y ont attaché leurs noms en même temps que les plus renommés parmi les peintres, ne dédaignaient pas de décorer les coffres, les bahuts, les tables qui composaient l'ameublement des particuliers.

Au XVIᵉ siècle, la sculpture sur bois prend un développement considérable dans l'ameublement civil italien : on possède de cette époque, des coffres, des chaises, des cadres de miroirs, des soufflets travaillés avec un goût exquis. L'Italie possédait, et possède encore aujourd'hui, des praticiens d'une habileté consommée ; elle n'a plus malheureusement les artistes d'autrefois. Ses œuvres modernes du bois, comme celles du marbre, ne se recommandent guère que par le fini du travail ; c'est le triomphe du parfait poli, mais l'art en est absent.

L'histoire du bois ouvré, en Espagne, n'est pas encore faite ; on sait cependant que les Maures y pratiquaient l'art du relief et de la décoration avec étonnante perfection. Bientôt une fusion se fit entre les conquérants et le peuple soumis à leurs lois, et de cette fusion, naquit un style mixte, à la fois mauresque et chrétien, où le sentiment décoratif des deux races s'amalgame en des œuvres précieuses dont on a conservé quelques spécimens. Plus tard, quand l'Espagne eût définitivement expulsé les envahisseurs qui l'avaient dominée durant plusieurs siècles, la Renaissance s'y accomplit comme dans les autres pays de l'Europe.

(*A Suivre*).   ALFRED DE LOSTALOT.

LE LION

Le gardien a levé la porte intérieure
Et tiré les verrous, car c'est un jour d'été,
Pour donner au captif une clarté meilleure ;

Alors le grand lion, près du seuil arrêté,
A levé son regard assoupi vers la foule
Qui se presse à l'entour du grillage écarté.

Puis, sans voir plus longtemps cette vivante houle,
Après avoir cherché la nue aux frais lambris
Où le ruban d'azur se roule et se déroule,

Morose, il s'est laissé choir sur le plancher gris,
Au milieu des prisons dans le granit scellées,
Superbe de dédain et presque de mépris ;

Oubliant le Jardin et ses vertes allées,
Las de cet horizon, ses yeux fiers se sont clos'
Pour revivre un instant les heures envolées.

Les rayons de juillet dardent leurs javelots
Sur son corps que secoue un penser chimérique,
La brûlante lueur le baigne en ses longs flots ;

Mais il sent le baiser du Phœbus homérique
A peine... Qu'est cet astre aux nonchalants ébats
A côté du soleil éblouissant d'Afrique ?

Qu'est ce frêle gazon, que sont ces buissons bas,
A côté des halliers ayant l'alfa pour lierres,
Où panthère et chacal se livrent leurs combats ?..

Son rêve ressaisit les choses familières :
L'Atlas sombre effilant la pointe de ses monts,
Les cavernes des bois au fauve hospitalières,

La plage où l'Océan porte les goëmons
Qu'engendrent sans répit ses fonds intarissables,
Les chotts couvrant d'une eau saumâtre leurs limons.

Il entend les torrents pour lui seul franchissables ;
Comme autrefois, tapi parmi les antres sourds,
Il devine l'hyène en quête dans les sables

Et le python rampant sous les orangers lourds,
Lorsque la nuit, du haut du ciel qui se dilate,
Étend sur le désert sa robe de velours.

Il voit à l'oasis le flamant écarlate
Boire aux sources, l'ibis dormir près du dattier,
Dans l'herbe où la grenade en pourpre vive éclate ;

Tandis qu'au loin, devant le Sahel tout entier,
La caravane suit les chameaux au poil terne
Vers l'ombre, et quitte enfin le roc au dur sentier ;

Elle s'en va remplir chaque outre à la citerne,
Avant de s'endormir sous l'ample burnous blanc,
Et pour prier Allah, par trois fois se prosterne.

C'est l'heure où le lion, frappant son large flanc
De sa queue au fouet roux, hérissant sa crinière,
Fixe en l'obscurité son œil étincelant ;

Il rugit lentement, puis sort de sa tanière,
Écoutant dans le soir le cheval qui hennit,
Épiant l'antilope et flairant toute ornière...

Soudain la vision fuit.... le rêve est fini :
Loin sont les palmiers-doums à l'épaisse ramure,
Le cèdre gigantesque et l'aloès jauni ;

Loin les vastes forêts où pend la figue mûre,
Où brunit la banane, où le serpent se tord,
Loin la vague ébauchant à jamais son murmure.

Au fond du gouffre amer de l'oubli ce temps dort.
Le prisonnier n'est plus un souverain des plaines
Où le soleil géant verse ses torrents d'or ;

Il n'aiguisera plus ses griffes, de sang pleines,
Aux pins d'Alep, aux bords des rochers anguleux ;
Il ne chassera plus le buffle aux grandes laines,

Il n'égorgera plus la gazelle aux yeux bleus ;
Jamais l'âpre simoun dont le souffle foudroie
Ne viendra jusqu'ici chauffer son corps frileux.

A l'immense douleur Exil il est en proie ;
Ravivant en ce cœur un éternel tourment,
Dans ses ongles d'acier le désespoir le broie,

Avec le noir regret qui va le consumant
Un flot mélancolique envahit sa pensée ;
Il se meurt, et parfois se souvient tristement.

Tel, un roi songerait à sa grandeur passée.

E. EHRTONE.

LA PLUME

La plume n'est pas l'écho de la pensée, l'écho est l'effet purement matériel des lois physiques de la nature qui consiste à répéter fidèlement le mot qu'on lui jette, comme un miroir réfléchit l'image qu'on lui présente. Le rôle que joue la plume est plus noble, elle interprète et traduit un sentiment, lui donne pour ainsi dire un corps, sert à l'habiller et en la revêtant de formes palpables, devient l'intermédiaire entre l'écrivain et le lecteur.

La littérature est un art, aussi bien que la peinture, et celui qui l'exerce cherche, par l'assemblage heureux des mots, par une suite de phrases adroites et variées, à produire chez les autres l'impression qu'il éprouve lui-même, comme le peintre, par le choix de ses couleurs, par l'entente des teintes, cherche à fixer sur la toile, à rendre avec le plus de vérité possible le sujet dont son imagination est remplie, comme le musicien, par de savants accords, par le jeu combiné des sept notes de la gamme cherche à rendre vivante la mélodie que son cerveau a enfantée. Ils sont tous trois poètes d'instinct : les oiseaux qui gazouillent sous la ramure, les vallons ombreux, les bois touffus et verts, les montagnes à la cime escarpée, les clairs ruisseaux, les jours ensoleillés et les nuits tranquilles ont des charmes enivrants, des beautés infinies, des splendeurs idéales qui les attirent, les captivent et les subjuguent.

Pour eux, l'horizon semble n'avoir plus de bornes et l'avenir plus de mystères. Il faut les voir dans le feu de l'inspiration, s'animer et s'exalter peu à peu : leur front rayonne et leur regard s'illumine, on dirait qu'un rêve aux ailes d'or les emporte dans un tourbillon de vapeur.

Hélas ! toute médaille a son revers, et, par malheur, la plume, comme le pinceau, dociles instruments, tombent parfois dans des mains qui n'en font qu'un triste usage : ce n'est plus l'écrivain élégant et correct, aux déductions subtiles, à la logique fine et serrée, au style élevé; c'est l'écrivassier banal qui se traîne lourdement dans les sentiers battus. Ce n'est plus le peintre aux larges envolées, c'est le barbouilleur de croûtes sans aucun talent; ce n'est plus le compositeur de génie, c'est le vulgaire auteur de flons-flons. Adieu la grâce, adieu l'esprit ! l'être supérieur a disparu pour faire place à une obscure individualité, et des hautes régions où nous étions montés tout à l'heure, nous nous abîmons dans les bas-fonds de la sottise. Les uns ont embrassé une carrière, et pour eux, derrière les nécessités impérieuses de la vie, il y a quelque chose qui s'appelle la gloire. Les autres exercent un métier, c'est un commerce qu'ils exploitent, une marchandise qu'ils vendent au plus offrant, au dernier enchérisseur; à leur platitude, à leur nullité, ils joignent une extrême fatuité, un insupportable orgueil qui les rendent encore plus ridicules; ils veulent toucher à tout, abordent effrontément des sujets dont ils n'ont pas les premières notions et jettent de la poudre aux yeux des naïfs.

Ce manège ne dure pas longtemps; sous les plumes du paon, le geai ne tarde pas à paraître, le bout de l'oreille de l'âne perce bientôt sous la peau du lion.

Il faut avouer son incapacité et cesser de parader, on est coté; il faut rentrer dans la vie privée, et se faire oublier, avant que le public ne vous rappelle brutalement à l'ordre; le mérite, lui, garde toujours son rang.

Ali Vial de Sabligny

BIBLIOGRAPHIE

Contes à ma petite Rose, par Arthur Détry. — Pierre Féguenne, éditeur à Verviers.

Sous ce titre frais et jeune, nous arrive de Belgique une gracieuse plaquette signée par le directeur du **Coin du Feu**, cet intéressant journal bien connu de la Presse française

Ce sont des pages toutes de sentiment; leur seule dédicace à la fiancée de l'auteur indique assez clairement sous quelle inspiration elles ont été écrites; mais elles ne sont pas banales, car pour broder artistement les élans d'un cœur qui déborde, le style s'est fait souple et léger, les mots ont accouru brillants et frêles comme les fleurs qui, çà et là, y sont évoquées; enfin la Muse charmeuse qui a présidé à l'éclosion de cette charmante brochure, a su dicter à son poète les plus délicates idées.

Ce nom de poète ne veut pas dire que ce soient là des vers. Non: ce sont de simples morceaux de prose, mais peints avec de si fines couleurs que certains passages transportent en pleine poésie.

Pour peu que le lecteur ait ressenti des émotions pareilles, il comprendra ces contes et ne pourra qu'y applaudir. D'ailleurs, M. Arthur Détry a sans doute reçu le meilleur éloge, celui qu'il ambitionnait par dessus tout et qui eût pu lui suffire, si les plumes amies ne tenaient à y joindre le leur.

E.

LES HORTENSIAS

A Mlle M. de F.

Toujours en les voyant si pâles, je repense
Aux châteaux délaissés qui sont au bord du Rhin,
Cachés dans leurs grands parcs ainsi qu'en un écrin
Où leur deuil longuement se repaît de silence.

Quelque prince-poète en fit sa résidence,
Dont les rêveurs d'antan foulaient le sol serein,
Causant, riant, parfois fleurissant d'un quatrain
Le socle où les saisons mènent encor leur danse.

Dans son temple aux frontons effrités à demi,
Au fond des bois muets, l'Amour s'est endormi...
L'ombre est mystérieuse à l'entour des grands arbres.

Et l'hortensia pâle, âme des jours défunts,
S'épanouit parmi les bassins et les marbres
Dans la morne beauté de ses fleurs sans parfums.

FRANÇOIS CASALE.

A UNE INCONNUE

J'ai peu vu cette femme et je ne sais rien d'elle,
Mais dès qu'elle eût fixé sur moi ses grands yeux bleus,
Je n'ai plus désiré, je n'ai plus aimé qu'eux :
Je les suivais partout ainsi qu'un chien fidèle.

Ses yeux d'azur, ses yeux couleur de ciel me hantent ;
Ils m'ont pris par un charme exquisement vainqueur,
Ils ont fait sûrement leur trouée en mon cœur.
Ah ! rendez-moi ses beaux yeux bleus, même s'ils mentent !

Je les veux adorer, j'y veux mirer mon âme ;
Quand ils seraient changeants, traîtres comme la mer,
Je voudrais m'enivrer de leur délice amer
Et je me brûlerais avec joie à leur flamme!

OLIVIER DE GOURCUFF.

SAISONS HUMAINES

Dans son printemps l'être humain chérira
L'oiseau, les bois, les ruisseaux et les roses.
Dans son été l'être humain fauchera
L'herbe, les blés et beaucoup d'autres choses...
Dans son automne enfin il produira
D'utiles fruits — pour tous les jours moroses...
Dans son hiver il se ressouviendra,
Près de son feu, portes plus ou moins closes.
Mais en tous temps, sans doute, il pensera
Que son voyage, ici-bas, a ses causes!....

JACQUES DE LUCÉ.

30 Juillet 1892.

L'HYGIÈNE ET LA MÉDECINE EN CHINE

En Chine, l'enseignement de la médecine remonte à plus de 4,000 ans ; dix gros ouvrages ou traités sur la matière, écrits sous le règne de plusieurs empereurs, et auxquels l'un d'entre eux, l'empereur Houang-ty, ne dédaigna pas de mettre la main (le *Houang-ty-nuei-King* écrit 2,637 ans avant J.-C.), donnent aux praticiens des règles, qui, pour n'être pas toujours d'une réelle exactitude, n'en guident pas moins ceux-ci dans l'art si difficile de guérir.

Pour ce qui est des caractères ethniques ressortissant à la médecine, nous dirons qu'en Chine, au moins, les hommes se mariant jeunes, il est rare d'y trouver ce que nous appelons, en Europe, un vieux garçon. Les mandarins ont même le droit de marier les hommes de force, dès qu'ils ont atteint leur trentième année. Toutes les filles trouvent ordinairement un époux, et chaque famille possède un grand nombre d'enfants ; aussi malgré les guerres, les révolutions et les famines qui ont sévi vers le milieu de ce siècle, la population chinoise tend-elle toujours à augmenter.

On sait déjà de quelle importance est, pour un Chinois, le culte des ancêtres. Eh bien, c'est pécher gravement contre les ancêtres que de n'avoir pas de descendance. Le trop plein de population s'écoule en dehors sous le nom de coolies, et ces coolies, lorsqu'ils ont amassé un petit pécule, reviennent tous dans leur pays d'origine. Il se fait aussi des déplacements à l'intérieur de cette vaste contrée, et tous les hommes qui échappent ainsi à la vie de famille, forment de nouveaux groupes de population, et voient peu à peu leurs mœurs et leurs coutumes ethniques se modifier.

D'une manière générale, les villes de la Chine sont pour la plupart d'une saleté repoussante, alors que les campagnes sont si biens tenues par le peuple chinois, plus agriculteur que citadin. Il résulte de cette incurie des amas de décombres dans les rues des villes de l'Empire du Milieu, et une odeur nauséabonde qui engendre des épidémies meurtrières.

Nous citerons en particulier la variole et la lèpre.

Les exhalaisons des rizières, très dangereuses dans l'été, augmentent encore les chances de maladies par l'endémicité des fièvres palustres. Les femmes, obligées de piétiner dans la vase pour en extraire les mauvaises herbes, sont plus particulièrement exposées, soit à l'éléphantiasis des Arabes, soit à l'ulcère de Cochinchine.

Ces conditions déplorables au point de vue de l'hygiène produiraient des effets encore plus désastreux sur un peuple moins bien doué que le Chinois pour sa résistance au climat. Il n'est pas jusqu'à ses engrais, composés d'herbes pourries, d'os broyés, de résidus huileux, de déjections animales ou humaines, qui n'augmentent encore les chances d'insalubrité.

La nourriture est principalement végétale ; le Chinois, cependant, mange le porc, dont il possède plusieurs variétés, mais qui ne peut qu'augmenter la tendance que possède ce peuple aux maladies de la peau.

Le canard est aussi un mets de consommation journalière, ainsi que des chiens, des rats, des souris, des sauterelles, des vers à soie, et jusqu'à des serpents.

Quant aux riches, ils se font servir des nids d'hirondelle, dont l'usage tend à se répandre chez nos gourmets d'Europe, des holoturies et des ailerons de requins, qui, paraît-il, forment un plat très recherché. Du reste, tous les poissons et les coquillages comestibles entrent aussi dans l'alimentation locale. Les Chinois sont d'ailleurs d'une extrême sobriété.

Quant au thé, on sait qu'il forme, en Chine, la boisson principale. Mais la substance qui a fait le plus de mal à la Chine, est sans contredit l'opium. Il n'entre pas dans mon plan de dire les guerres et les traités auxquels le commerce de l'opium a donné lieu, mais je ne puis pas ne pas montrer parmi les Chinois ceux que l'abus de l'opium a réduits à l'abrutissement et à l'idiotie. Ces hommes passent leur temps dans les délires du rêve, et sont perdus pour le travail ; presque tous finissent par succomber dans le marasme ou la paralysie. Heureusement, ces fumeurs insatiables sont encore peu nombreux, comparés à tous ceux qui fument l'opium comme simple distraction, comme nous fumons en général le tabac en Europe.

Les malades acceptent volontiers l'assistance des médecins européens et on les voit se presser en foule dans les hôpitaux de Tientsin, Changhaï, Amoï, Foutcheou, Ningp'o.

La bizarrerie de leur thérapeuthique, dont je parlais au commencement de ce travail, commence à faire place à une thérapeutique plus rationnelle, pour l'extension de laquelle la pratique des hôpitaux fondés par les Européens, n'a pas été indifférente. La vaccine tend à remplacer peu à peu l'inoculation variolique, quoique cette dernière n'ait pas encore pénétré dans toutes les parties de ce vaste empire. Cependant, de jeunes mandarins ayant étudié l'anatomie, la physiologie et l'hygiène, remplaceront incessamment les médecins instruits à la vieille école, et toute la tourbe des empiriques, car la pratique de la médecine est libre en Chine.

Dans un collège fondé en 1868, à Pékin, l'on enseigne déjà, avec les langues d'Europe, la physique, la chimie, la médecine, la physiologie, etc. La plupart des cours sont confiés à des professeurs anglais.

Jusqu'à ce jour, les praticiens, dans les villes, s'était contentés du prix modique d'à peu près 60 centimes pour leurs visites. Dans les campagnes, ils se contentent de moins encore, et sont souvent payés en nature. Les grands médecins renommés prennent jusqu'à 2 fr. pour leurs consultations. Il est vrai de dire que la vie en Chine est à bon marché, et que le luxe des appartements, ou l'orgueil d'une voiture, ne dévorent pas, comme à Paris, la majorité du produit professionnel.

Dr E. VERRIER.

CONSEILS PRATIQUES

POUR NETTOYER LES GLACES ET LES TABLEAUX

Si la dorure n'est pas détériorée, laver soigneusement le cadre, avec une eau de savon bien concentrée. Si ce moyen ne suffit pas, faire un mélange de blanc d'œuf avec un tiers de son poids d'eau de javelle ; et au moyen d'un pinceau bien doux, étendre des couches de ce mélange sur le cadre.

Ou bien encore, laver le cadre avec une éponge trempée dans de l'eau, à laquelle on ajoute un dixième d'eau forte, puis laisser sécher.

D'une manière ou de l'autre, on doit passer sur le cadre, après le nettoyage, une couche du vernis employé par les doreurs.

L'Hygiène Pratique.

Sommaire du MONDE ILLUSTRÉ, 40, place Jacques-Cartier à Montréal. — Causerie, *Benjamin Sulte*. — Carnet du Monde Illustré, *J.-S.-E.* — Poésie : Les Nymphes, *Miss E. Ehrtone*. — La terre paternelle, *J.-P. Lacombe*. — A travers le Canada, *Jules Saint-Elme*. — Le grand-duc Constantin. — Poésie: Choisis, *E.-Z. Massicotte*. — M. Schowb, M. A. Girard, *Rolland*. — Le Château Saint-Louis et le vieux Château, *Ernest Gagnon* — Notes et Faits. — Feuilletons : La Belle Ténébreuse, *Jules Mary*. — Mlle de Kerven. — Problèmes d'Echecs et de Dames.

GRAVURES : Portrait du Grand-Duc Constantin de Russie. — Le Chemin de Fer de " Montréal et Occidental " — Québec: Le château Haldimond. — Portraits de MM. Girard et Schowb. — Gravure du feuilleton.

L'ART DU DÉCOUPAGE

(*Suite*)

3° *Par le piquage*. — Ce procédé consiste à appliquer d'une manière fixe le dessin sur une étoffe serrée et épaisse : on pique ensuite avec une aiguille toutes les lignes à intervalles égaux et assez profondément pour que la pointe s'enfonce légèrement dans le tissus. Les contours étant ainsi perforés, on applique le modèle sur une feuille blanche et, avec un tampon fait d'un linge fin et contenant, soit de la poussière de charbon très fine, soit une autre poudre colorante, on tamponne sur toutes les parties piquées ; la poussière traversant les trous du dessin reproduit ce dernier sur la feuille blanche.

C'est ainsi que l'on procède pour reproduire directement sur l'étoffe les dessins de broderie.

4° *Avec le papier au ferro-prussiate*. — C'est une sorte de procédé photographique basé sur la décomposition de la matière chimique de ce papier sous l'influence de la lumière.

5° *Par le pantographe*. — Cet instrument souvent employé dans le dessin a la forme d'un quadrilatère à côtés variables, qui permettent, suivant leurs longueurs réciproques d'agrandir ou de réduire les proportions d'un dessin sans en altérer la forme en quoi que ce soit, et rien qu'en suivant ses contours au moyen d'une pointe fixée à l'appareil.

Collage des Dessins

Le dessin original ou sa reproduction doit être collé sur la planchette mince que l'on se propose de découper.

Il semble superflu de recommander beaucoup de soin dans le collage de cette feuille : c'est cependant là une opération importante et qui nuirait considérablement au montage de l'objet si elle était mal exécutée.

On enlèvera donc le plus possible de papier blanc inutile au dessin et on en tracera vaguement le contour sur le bois de manière à ne pas hésiter à le poser sur ce dernier quand il sera enduit de colle. Il faut avoir soin de poser le dessin sur la planchette de manière que la plus grande longueur soit dans le sens du fil du bois. On l'applique en commençant par une extrémité et en le laissant tomber graduellement en évitant qu'il se plisse ; on tamponne ensuite légèrement avec un linge pour déterminer l'adhérence et on laisse sécher lentement en exerçant une pression légère sur le bois pour empêcher qu'il se contourne.

Il faut éviter de se servir de gomme arabique, de colle forte que l'on ne pourrait faire disparaître sur le bois que par un grattage qui nuirait au polissage.

Il ne faut pas non plus mouiller pour enlever le dessin, car le bois se tourmente, il peut subvenir des ruptures en le redressant, les pores ressortent et ne reprennent plus leur place.

Dans les grands contours, cet effet est peu sensible tandis que dans les traits délicats tels que les nervures des feuillles les traits des personnages etc., il se produit des déformations du plus mauvais effet.

La colle de pâte ou d'amidon obvie à tous ces inconvénients, car le papier de verre suffit à faire disparaître toute trace du dessin sur la planchette découpée.

Il est urgent de passer la colle sur le bois et non à l'envers du dessin que l'humidité pourrait faire boursoufler en déplaçant ainsi des contours ou des lignes, ce qui nuirait à la justesse de l'exécution.

Nous croyons inutile d'indiquer le moyen de fabriquer la colle de pâte ; nous mentionnerons néanmoins un procédé qui permet d'en obtenir instantanément et sans feu : prendre une cuillerée de farine et la délayer dans un vase avec du fort vinaigre ; on peut employer immédiatement la colle ainsi obtenue.

(A Suivre.)

MAISON DE LA PHOTOGRAPHIE POUR TOUS

Fondée à Bordeaux en 1862

Papier à Cigarettes : **LE MIROIR PHOTOGRAPHIQUE**

LE DÉCOUPAGE POUR TOUS

LORIN AINÉ

A PARIS

LE DÉCOUPAGE POUR TOUS

LORIN AINÉ
A PARIS

B. CRESSON — Paris

Modèle déposé.

N°s 847-848. — **SUSPENSION POUR FLEURS**

Cette Suspension comprend les numéros 847-848 publiés dans la présente livraison, et le numéro 849 qui paraîtra le 15 octobre.

Le montage de ce dessin est très simple :

Aux points 1 du fond 1-2-3, on fixe, par leurs points 1, les huit côtés 1-2-4-5, après avoir fait un double biseau sur les bords 5 pour qu'ils s'ajustent au centre. Les 8 côtés 3-4 reçoivent aussi un biseau sur leurs bords 4, afin de s'ajuster entre les parties déjà placées. Enfin leurs tenons 3 sont introduits dans les mortaises 3 du fond qui doivent être en biais, ainsi que chaque côté des tenons.

Les Arts du Bois

(FIN)

De cette époque, du xve siècle jusqu'à la fin du xvie siècle, datent ces merveilleuses boiseries que l'on admire dans les églises d'Espagne. Il faut dire que toutes ne sont pas dues à des artistes espagnols ; les rois catholiques appelèrent à eux un certain nombre d'artistes français, italiens et flamands dont on a conservé les noms.

En Allemagne, d'importants travaux du bois remontent à des époques très éloignées ; au xiiie siècle apparaissent sur les meubles les premières figures sculptées ; jusque là on s'était borné à les décorer de dessins ou d'ornements en relief. L'art allemand se distingue par une certaine rudesse, un sentiment très naturaliste et un besoin souvent outré d'expression ; les formes, un peu lourdes manquent d'élégance, mais les sculptures sont très-vivantes.

L'art du bois dans les Flandres présente d'étroites analogies avec l'art allemand ; c'est le résultat naturel d'un voisinage géographique. Les flamands ont produit une innombrable quantité de meubles sculptés, surtout au xve siècle ; et comme ils voyageaient facilement, on retrouve leur main dans beaucoup d'ouvrages célèbres disséminés un peu partout. Ils savaient d'ailleurs s'approprier le style des pays où ils travaillaient ; aussi ont-ils rendu difficile la tâche des historiens et des critiques en matière d'origines et d'attributions.

Au commencement du xviie siècle on abandonna définitivement dans la composition des meubles le style sévère des menuisiers-sculpteurs de la Renaissance : la mode fut aux meubles riches ; la décoration passa des mains des sculpteurs à celle des ébénistes qui appelèrent à leur aide les graveurs, les serruriers, les gainiers, les orfèvres, puis les doreurs et les tapissiers. On employa les bois exotiques, les revêtements de pierre dure, les incrustations diverses, les cuirs repoussés ou imprimés, les métaux gravés ou damasquinés. L'antique dressoir fit place au cabinet et à l'armoire; la marqueterie de cuivre et d'écaille, qui allait illustrer le nom de Boulle, nous montre ses premiers essais. L'ameublement, sous Louis XIII, se ressent du goût flamand : la France retrouvera son originalité quelques années plus tard, et c'est elle, au xviiie siècle qui imposera son goût à toute l'Europe.

Le lit, un peu négligé jusque là, prend une importance considérable dans l'ameublement, c'est le moment où s'introduit, dans la demeure des grands, la mode de l'alcôve; ici, l'ébéniste ne joue qu'un rôle secondaire, la décoration du lit appartient au tapissier qui, bientôt, va également revendiquer les sièges et les canapés.

Le nom de Boulle apparaît dans les dépenses des bâtiments royaux à partir de l'année 1673. Les meubles somptueux qu'on lui doit atteignent aujourd'hui des prix extravagants ; ce sont, à coup sûr, des chefs-d'œuvre d'ébénisterie, mais il est permis de ne pas les trouver irréprochables au point de vue de l'art. Quoi qu'il en soit, ce grand nom de Boulle domine l'histoire du mobilier sous Louis XIV.

Dans les premières années du xviiie siècle, la mode se porta vers les placages de bois satiné, enrichis de cuivre ciselés qui sont incontestablement d'un goût plus léger. Le règne du sculpteur va recommencer, mais son art s'exercera beaucoup moins sur le bois que sur le bronze, sauf dans certains meubles, les tables, les consoles, les torchères, qui continueront à être en bois sculpté, doré il est vrai, pour donner l'illusion du métal.

D'autre part, on rechercha avidement pour en décorer les meubles, les laques de la Chine et du Japon, et comme ils coûtaient fort cher, on s'ingénia à créer des vernis pouvant les suppléer et surtout recevoir une décoration plus en rapport avec le goût général, c'est-à-dire des pastorales, des scènes galantes ou des épisodes mythologiques. Les peintres-vernisseurs Martin ont décoré ainsi une quantité de meubles, notamment des chaises à porteurs. Il se produit à notre époque ce qui s'est produit sous le règne de Louis XV ; l'engouement passager dont le Japon fut l'objet, dans ces dernières années, a remis à la mode le vernis Martin.

L'histoire a recueilli les noms à jamais célèbres des sculpteurs qui ont orné de si admirables bronzes les meubles du xviiie siècle ; les Caffieri, Pierre Lepautre, Charles Cressent, Gouthière, brillent au premier rang. A côté d'eux, il convient de citer l'ébéniste Riesener qui partage leur gloire: on lui doit d'incomparables chefs-d'œuvre. Riesener a porté au dernier degré de la perfection l'art du meuble, et ce n'est pas sans raison que les amateurs se disputent à prix d'or la moindre des œuvres qui portent son nom.

Sous la République et même jusqu'au commencement de l'Empire, on continua à pratiquer le style Louis XVI, mais les grands praticiens étaient morts ou avaient émigré. En même temps, il y eut une sorte de Renaissance nouvelle, c'est-à-dire un retour à l'imitation de l'antique ; on en retrouve déjà les premières traces à la fin du règne de Louis XVI. C'en était fait de la grâce et de l'exquise fantaisie qui avaient porté si haut la renommée du mobilier français; sous prétexte de simplicité, d'austérité, le meuble se fit lourd, massif, disgracieux et ridiculement prétentieux ; l'acajou, qui avait commencé à être en faveur pendant le siècle précédent, régna sans partage. Bonaparte, qui avait rapporté de ses campagnes d'Egypte et d'Italie une fausse admiration du passé, fut avec le peintre David, l'auteur principal de ce revirement ; il chargea les architectes Percier et Fontaine de dessiner pour les palais nationaux des motifs de décoration et d'ameublement dans le sentiment antique. La mode nouvelle était fixée ; elle a régné sans changement d'importance dans son caractère général, jusqu'à la fin du règne de Louis-Philippe.

Vers la fin du second Empire, le style du xviiie siècle reprit faveur ; on se mit à rechercher avidement toutes les épaves de cette époque, si glorieuse dans l'histoire de l'art français, et les ébénistes, pour satisfaire leur clientèle, s'ingénièrent à copier les beaux modèles épars dans nos musées et nos palais nationaux. Notre époque se complaît, d'ailleurs, dans l'imitation du passé, car l'engouement pour les meubles de la Renaissance n'est pas moindre, et voici qu'on se met à rechercher les meubles du premier Empire. S'il est vrai que nos facultés créatrices semblent sommeiller, la faute en est beaucoup à nos riches amateurs ; nous les savons malheureusement peu portés à encourager les innovations, or, l'industrie du bois et toutes les industries d'art sont à la merci du capital. Et voilà pourquoi l'homme qui, imposant son goût au goût du public, créera le style du xixe siècle, est encore à venir ; comme nous touchons à la fin de ce siècle, cette création nous semble très hypothétique. Continuons donc à meubler nos appartements dans ce goût hybride qui va de la Renaissance au xviiie siècle, avec additions empruntées à l'Empire, aux modes anglaises ou à l'Extrême-Orient.

Alfred de LOSTALOT.

LES OUBLIÉS

L'AUTRE jour au grenier, parmi de vieilles choses,
Je trouvai, par hasard, un vieux livre de vers....
Depuis quand gisait-il dans ces recoins moroses ?
Je ne sais : il gardait sur ses pages mi-closes
    La poussière de tant d'hivers !

Je l'ouvris : des sonnets, des épigrammes, même.
Des odes, puis un nom retombé dans l'oubli,
C'était tout. L'ombre avait repris l'obscur bohême,
Et le livre pleurait son abandon suprême,
    Sous les combles enseveli.

Ah ! ce rimeur peut-être eut l'aube enchanteresse !
Qui sait comme en ces vers l'espoir a palpité,
Quel mythe ensoleillé brillait sur sa jeunesse,
Et comme il était sûr, dans sa joyeuse ivresse,
    De sa part d'immortalité !

Hélas ! combien dont nul n'a gardé la mémoire
Ont rêvé des lauriers pour leur front inconnu !
Combien, dans le désert de leur mansarde noire,
Ont attendu, fiévreux, le grand jour de la gloire,
    Le jour qui n'est jamais venu !

Nul ne se souvient plus, ô tristesse infinie !
De ces chants si joyeux dans leur premier essor ;
Les dédains ont brisé ces cœurs pleins d'harmonie
Où restait, jusqu'au bout, la foi dans leur génie,
    Dernier et douloureux trésor !

Chaque jour par milliers les sème sur la route,
Les pâles voyageurs qui rêvaient les sommets ;
Où sont-ils tous ceux-là que personne n'écoute,
Dont la blessure, hélas ! qui saigne goutte à goutte
    Ne se refermera jamais ?

Malheur ! malheur à ceux que le destin flagelle
De cet étrange mal qu'on ne saurait guérir !
Ils portent à l'écart leur douleur éternelle,
Puis, las d'aimer la gloire et de vivre sans elle,
    Ils vont se cacher pour mourir.

François CASALE.

L'Église de Brou

Depuis de longues années nous connaissions la célèbre église ; cependant, il y a quelques jours, nous rendant à Lyon, nous quittâmes la ligne directe, et prenant à Mâcon le chemin de fer, nous avions l'intention de consacrer la journée à voir et à revoir l'œuvre créée par Marguerite d'Autriche. Nous nous faisions une fête d'admirer une fois de plus les mausolées et les sculptures qu'elle renferme. Aussi, dès que nous fûmes arrivé dans la patrie de Lalande, traversant des rues déplorablement pavées et passant devant le collège où débuta l'illustre Ampère, nous hâtames-nous de nous diriger vers Brou, situé aux portes de la ville.

Depuis dix minutes, nous étions dans l'église et commencions à prendre des notes, lorsqu'une espèce de domestique nous dit, d'une voix grossière : « Evacuez. — Et pourquoi évacuerais-je ? — Parce que MM. les curés font ici les exercices de leur retraite. — Et quand ils auront fini ? — Ce sera trop tard, les portes seront fermées. »

A cet ordre et à de telles raisons, il n'y avait rien à répondre ; je m'éloignai. Ainsi, je m'étais détourné de ma route d'une vingtaine de lieues pour ne rien voir. Cependant, l'Etat a consacré à la réparation de l'église des sommes considérables, il en dépense encore, l'ayant classée parmi les monuments historiques dont l'entretien est à sa charge ; c'est l'unique monument qui puisse attirer, retenir les voyageurs dans la petite cité bressanne et, quand il plaît à l'autorité épiscopale, le monument reste fermé, le curieux en est réduit à admirer son portail. Il y a là, à notre sens, un abus que nous tenons à signaler à qui de droit, au nom de l'Art, des voyageurs, et dans l'intérêt de la ville de Bourg elle-même.

En suite d'un vœu fait par Marguerite de Bourbon, épouse de Philippe de Savoie, l'église de Brou fut construite par Marguerite d'Autriche, fille de l'empereur Maximilien Ier. La destinée de cette dernière princesse est un vrai roman. Elle avait eu pour mère Marie de Bourgogne, fille unique de Charles le Téméraire : à l'âge de trois ans, elle fut, en 1483, fiancée avec le fils de Louis XI, qui régna sous le nom de Charles VIII. Cependant, cette alliance se vit rompue par raison politique et Charles pour unir la Bretagne à la France épousa, en 1491, Anne de Bretagne. La petite princesse dût être reconduite en Flandre, auprès de son père.

En 1497, sa main fut accordée à Jean de Castille, fils unique de Ferdinand V, roi d'Aragon. Pour rejoindre son futur époux, elle s'embarqua à Flessingue ; mais le vaisseau qui la portait fut battu d'une telle tempête, qu'un naufrage semblait inévitable. Au milieu de l'épouvante générale, la jeune princesse garda tout son sang-froid et, afin que l'on reconnut son corps lorsque la mer la rejetterait, elle mit dans une boîte fixée à un de ses bras, un morceau de parchemin sur lequel elle avait écrit des vers qu'elle venait de composer.

Cependant les vents se calmèrent ; elle arriva à Burgos où son mariage fut célébré. Le 4 octobre 1498, elle était veuve et, peu après elle accouchait d'un fils, qu'elle ne tarda pas à perdre. Alors, elle revint en Flandre et, en 1501, elle épousa Philibert le Beau, duc de Savoie : elle n'en avait pas fini avec ses malheurs conjugaux. Le duc, son époux, grand Nemrod, étant allé à la chasse sur ses terres de Lagnieu en Bugey, on lui prépara son dîner sur les bords du Rhône : il prit froid et mourut le 10 septembre 1504, au château du Pont d'Ain, où on l'avait fait transporter, dans la chambre même où, vingt-quatre ans auparavant il était venu au monde. Sa veuve, désolée, déposa son cœur dans l'église de Pont-d'Ain et mit son corps en dépôt dans la vieille église de Brou, auprès de celui de Marguerite de Bourbon sa mère. Quoique âgée de vingt-quatre ans seulement et sans enfants, elle renonça au mariage, s'adonna tout entière à la politique, y fit preuve de talents supérieurs, et reprenant le vœu de Marguerite de Bourbon, en 1506, malgré son conseil, que la dépense d'une telle entreprise effrayait, elle fit commencer la célèbre église, qui ne fut terminée que trente ans plus tard, alors que la princesse n'existait déjà plus. Elle mourut, en effet, le 30 septembre 1530, et sa fin fut aussi malheureuse, à ce qu'il paraît, qu'avait été sa vie.

Voici ce que disent les chroniqueurs. Marguerite, qui se trouvait à Malines, résolut de venir visiter les travaux de Brou et fixa son départ au 25 septembre 1530. Ce jour-là même se sentant un peu indisposée, elle demanda à Madeleine de Rochester, une de ses demoiselles, quelque chose à boire, celle-ci prit un verre de cristal, le lui présenta et, en le reprenant, le laissa tomber ; le vase se brisa en mille pièces. Quelques instants après, la princesse se levait et mettant le pied dans sa mule, elle se sentit blessée. Cependant, elle fit quelques pas, la douleur augmenta ; on visita son pied et on tira un éclat de verre. D'abord, elle fit peu d'attention à cet accident, mais le mal ne tarda pas à empirer ; le huitième jour, la gangrène se déclara et les médecins reconnurent que l'amputation était l'unique remède. La princesse se prépara avec beaucoup de sang-froid et de courage à cette opération, qui fut fixée au 30. Afin d'épargner à la patiente une atroce douleur, les chirurgiens lui firent prendre de l'opium, mais ils lui en donnèrent une dose si forte qu'elle ne se réveilla plus.

Marguerite d'Autriche avait pris pour devise ces mots, qui ont tant intrigué les historiens et qui se trouvent à chaque pas dans l'église de Brou :

Fortune. Infortune. Fort Une.

Nous n'en chercherons point le sens, une telle recherche ne serait point ici à sa place et il est probable, d'ailleurs, que notre solution, fondée sur des hypothèses et des probabilités, ne satisferait personne.

Puisque nous avons conté la légende de la mort de Marguerite, — et nous verrons bientôt que le tombeau de cette princesse, une des merveilles de Brou, semble la confirmer, — citons-en encore une qui a le malheur de ressembler à celles qui se rattachent à la construction de presque toutes les vieilles cathédrales.

Les plus anciens manuscrits indiquent le flamand L. Vamboghem comme l'architecte principal de Brou ; cependant, il n'y a pas un bressan qui au moins à côté de ce maître ne place André Colomban, de Dijon. Ce qu'il y a de certain, c'est que ce dernier était le chef des travaux ; son nom se trouve en effet à la tête de tous les ouvriers dans tous les états originaux. Il paraît que Colomban avait pris les travaux à forfait, mais s'étant aperçu que la dépense excéderait ses prévisions, il quitta secrètement les chantiers et alla se cacher dans un ermitage, en Franche-Comté, près de cette jolie ville de Salins qui fut, il y a un demi-siècle, réduite en cendres.

Là, Colomban vécut cinq à six mois ; l'artiste regretta son œuvre, et ici nous allons voir, au dire de la légende, se produire une série de faits qui semblent désigner l'artiste dijonnais comme le véritable architecte du monument. Plein de la passion de son art, mais caché sous la robe et la capuce d'ermite, il quitta sa retraite et revint à sa chère église. Sa place avait été prise par Philippe de Chartres et il voit avec désespoir modifier ses plans, altérer ses dessins et sa pensée architecturale. Que faire ? Comment défendre son art ? Colomban guette les dessinateurs et, lorsqu'ils vont prendre leurs repas, se glissant dans leurs loges, d'un crayon fiévreux, il rétablit ses propres dessins sur les épures commencées. Que l'on s'imagine l'étonnement. On établit une surveillance ; le pauvre coupable est pris, reconnu, traîné devant messire Laurent de Gorrevod, le représentant de Marguerite. Là, après bien des pleurs, il se redresse, il laisse déborder son cœur, il dit ce qu'il souffre en voyant défigurer son ouvrage, enfin il parle avec tant d'âme, que le grand seigneur, touché, convaincu, le replace à la tête des travaux, lui donne des moyens plus larges pour poursuivre la construction et l'assure de la généreuse protection de la princesse. Ce fut dans ces conditions que l'heureux Colomban acheva l'église ; quand elle fut terminée, il était aveugle.

Il est clair que si la légende est vraie, il est le véritable architecte du glorieux monument. Au fur et à mesure de la brève description que nous allons en donner, nous ferons connaître les noms de quelques-uns des grands artistes qui le secondèrent.

La maçonnerie, disons-le en passant, est la partie défectueuse de Brou; les matériaux sont de qualité inférieure, quoique l'appareil atteste une grande habileté. Les maçons que l'on employa étaient au nombre de quatre-vingts; ils se trouvaient rangés en quatre classes, que l'on appelait premiers, seconds, tiers et quarts maçons.

« Cette église, dit un historien est bâtie dans le genre gothique à la vérité, mais avec une régularité et une élégance qui font le plus bel effet. On n'était pas encore revenu au genre de l'architecture grecque et romaine, que Michel-Ange fit régner quelques années après dans toute l'Italie, et notre église est la dernière de cette beauté qu'on ait faite dans le genre gothique. »

Ces lignes du P. Rousselet, augustin réformé, portent leur date avec elles; elles prouvent en quel discrédit était tombé dans les derniers siècles le genre d'architecture auquel la France et l'Europe sont redevables de leurs plus magnifiques monuments religieux. Orientée de l'est à l'ouest, l'église de Brou, en forme de croix latine, a deux-cent-dix pieds et demi de longueur, mesure prise dans l'œuvre, savoir : depuis la grande porte jusqu'au jubé, 112 pieds 8 pouces ; et depuis l'entrée du jubé jusqu'au chevet, 97 pieds 10 pouces. Elle a 117 pieds à la croisée, 90 pieds à la grande nef, en comprenant les chapelles, et 60 pieds de hauteur sous voûte.

Le grand portail est très remarquable, richement décoré de statues, de chiffres, de feuillages travaillés avec une grande délicatesse dans une pierre fine et blanche que le temps n'a point trop ternie ; cependant il y a fait son œuvre, on reconnait ses outrages et ceux des hommes et des révolutions. Ce portail, si beau qu'il soit, ne peut cependant être comparé aux portails célèbres que nous rencontrons sur les bords de la Seine, du Rhin et dans le nord de la France. C'est une œuvre élégante, somptueuse, mais non la décoration principale du monument. En entrant, on embrasse d'un seul coup d'œil l'ensemble de l'église jusqu'au jubé. Contrairement à ce qui se voit dans maintes cathédrales, elle est inondée de lumière, et le regard monte sans peine jusqu'aux clefs de voûte ornées de cartouches portant les armes de Marguerite d'Autriche accolées à celles de Philibert le Beau, son époux, ou les deux premières lettres de leurs noms réunies. La voûte est d'une coupe élégante, et ici, plus encore que devant le portail, on est étonné que la pierre ait si bien conservé sa teinte claire.

Arrivé au transept, on se trouve en face d'un merveilleux jubé. Il en existe peu d'aussi beaux, d'aussi curieusement travaillés, d'aussi chargés de groupes, de rinceaux, de fleurons, de guirlandes, disposés avec un goût infini. Il est supporté par quatre piliers formant trois arcades, et couronné par une riche balustrade sur laquelle sont placées sept statues d'albâtre, celle du milieu est un *Ecce Homo*. Cet ouvrage a conservé un aspect de jeunesse fait pour surprendre, quand on songe à l'époque de sa construction ; il a 35 pieds de largeur sur 24 de hauteur.

Ici, que l'on nous permette d'exprimer un vœu : il serait, si ce n'est déjà, digne de l'Etat de faire mouler ce jubé, ainsi que toutes les autres parties du monument. Ces moulures, déposées à l'Ecole des Beaux-Arts seraient certainement d'heureux modèles pour nos jeunes artistes.

Le jubé admiré et franchi, on entre dans le chœur, où les chefs-d'œuvre se multiplient et se pressent. D'abord on est frappé par la beauté des boiseries et des stalles qui en garnissent le pourtour ; elles ont été exécutées sous la direction de Pierre Terrasson, de Bourg, qui a fait merveille. Ce ne sont que saintes images, que grotesques, personnages bibliques, emblèmes, scènes de l'ancien et du nouveau Testament, le tout travaillé avec cette verve d'imagination et cette précision qui permettent de donner le nom d'artistes et de grands artistes à tous les humbles ouvriers qui prirent part à cette riche décoration, d'un aspect élégant et sévère. Le couronnement des stalles, rempli de chiffres, de fleurons, d'entrelacs est d'une délicatesse infinie. On a à déplorer quelques mutilations, mais elles ne sont ni très nombreuses ni très importantes ; en vieillissant, le bois a pris cette teinte et ce poli si chers aux connaisseurs.

Maintenant, nous voici en présence de trois chefs-d'œuvre dont l'église est comme l'écrin ; morceaux uniques auxquels nous ne connaissons rien de supérieur et par la pensée philosophique et chrétienne et par la beauté de l'exécution. Ce sont trois tombeaux. Le premier, à droite, est celui de Marguerite de Bourbon, qui fit comme nous avons vu, le vœu de construire l'église. Ce mausolée est placé dans une arcade oblongue, prise dans l'épaisseur du mur. Cette arcade est surmontée d'un fronton triangulaire où s'est épuisée en statues, en travaux d'une richesse ingénieuse, un ciseau inépuisable dans sa fécondité. Sous ce fronton, dans l'arcade, est la statue couchée de Marguerite de Bourbon, en marbre blanc de Carrare. Vêtue de son manteau ducal, la couronne sur la tête, les mains jointes, ayant à ses pieds une levrette, elle repose sur une table de marbre noir, le visage tourné vers le mausolée de son fils Philibert, placé au milieu du chœur, et dont nous parlerons bientôt. Le fond de l'arcade est décoré par quatre génies ; il y en avait six autrefois. Au-dessous de la table de marbre noir, on trouve sur leurs piédestaux et dans des niches cinq génies et quatre pleureuses qui, quoique n'ayant qu'un pied de haut, sont de la plus grande tournure. On sait comme les artistes de ce temps s'entendaient à draper les figures ; les pleureuses prouvent jusqu'à quel point ils portaient la conscience de l'art. Elles ont leurs voiles rabattus, et rien ne forçait le sculpteur à modeler complètement leurs visages, cependant il l'a fait ; en se baissant, en regardant en dessous, on voit leurs beaux yeux et leurs traits expriment la plus profonde douleur. Tout le monument, d'ailleurs, est traité avec ce soin achevé qui honore l'art et les vrais artistes. Tout est beau, très beau, mais semble s'effacer devant la mausolée de Philibert. Jamais pape, empereur ou roi n'a eu plus magnifique sépulture.

Le monument est isolé au milieu du chœur ; par conséquent on peut l'aborder par l'une ou l'autre de ses quatre faces. A la hauteur d'un mètre et demi environ, sur une table de marbre noir de trois mètres et demi de longueur sur près de deux mètres de largeur, repose la statue du duc, représenté vivant, taillée dans le marbre blanc ; il est couché, revêtu de son armure et portant le manteau ducal, sur lequel il est étendu. Il a la tête appuyée sur un coussin chargé de broderies ; il porte la couronne, à son cou le collier de l'ordre de l'Annonciade, à son côté, son épée ; il tient les mains jointes et à ses pieds veille un lion armé.

Six génies entourent Philibert. Ces figures nues, de deux pieds et demi, sont d'un travail exquis. Les deux génies qui se trouvent aux pieds soutiennent un écusson chargé des armoiries du duc, ceux qui sont à la tête une table de marbre où devait probablement être gravée une épitaphe. Des deux autres à droite et à gauche, le premier porte un sceptre, l'autre étend sa petite main sur le casque du prince. Douze piliers aussi en marbre blanc soutiennent cette magnifique représentation, ils reposent sur une seconde table de marbre noir, base du monument. Ces piliers font arcades, ils sont décorés de sybilles et d'une véritable dentelle de marbre où sont souvent répétés les chiffres unis de Marguerite, de Philibert et les quatre lettres F. E. R. T., devise de la maison de Savoie.

Maintenant penchez-vous et à travers cette dentelle exquise vous verrez sur le marbre noir reposant sur le sol une « invention » où éclate la pensée du dogme chrétien. Au premier étage du monument vous avez contemplé le duc dans tout l'orgueil de sa puissance. Ici, le voilà mort, livide, les pieds engorgés, prêt enfin à tomber en décomposition, et l'artiste a eu bien soin de choisir un marbre d'un blanc grisâtre qui dans la pénombre où il est placé, ajoute encore à la tragique illusion. C'est tout simplement admirable, l'exécution est à la hauteur de la pensée. Il n'y a que justice à faire connaître le nom des artistes qui exécutèrent ce chef-d'œuvre : Conrad Meyt, suisse d'origine, a présidé à toutes les sculptures de l'église, il a fait en entier la statue du prince mort, et achevé celle du prince vivant, ébauchée par l'italien Gilles Vambelli ; de Benoît, de Serins, sont les deux génies qui soutiennent les armoiries et celui du casque ; Honoré Campitoglio a exécuté les autres. Pendant que nous y sommes, nommons les sculpteurs du monument de Marguerite d'Autriche dont nous allons parler : ce sont Jean de Louhans, Amé Picard et Amé Carré.

Le mausolée de Marguerite d'Autriche adossé au pilier qui soutient à gauche la première arcade du cœur, est de beaucoup supérieur à celui de Marguerite de Bourbon, que nous avons déjà décrit. La Princesse comme son époux, a une double représentation, ici vivante, là, morte. La figure morte est d'un albâtre à ton livide. La princesse a les cheveux épars tombant jusqu'à la ceinture, son corps est enveloppé dans une robe faisant suaire. Nous avons dit à quel accident la chronique attribue la mort de la princesse, la statue funèbre semble attester la vérité de cette légende ; dans cette effigie la jambe gauche n'existe pas, il paraît donc avéré que l'amputation de ce membre avait été faite. De peur de lasser nos lecteurs, nous n'entrerons pas dans le détail de ce monument ; qu'il nous suffise de dire qu'en tout point, par l'invention ingénieuse, par le travail exquis, il est digne de figurer à côté du mausolée de Philibert le Beau.

Il nous reste à décrire une autre merveille de l'église de Brou. Si la Belgique est légitimement fière de son tabernacle de Léau, celui de la Vierge, à Brou, n'est pas moins digne d'admiration. Il n'a qu'une face, sa hauteur est de 17 pieds, sa largeur de 12. J'emprunte au P. Rousselet la description qu'il en a laissée.

« Cet ouvrage est ouvert dans le milieu et distribué sur des côtés en six petites niches ou cellules qui forment trois étages sur la gauche. Chacune de ces niches renferme, en plein relief, un mystère de la Vierge. Dans la plus basse, du côté de l'Evangile, on aperçoit l'ange Gabriel qui vient annoncer à Marie l'incarnation du Verbe ; la figure de l'ange est mutilée, mais celle de la Vierge plait à tous les curieux ; ils admirent surtout la beauté de la draperie, l'air gracieux dont Marie tient son livre, appuyée sur un prie-dieu devant lequel elle est à genoux. Dans l'enfoncement paraît un petit lit dont les ornements et la couverture méritent d'être remarqués. Du côté de l'épître est le mystère de la Visitation ; les figures de Marie, de sainte Elisabeth et de Saint Joseph que l'on y voit sont très expressives : on lit sur le visage de sainte Elisabeth et dans toute sa personne, son âge, son empressement et sa joie. Au-dessus de l'Annonciation, on a placé la naissance du

Sauveur ; l'attitude de la Sainte Vierge, sa mère, celle des bergers et surtout celle de celui qui est au premier plan portant une musette sous son bras, sont très naturelles. De l'autre côté est l'adoration des rois. Dans la niche la plus élevée du côté de l'Evangile, c'est l'apparition du Sauveur à sa mère après la Résurrection.... Enfin, dans la dernière, c'est la descente du Saint Esprit sur la Vierge et les apôtres.... Dans l'ouverture du milieu formée en espèce de niche, on voit l'Assomption de la Vierge, environnée d'une multitude d'anges.... »

Ainsi conte le bon père, très fidèle cicérone, mais ne s'échauffant point devant ce ravissant poème, tout de grâce et d'ingénuité. Pour nous, nous n'hésitons pas à ranger ce tabernacle parmi les plus précieuses richesses artistiques que possède la France.

Vous tous qui allez en Suisse, à Lyon, arrêtez-vous à Bourg : allez voir Brou, vous en sortirez ravis, émerveillés, avec un souvenir ineffaçable et vous me remercierez du conseil que je vous donne aujourd'hui.

A. GENEVAY

PHYSIQUE AMUSANTE

Fatigue rétinienne et images consécutives

Regardez pendant quelque temps le soleil, vous serez *ébloui*, c'est-à-dire incapable pendant un certain temps de voir autre chose ; de plus, vous aurez devant les yeux l'image du soleil, mais en couleur sombre.

Dessinez en noir une figure : tête d'homme, par exemple.

Examinez pendant quelque temps et fixement cette image vivement éclairée ; portez ensuite les yeux au plafond, vous apercevrez très distinctement le même dessin en blanc sur un fond plus sombre. Si la figure avait été blanche, elle aurait apparu, dans les mêmes conditions, en noir.

Ces effets sont dûs à une fatigue de la rétine, qui se trouve inapte à recevoir de nouvelles impressions bien nettes, tant qu'elle est encore sous l'influence d'objets vus dans une vive lumière. C'est aussi à ces mêmes faits qu'on doit demander l'explication des difficultés que nous éprouvons à distinguer les objets quand, d'un lieu bien éclairé, nous passons brusquement dans un local obscur. Il faut que l'œil s'habitue peu à peu au nouveau milieu dans lequel il se trouve, et que la vive impression causée par la lumière se soit dissipée.

Paul CALMET.

AUTOMNE D'ALSACE

(SONNET)

à Georges Haas.

En Alsace, l'automne est plus belle qu'ailleurs,
Lorsque les grands houblons couvrent au loin la plaine,
Où les vieux côteaux gris s'étagent par centaine,
— Mer houleuse d'épis blonds et de moissonneurs. —

Les soleils de septembre y sont plus enchanteurs.
Par les matins frileux de brouillard qui se traîne,
Ils font le cœur moins sombre et l'âme plus sereine.
— Epanouissement d'aube rose et de fleurs. —

Tandis que sur le flanc des monts et des abîmes
Se dressent, dans la brume et l'infini des cimes,
De vieux restes branlants de donjons et de tours,

Au fond de son exil, mon cœur saigne et s'attriste,
Alsace, au souvenir de tous les anciens jours.....
Et tu souris joyeux, ô beau soleil si triste!....

Septembre 1891.

J.-B. CHATRIAN.

L'ART DU DÉCOUPAGE

(Suite)

LA MACHINE A MAIN

La machine à main est d'une simplicité remarquable. Elle se compose de deux planchettes de 9 à 12 centimètres de largeur sur des longueurs variables reliées entre elles par quatre montants placés deux par deux aux extrémités de la planchette inférieure et espacés pour donner passage à un fer plié en deux fixé au centre de sa courbure par une clavette supportée par deux montants et autour de laquelle il pivote.

L'extrémité supérieure de la tige de fer est terminée en coude et forme pince; l'extrémité inférieure, formant également pince à ressort, est terminée par une poignée qui sert à faire manœuvrer la scie tendue entre les deux extrémités où elle est retenue par les pinces ; elle traverse ainsi la planchette supérieure de la machine dans laquelle un trou a été pratiqué en ligne droite avec les deux pinces. Un ressort tend constamment à faire remonter le fer et une clavette mobile passant dans les montants de devant sert à l'immobiliser pour permettre le montage de la scie.

Le fonctionnement de la machine ne le cède en rien à la simplicité du mécanisme.

On commence par introduire la scie, la denture dirigée de haut en bas, dans l'ouverture de la planchette et on l'adapte solidement à la pince inférieure ; on la passe ensuite dans l'un des trous du découpage qui dès ce moment est déposé sur la machine. On immobilise la branche inférieure au moyen de la clavette et l'on abaisse la branche supérieure par une pression de la main jusqu'à ce que l'extrémité non fixée de la scie soit passée dans l'autre pince où on l'adapte comme on l'avait fait en bas en serrant la vis. C'est l'écartement des branches rendues libres qui lui donne la tension nécessaire. Il n'y a plus qu'à retirer la clavette, et la machine peut dès lors fonctionner.

La position de la scie doit être aussi verticale que possible, la denture en avant ou en arrière, selon les préférences de l'amateur, cependant, on a beaucoup plus de facilité pour guider son bois en le tirant à soi. Quelle que soit la position, le procédé est toujours le même. Elle doit avoir une certaine tension qu'il ne faudrait pas dépasser cependant: trop tendue, elle se briserait à cause de sa finesse; trop molle, le travail deviendrait difficile. On reconnait que la tension est convenable lorsque la lame donne un son clair si on la fait vibrer.

Pour faire fonctionner la machine, on saisit la poignée, pendant que la main gauche dirige et maintient solidement le découpage sur la planchette de la machine, afin d'éviter que la scie ne soulève le bois, ce qui occasionnerait des ruptures. On l'avance lentement et graduellement, sans trop l'appuyer sur le mordant de la scie. Le mouvement de va et vient qui est imprimé à cette dernière doit toujours être régulier ; elle pénètre ainsi dans le bois, en suivant les lignes du dessin. Dans les angles, il serait utile de ralentir la vitesse jusqu'au moment où l'on reprend une nouvelle direction.

Une fois une première partie découpée, la scie est démontée de la pince supérieure en maintenant le balancier, afin que, rendu libre, il ne reprenne pas trop vivement sa position, et rattachée après l'avoir introduite dans un nouveau trou du découpage. On opère de la même manière jusqu'à évidement complet.

Il faut éviter que la scie ne s'échauffe, ce qui se fait remarquer par une résistance plus prononcée ; pour cela on la cire légèrement : l'huile et la graisse tacheraient le bois.

(A Suivre)

JEUX D'ESPRIT

CARRÉ SYLLABIQUE

Vraiment tu dois
Etre grivois
Lorsque tu bois
Ce vin de choix.

Vieille coutume,
Dans ambre, écume,
Chacun m'allume
Et puis me fume.

En lieu bénit,
Sous noir habit,
D'un air contrit,
Prêtre me dit.

A. ELLIVEDPAC

Envoyer les solutions à *M. Ellivedpac à Villeneuve-les-Béziers (Hérault)*.

Prime offerte au devineur désigné par le sort : Un exemplaire des *Ellivedpaciennes Illustrées* (poésies).

ANAGRAMMES D'ACADÉMICIENS *(suite)*

On peut dans un *REGARD* rencontrer l'anagramme
D'un savant de nos jours, académicien.
Vous, lecteur, s'il vous plaît, sans le moindre amalgame,
Rétablissez son nom, les lettres y sont bien.

PRIME. — Deux dessins au choix à tous les abonnés qui enverront cette solution avant le 1er Octobre.

MAISON DE LA PHOTOGRAPHIE POUR TOUS

Fondée à Bordeaux en 1862

Papier à Cigarettes : LE MIROIR PHOTOGRAPHIQUE

Ce papier, qui ne craint pas la comparaison avec n'importe quel autre — un seul essai suffira pour s'en convaincre — est orné de *Portraits photographiques* de célébrités politiques, scientifiques, littéraires, etc., etc.

Le Cahier de 75 feuilles **10** centimes.

NOTA. — Si le fumeur désire son propre portrait sur chaque cahier, il lui suffira de faire parvenir sa photographie (n'importe quel format). — Dans ce cas, la commande ne devra pas être inférieure à 25 cahiers. Les photographies données à reproduire sont rendues *intactes* avec les cahiers demandés.

LE DÉCOUPAGE POUR TOUS

LORIN AINÉ

A PARIS

Imp. CRESSON — Paris

Modèle déposé.

N° 847. 15 Septembre 1892.

SUSPENSION POUR FLEURS.
Hanging flower stand.
Sospensione per fiori.
Floreros para colgar.
Bloemhanger.
Blumen Suspension.

LE DÉCOUPAGE POUR TOUS

LORIN AINÉ

A PARIS

Imp. CHESSON — Paris.

Modèle déposé.

N° 848.   15 Septembre 1892.
SUSPENSION POUR FLEURS.   (Suite).
Hanging flower stand.
Sospensione per fiori.
Floreros para colgar.
Bloemhanger.
Blumen Suspension.

Suite de la SUSPENSION pour FLEURS
N° 850. CADRE

PIERRE PUGET

« Sur le portail de l'Ecole des Beaux-Arts, comme deux Hermès, gardes du sanctuaire de l'art français, se dressent deux bustes placés là par un sentiment de justice nationale, celui du Poussin et celui de Puget. C'est qu'en effet, dans ces deux hommes se résume le suprême effort du génie artiste de notre nation. La France ne comprend pas la peinture sans la pensée, la sculpture sans la passion. Si la peinture française n'a rien osé de plus sublime que les abstractions philosophiques du Poussin, la sculpture, de son côté, n'a produit qu'une fois, au milieu d'une foule de talents purs et gracieux, savants ou énergiques, un artiste assez puissant pour passionner le marbre par la force et par la grâce, par la science et par le sentiment, et cet artiste, c'est l'auteur du *Milon*, de la *Conception*, du *Saint Sébastien* et de l'*Alexandre*. »

Ainsi s'exprime avec justice M. Léon Lagrange, et je trouve, comme lui, que l'on a eu raison de placer à l'école des Beaux-Arts, comme types et gardiens de l'art de notre pays, les deux sévères figures de Poussin et de Puget. Cet honneur leur revenait de droit, il n'en est pas de plus dignes.

C'est la vie et les travaux de Puget que nous allons essayer de faire connaître :

D'abord où est-il né ? A Marseille ou à ses portes ? Car il a signé le *Milon : Puget Massiliensis*, et il existe encore, dans certains quartiers de cette ville, des potiers qui se prétendent les descendants de sa famille; en 1868, il existait une fabrique en ruines appelée la « Maison Puget ». Dans quelle année vint-il au monde ? D'après une lettre de Puget à Louvois, on pourrait répondre en 1623. Cependant le père Bougerel, qui a pour garant Paul Puget, fils du sculpteur, le fait naître à Marseille, le 31 octobre 1622. C'est à cette date, pensons-nous, qu'il faut s'arrêter selon toute probabilité. Il est né d'une modeste famille. Dans un acte et dans son testament, il se donne une plus aristocratique origine: il s'appelle orgueilleusement noble Pierre de Puget, fils de noble Simon de Puget, père de noble François de Puget et grand-père de noble Paul de Puget; mais dans les actes nombreux qu'il passe et revêt de sa signature, il est Puget tout court, et quand il parle des membres de sa

famille, il ne leur donne point la particule. Pardonnons-lui cette faiblesse ; s'il ne reçut pas un nom noble, il ennoblit celui qu'il porta : le
génie lui tint lieu d'ancêtres.

C'est par le même sentiment qu'il fit de son père, simple maçon, un
sculpteur, un architecte. Cette prétention n'est pas plus fondée que
l'autre. Simon eût trois fils : l'aîné, Jean, continua le métier paternel,
Gaspard fut un tailleur de pierre quelque peu ornemaniste, le troisième
est le grand Puget. Au premier de ses enfants, Simon avait donné sa
truelle, au second son marteau ; quelle profession suivrait le dernier ?
Pierre, à l'âge de quatorze ans, entra en apprentissage chez un certain
Roman. Puget lui-même a raconté tout cela à un ami qui l'a redit à
son tour. Voici les paroles de Puget : « Mon père, faute de grands
biens, m'obligea pour trois ou quatre ans à un maître de galère qui
n'était pas fort habile homme. Au bout de trois mois, mon maître ne
pouvait plus rien me montrer, et me laissait conduire tout l'ouvrage et
commander les ouvriers. »

Peu content de ce qu'il faisait, quoiqu'il eut toujours bonne opinion
de lui-même, moins content encore de la besogne qu'il conduisait, quoiqu'il aimât beaucoup à commander, se dégageant nous ne savons comment de son contrat avec Roman qui peut-être ne fut pas fâché de le
voir partir, le jeune Pierre prit la route de l'Italie ; l'ami dont nous avons
parlé. Dieu, d'après les conversations qu'il eût avec Puget, nous a
raconté ce voyage ; léger d'argent, Puget se rendit par mer de Marseille à Livourne d'où il gagna Florence. Il alla dans cette ville, frappant de porte en porte pour trouver de l'ouvrage ; mais les maîtres
refusèrent de lui en donner parce qu'il était étranger, et comme il
devait de l'argent à l'aubergiste chez lequel il mangeait et couchait,
celui-ci fit main-basse sur ses effets et, ce qui était plus grave, sur ses
outils. Voilà donc notre jeune homme éploré, errant dans les rues de la
ville. Le hasard fit qu'il rencontra un vieux bonhomme, sculpteur de
son état, qui faisait des ornements ; « il lui coula, les larmes aux yeux,
la grande peine où il se trouvait, en sorte que le bonhomme en fut
touché, prit un petit manteau noir à l'usage de Florence, et le mena
chez le sculpteur du Grand-Duc qui ne tenait pas de boutique (atelier)
et fit si bien qu'il dit au bonhomme de le mener à son maître-com-
pagnon, qui était au haut d'un pavillon où il travaillait, qui le regarda
avec mépris, lui donna à faire pour se moquer, un panneau de 7 à 8
pouces de long pour 5 à 4 de large, pensant l'obliger à s'en aller. Il alla
chercher ses outils qu'il eut peine à avoir, faute d'argent, en laissant
pour gage ses autres hardes, il fit ce petit panneau qui était tout à
jour. Le maître parut content de son travail. Puget, cependant, voyait
avec chagrin d'autres ouvriers, qui n'étaient pas si habiles que lui
travailler à des sièges ; il demanda la permission d'en faire un de son
génie. Il en fit un modèle qui le contenta très bien et il prit une si

grande amitié pour lui, qu'il le retira dans son logis pour le loger et lui fit l'honnêteté, contre l'usage en Italie, de le faire manger à sa table avec toute sa famille et l'aima comme son enfant. »

Il gagna ainsi un peu d'argent et son patron lui donna une lettre de recommandation pour un *intagliatore* qui habitait Rome, que le jeune artiste désirait visiter. Il accomplit ce voyage à la fin de l'année 1641, reçut bon accueil et parvint à se faire présenter à un peintre toscan qui, à Rome, faisait alors monts et merveilles. Berrettini, d'abord, lui accorda peu d'attention, mais le voyageur lui ayant montré quelques-uns de ses dessins, il l'admit à le voir peindre ; alors l'idée vint à Puget de s'essayer à la peinture, il étudia secrètement et quand sa main eût acquis une certaine habileté, il exécuta un tableau. Pour savoir s'il avait réussi, il le suspendit à sa porte, et lui, de sa fenêtre, écoutait les opinions des curieux. Il eut lieu d'être satisfait : Sa toile fut prise pour un nouvel ouvrage de Berrettini et on alla lui en faire compliment ; ce maître étant venu voir le tableau et Puget s'étant empressé de quitter son observatoire pour venir le saluer en s'avouant l'auteur de la peinture, le maître lui adressa des compliments et lui ouvrit son atelier. Voilà donc, de sculpteur sur bois, Puget devenu peintre. Bientôt connu de Pietro de Cortone, pour lequel il s'était épris d'une admiration si grande, que le sachant appelé par le Grand-Duc pour décorer le palais Pitti, il le précéda à Florence. Mais le duc s'étant brouillé avec l'artiste, Puget, prenant fait et cause pour ce dernier, revint à Rome avec son maître. On dit que, touché de cet attachement et ayant reconnu le mérite du jeune français, Pierre de Cortone lui offrit la main de sa fille : il ne l'accepta pas, des lettres de sa famille le rappelaient et nous le retrouvons à Marseille en 1643.

Naturellement, il dut faire et répéter souvent le récit de son voyage ; il était bien disant, plein de confiance, et savait si bien se faire écouter que l'amiral de Brézé l'appela à Toulon.

« Le duc, dit M. Lagrange, était jeune, l'artiste lui montra ses esquisses, des croquis pris à Livourne d'après les galères toscanes, des motifs d'ornements, quelques-uns de ces fantastiques navires que Pietro de Cortone mêlait à ses plafonds, peut-être des projets de décoration navale imaginés sous l'influence du peintre romain ; au feu qui animait ses compositions juvéniles, le jeune duc s'éprit d'enthousiasme, et il demanda à l'artiste de lui faire un dessin du plus beau navire qu'il pût rêver. »

Voilà donc Puget à l'arsenal, dont le maître sculpteur était Nicolas Levray ; c'est à ce chef, à qui il devait donner des ordres vingt-cinq ans plus tard, qu'il remit le projet de décoration du vaisseau *La Reine*, et il travailla à ce décor. Il exécuta pendant ce temps un tableau peint et un dessin de ce bâtiment. Le tableau a été perdu, le dessin existe encore.

En 1646, le duc de Brézé étant mort, Puget, se trouvant dans cet isolement qui suit toujours la perte d'une protection trop marquée, poussé aussi par l'inconstance naturelle de son âge et de son caractère et désirant peut-être revoir son ami Pierre de Cortone, partit avec un religieux feuillant, élève de Simon Vouet, qui, par ordre de la reine Anne d'Autriche, s'en allait en Italie pour y dessiner les monuments et les statues antiques. Cette nouvelle excursion dura trois ans. Que fit-il pendant ce laps de temps ? on ne sait pas ; ce qui est certain, c'est qu'il était de retour à Marseille en 1649. Il aida son frère Gaspard à orner une fontaine de médiocre prix commandée par la ville. Il semble trouver si peu de travaux qu'il se charge d'exécuter pour une chapelle une inscription, de dorer un cadre, de badigeonner un rétable, le tout à très bon compte. On croirait qu'à ce second retour à Marseille de Puget, il n'a pas trouvé le même acueil que lors de son premier, ou du moins, il ne rencontre pas un jeune amiral qui s'éprend de son talent et cherche des occasions de le mettre en lumière. En réalité, il n'a encore rien produit de digne d'attirer l'attention. Il a forgé ses armes pour le grand combat, mais il ne les a pas encore montrées ; et les panégyristes qui, dès lors, sur le mode pindarique, le saluent comme un glorieux vainqueur, sont dupes de leur imagination et nous présentent un Puget qui n'existe point encore. Les premiers ouvrages que ses biographes signalent sont des peintures, à Toulon : une *Annonciation*, chez les dominicains ; chez les capucins, un *Saint-Félix* ; tableaux disparus. Mais à Aix, à Marseille, on en a conservé quelques autres datant de 1652 à 1655. A la première de ces deux dates, la confrérie du Saint-Sacrement voulut faire refaire les fonts baptismaux de la cathédrale ; ce fut Gaspard Puget qui en eut l'entreprise. Ce travail achevé, les prieurs de la confrérie pensèrent terminer la décoration de la chapelle en l'ornant de peintures, et tout naturellement, Gaspard proposa son frère. Entre les donateurs et ce dernier, intervient un acte dont la teneur ne prouve que trop combien médiocre était encore la condition de l'artiste. Dans ce contrat, il est dit :

« Promet de faire et parfaire bien et seulemant deux tableaux avec
« des ornemens nécessaires, qui représenteront, l'un le baptême du
« grand Constantin empereur et l'autre le baptême de Clovis roy de
« France, pour iceux poser aux deux places vuides qui sont aux deux
« costés des fons baptismaux, lesquels le Sʳ Puget promet avoir faicts
« et parachevés et deubemant entre issy et aux festes du Noël prochain,
« et c'est moyennant le prix et somme de cent quarante livres que les
« dits prieurs promettent luy payer dans un an prochain sans reduit,
« soubs cette condition toutteffois qu'il soit permis aux dits Sʳˢ prieurs
« de pouvoir refuser lesdicts tableaux au cas qu'ils ne soyent tels qu'ils
« doibvent estre, ce que faisant, ils seront deschargés de ladite somme
« de cent quarante livres. »   (*A Suivre*).

A. GENEVAY.

HYMNE A L'AUTOMNE

Les champs sont fauchés, les vignes sont mûres ;
Le superbe Automne, aux bois assoupis,
Va, par les sentiers où pointent les mûres,
Tendre sous les pas son fauve tapis.

Avec sa tristesse et ses rêveries,
Faisant oublier l'été qui s'endort,
Il sèmera sur les roses flétries
La verveine ou les chrysanthèmes d'or ;

Et parmi les prés pleins de son zéphyre,
Il mettra la sauge à frêle couleur,
Afin de parer d'un nouveau sourire
Le suprême adieu de la terre en fleur.

Car tout s'alanguit : seule, aux bords des rives,
L'onde, en ses remous, berce les bateaux,
Tandis qu'alentour, l'essaim fou des grives
Grappille au hasard le long des coteaux ;

Aux plages qu'un flot d'encens frais parfume,
Où le ciel ardent blondit l'oranger,
L'hirondelle a fui la première brume
Qui, le matin, semble aux toits voltiger.

Mais vous nous restez, vous gardez encore
Votre voix charmante et tous vos atours,
Jolis passereaux, gais chanteurs d'aurore,
Compagnons des beaux et des mauvais jours !

Pour vous faire écho, la dernière sève
Éclate : la pêche emplit les vergers,
La pomme rougit, le raisin soulève
Sa feuille qui tremble aux vents passagers ;

La nature vêt son manteau de mousse,
Afin d'affronter l'hiver sans effroi,
S'apaise et devient plus triste et plus douce
Pour donner sa fête à l'Automne-roi.

E. Ehrtone

Les Yeux de la Nuit

Oh ! les yeux de la nuit, les yeux toujours ouverts,
Qui regardent, avec leurs milliers de prunelles,
L'humanité gémir et se plaindre à travers
    Le flot des larmes éternelles !

Oh ! tout ce qu'ils ont vu, que nul ne pouvait voir :
Les crimes impunis et les choses funèbres,
Et tous ceux qui semblaient joyeux, et qui le soir
    Tordaient leurs mains dans les ténèbres.

Ceux qui pleuraient hier et dont rien n'est resté,
Ceux qui viendront demain dans l'infini des mondes,
Sur tous je sens peser d'un poids d'éternité :
    Le regard bleu des nuits profondes.

François Casale.

CHOSES ET AUTRES

Le Vin chez les Musulmans

La grande objection subsiste toujours : « Le Koran défend le vin ! »
On le dit, on le répète à tout propos ; mais une étude attentive des
paroles du prophète ne semble pas consacrer cette opinion d'une
manière aussi formelle, aussi positive. Examinons donc, en quelques mots, trois points principaux de ce problème d'hygiène sociale.
Mahomet a-t-il positivement défendu le vin ? Ses successeurs l'ont-ils
prohibé ? Y a-t-il convenance à le proscrire, à le laisser prohiber
pour les indigènes ?

Que dit le Prophète (Chap. V, verset 92) : « Le vin est une abomi-
nation inventée par Satan ; abstenez-vous en... Satan désire exiter la
haine et l'inimitié entre vous par le vin, et vous éloigner du souvenir
de Dieu et de la prière ».

Cette recommandation, dictée certainement par une haute prudence, a été diversement interprétée par quelques commentateurs.
Il est certain, toutefois, pour quiconque médite attentivement le
Koran dans tous les passages relatifs au vin, que Mahomet n'a pas
voulu le défendre d'une manière *absolue*, mais qu'il a simplement
blâmé, avec toute la sévérité possible, les *excès* déplorables et dégoû-
tants auxquels son abus conduit inévitablement... chez tous les
peuples.

Ce n'est que contre les conséquences funestes pour la santé, honteuses pour la morale, que Mahomet songeait à s'élever. En signalant
à ses fidèles croyants les divers végétaux créés pour l'alimentation
et la boisson des hommes, il n'oubliait pas de faire remarquer que
leurs produits ne devaient être employés qu'à la condition d'apporter
dans leur usage toute la prudence, toute la sobriété convenable pour
éviter les funestes conséquences de l'abus.

Le prophète avait besoin d'un peuple guerrier ; il était tout naturel qu'il lui défendit tout ce qui pouvait le ramollir par la débauche ;
mais entre l'abus et l'usage modéré, il y a une distance tellement
grande qu'un esprit aussi juste, aussi éclairé que celui de Mahomet
ne pouvait la négliger, la réduire à néant. Soutenir l'enthousiasme
belliqueux par le fanatisme, les forces physiques des combattants
par une liqueur aussi tonique devait être la pensée de ce législateur,
et peut-être — comme on l'a déjà remarqué — sans une ridicule
abstinence exagérée du vin, les Mahométans seraient aujourd'hui les
maîtres de l'Univers. Et d'ailleurs, la preuve que le but du Prophète

n'était guère de proscrire le vin d'une manière absolue, c'est qu'il le range au nombre des réjouissances promises aux croyants vertueux dans le Paradis. Comment un liquide réputé abominable sur terre, serait-il devenu un objet de convoitise près de l'Eternel ?

Le vin a-t-il toujours été défendu chez les Musulmans ? Les Arabes, du temps même du Prophète, s'étaient bien difficilement amendés dans l'usage de ce liquide. Les Persans le continuèrent et le transmirent même en Espagne, où l'abondance et l'excellente qualité des vins d'Andalousie excitèrent bientôt à obéir très médiocrement aux recommandations du Koran. Plusieurs Emirs favorisèrent même de leur exemple l'usage général du vin. « Au commencement du règne d'El Haken, dit M. Viardot, tous les Musulmans de l'Espagne jusqu'aux desservants des mosquées, buvaient non seulement le *sabbah* ou vin clair et doux, mais aussi le *ghamar* ou vin rouge et fermenté, et même des eaux-de-vie faites avec les dattes, les figues ou les raisins. L'ivresse était devenue fréquente et commune parmi les croyants de l'Islam.

Les poètes musulmans — et ils ont été nombreux — ont chanté en parts égales le vin et l'amour, indice que le premier a été de tout temps fréquemment et abondamment dégusté, malgré la sévérité religieuse.

En résumé, qu'est-il résulté, et que pouvait-il résulter de toutes ces défenses outrées et mal interprétées ? L'excès opposé à celui qu'on voulait atteindre. On désirait empêcher l'abus, et on prohibait l'usage d'une manière absolue ; c'était provoquer la débauche et forcer à éluder hypocritement le texte de la loi. Ainsi les Turcs boivent tous du vin sans le moindre scrupule : les théologiens, disent-ils, entendent par le vin une liqueur enivrante et rouge, mais ils ne désignent pas sous cette dénomination les vins blancs, les composés divers d'eau-de-vie, le champagne, etc.

Les Musulmans de Tunis, qui pour la plupart boivent du vin et de l'eau-de-vie, s'excusent de cette façon : « Ce n'est pas ce qui entre dans la bouche qui fait du mal à autrui, mais ce qui en sort : donc le péché peut être dans le second et non dans le premier. » Les nègres de la côte d'Afrique sont très portés sur les alcools. Au Darfour, l'ivrognerie est devenue un besoin ; à la Mecque même, beaucoup de Mahométans se livrent en secret à l'abus du vin, et commettent sous son influence de complètes orgies. Pour ce qui concerne l'Algérie, beaucoup d'indigènes recherchent avidement le vin et les liqueurs alcooliques, et en abusent même de la façon la plus déplorable.

Un des plus célèbres médecins arabes, Avicenne, a exprimé l'opinion suivante sur le vin : « L'homme de bon sens ne se fait pas scrupule d'en boire, l'hypocrite seul le proscrit ; la loi ne le défend qu'aux sots. »

Un commentateur arabe du Koran, Sidi Djelaledine, pense que le prophète a tout uniment voulu défendre l'*excès* du vin, et qu'il est permis d'en boire pourvu qu'on ne s'enivre pas.

Un autre savant médecin arabe, Rhazès, a écrit un chapitre élogieux sur le vin : Il aide à la digestion, dit-il, il embellit le teint, c'est un puissant auxiliaire pour la conservation de la santé, etc., etc.

Il me semble qu'après toutes les considérations qui précèdent, il est de toute évidence que le Koran n'a jamais entendu condamner que les excès du vin, et que nos indigènes subiront facilement et fatalement l'influence civilisatrice de son usage modéré.

Dr E. BERTHERAND.

Alimentation et Bienséance

LE PREMIER TRAITÉ DE CUISINE publié en Angleterre, le *Queen's Closet Opened*, date de 1662. Deux autres lui ont succédé à brève distance. A côté des conseils à une cuisinière, le petit livre donne quelques délicieux préceptes qui feront la joie de tous les disciples de Brillat-Savarin :

« Ne mettez pas vos coudes sur la table.

« Ne mangez pas votre soupe trop chaude, car vous seriez obligé de pleurer par suite des brûlures, et pleurer à table est très laid.

« Ne vous remplissez pas la bouche de façon que vos joues ressemblent à des outres gonflées.

« Il est impoli de se nettoyer les dents avec un cure-dents ou avec les doigts devant le monde.

« Evitez de faire du bruit en mangeant ; ne fourrez pas vos doigts dans votre bouche ; ne déchirez pas votre viande avec les dents, mais coupez-la proprement ; ayez toujours le nez et les mains propres. Après dîner, levez-vous de table emportez avec vous votre couteau et votre fourchette en faisant une révérence à la compagnie. »

La Manie des Drogues

A quand le morphinisme et son copain le cocaïsme appliqués aux bébés ?...

J'assiste, trop souvent, à un spectacle pour lequel je regrette d'être aux premières loges... Il faut donc revenir sur un sujet tant de fois traité, si inutilement d'ailleurs, et parler encore de l'abus des médicaments pour les enfants.

Quand la manie de droguer leurs petits s'empare des mères, elles ne connaissent plus aucun raisonnement contraire, et leur manie devient féroce.

Si le fâcheux résultat de ce travers n'intéressait que leur bourse et la recette des pharmaciens, j'aurais des raisons pour m'abstenir ; mais comme je prends surtout le parti du véritable dindon de la farce, je m'en voudrais vraiment de garder le silence.

Donc, plus on va et plus on a de tendances marquées à abuser de drogues contre les enfants. Je ne parle, on le comprend je pense, que des médications suggérées par l'inquiète sollicitude maternelle, et pas du tout des prescriptions des docteurs. Ceux-ci savent trop bien à quel fléau je fais la guerre.

C'est surtout dans les familles où la rage sévit de se droguer soi-même, qu'on arrive fatalement à droguer les malheureux enfants. C'est dans leur intérêt, bien entendu, et en avant les purges, les merveilleuses pilules Machin « pour tenir le corps libre », et les vomitifs pour « dégager », et les lavements divers « pour la fraîcheur du teint », et le bromure sans pareil parce que bébé à ses nerfs ou les *aurait* (et dire qu'on a la fessée… sous la main !) sans compter les sirops supercoquentieux contre le rhume des grands, mais dont les effets peuvent devenir terribles sur les petits…

Une mère me demandait bien ces jours derniers si elle ne ferait pas bien de donner à sa fillette *quelques paquets* de l'antipyrine si chère au Dr Sée.

C'est là de l'aberration pure. Comment voulez-vous que ne s'en manifestent pas un jour les tristes conséquences ?

En admettant que le malheureux « sujet » s'obstine à vivre, malgré les soins dont fut entourée son enfance, il restera chétif, sans appétit, l'estomac à tout jamais détraqué.

Or, le travers que je signale est d'autant plus déplorable que nous usons en pure perte notre meilleure éloquence à faire comprendre, surtout aux parents que je vise en cet article, la nécessité inéluctable de certains médicaments ayant acquis, ceux-là, leurs droits de grande naturalisation.

L'huile de foie de morue, entre autres, a cessé de plaire. Il faut trop user sa patience pour la faire accepter, et l'on s'en tient facilement quitte lorsque l'on a administré une cuillerée à café de ce médicament sérieux, de cet aliment incomparable. Il est bien rare que nous arrivions à convaincre une mère de cette vérité évidente : « l'huile de foie de morue n'agit qu'en certaine quantité. »

Mais bast ! c'est la vieille méthode cela. Soit.

A quand le morphinisme et son copain le cocaïsme appliqués aux bébés ?…

E. CHENNEVIÈRE.

L'Hygiène Pratique.

LE PATRIARCHE

Debout près de sa porte, à deux pas du village,
En plein soleil, il goûte un repos mérité,
Car pendant soixante ans et plus, avec courage,
Il a semé, l'hiver, et moissonné, l'été.

Il défricha jadis, dans un canton stérile,
Un bois ou végétaient taillis et baliveaux ;
Il l'irrigua ; le bois devint un champ fertile,
Et le récompensa de ses rudes travaux.
L'aisance vint alors ; Dieu bénit la famille :
Trois robustes garçons, acharnés au travail,
Suivaient le père aux champs, et la mère et sa fille
Gouvernaient le ménage ou soignaient le bétail.
Puis l'essaim dut quitter la ruche paternelle....
Les jeunes gens aimaient... Le vieillard fit pour eux
Bâtir quatre maisons semblables près de celle
Où tout leur rappelait des souvenirs heureux.
Entre eux il partagea ses terres, ses herbages,
Sa vigne, et ne garda qu'un tout petit jardin.

Depuis, aidant les siens au temps des labourages,
Quand on rentre les blés et quand on fait le vin,
Il travaille toujours, mais en prend à son aise
(Son grand âge, dit-il, lui donne bien ce droit).
Et pendant que sa femme, assise sur sa chaise,
Garde les petits-fils dont le nombre s'accroît
Chaque année, il parcourt le journal de la veille,
Que le curé lui prête, ou cause avec les vieux.
On discute ; parfois on vide une bouteille,
Et la douce gaîté brille dans tous les yeux.

Satisfait du présent, en paix avec soi-même
Toujours prêt à donner un utile conseil,
Le bonhomme est heureux, il sait que chacun l'aime,
Et se sent rajeunir aux rayons du soleil.

Germain Picard.

BIBLIOGRAPHIE

Médaillons bretons, par OLIVIER DE GOURCUFF. — LAFOLYE, éditeur.

Une vingtaine de pages seulement, composent cette coquette brochure qui célèbre les enfants du beau pays d'Armor, et ces pages sont rimées avec tant d'art et tant d'âme, qu'on regrette de n'en pas avoir davantage à savourer.

La *Supplique à la duchesse Anne*, par son rythme et son style, rappelle les chants de Brizeux, traduits du *Barzaz-Breiz* ; le sonnet *Olivier de Clisson* a été publié ici-même, et nos lecteurs ont pu juger de sa valeur ; quant à la pièce *Pour Jacques Cartier*, elle serait accueillie au Canada avec le plus grand enthousiasme, car, ainsi que le dit très justement le poète :

> Le Canada n'est pas moins français que l'Alsace ;
> L'étranger a le corps, la Patrie a le cœur.

Les feuillets suivants : *Le Sage au théâtre, A la mémoire d'Hippolyte Lucas*, sont tout aussi remarquables ; et nous n'avons garde d'oublier le sonnet *Au gagnant de la course à pied de Saint-Brieuc à Brest* :

> Sur la route poudreuse, au soleil qui rutile,
> Musclé, râblé, très dru, court le petit Breton ;
> La victoire l'attend, lui, le meilleur piéton
> Il cueille avec ardeur une palme futile.

Mais, nous nous arrêtons, craignant de déflorer ce morceau charmant et vigoureux à la fois

O Bretagne ! terre merveilleuse où tant de romanciers et de poètes ont trouvé leurs inspirations ou leurs héros ; tu ne seras pas délaissée, tu ne perdras rien de ta gloire, ni de ta magie, tant que de vaillants Bretons, comme celui qui a signé ces vers, seront là pour te chanter !

E.

Dieu et l'Homme, de M. Auguste RAIMON, forme un beau volume in-8° de 400 pages.

En vente à Paris, chez les principaux libraires. — Prix : 5 francs.

Dieu et l'Homme est une étude philosophique intéressante, parce qu'elle ne renferme pas de théories redondantes et vagues, souvent ennuyeuses à lire

C'est un ensemble de raisonnements synthétiques et d'aperçus nouveaux ; c'est une série de réflexions claires, saisissantes et colorées, qui s'appuient sur des dissections philosophiques heureuses ; là tous les rouages de l'admirable et divine machine, qui s'appelle le cerveau humain, se présentent nettement à l'attention.

Dans cette œuvre obtenue après dix ans de recherches et de travaux, ce sont les faits qui parlent, ce sont les sciences telles que la géologie, la paléontologie et l'histoire, etc., qui servent de base aux discussions à l'aide desquelles l'auteur fait ses démonstrations ; un ouvrage de ce genre qui rend la philosophie attrayante en la vulgarisant, doit être favorablement accueilli du public.

Nous ne ferons pas son analyse, qui ne pourrait être que sa reproduction textuelle ; il faudrait examiner tous les chapitres, les uns après les autres, car ils forment chacun une argumentation spéciale sur les divers caractères ou propriétés des phénomènes tangibles et pondérables, visibles ou invisibles, qui nous environnent.

PETITE CHRONIQUE

Le **Monde Illustré**, de Montréal, est toujours le plus intéressant des journaux canadiens ; car, chaque semaine, il apporte à ses lecteurs un choix d'articles des plus variés. A côté des romans à sensation, tels que la « Belle Ténébreuse » et « Mademoiselle de Kerven, » on trouve les auteurs favoris : Léon Ledieu qui manque rarement à sa chronique habituelle, émaillée d'anecdotes et de bons mots ; Jules Saint-Elme qui, tout en dressant le « *Carnet du Monde Illustré* » et tout en en décrivant les gravures, trouve encore le temps et le talent d'y publier des articles du plus haut intérêt ; tantôt des causeries littéraires, tantôt des biographies très attachantes témoin celle de Mlle Jeanne Heilmann qui figurait avec un portrait dans une dernière livraison. E. Z. Massicotte, Albert Ferland, y font éclore leurs fraîches strophes ; René le May, Joseph Nolin y sèment des poésies tendres ; J.-X. Burque, J.-B. Caouette y abordent dans leurs vers des sujets plus sérieux, Hilaire Pâquet, J.-B. Lacombe, Elie Tassé lui donnent des nouvelles ; G. A. Dumont, des études historiques ; Raoul Renault, des lignes bien de circonstance sur le choléra ; Jacques Beaumont, des pages humoristiques ; Ed. Aubé, des chroniques fort bien faites. Enfin, il ne faut pas oublier la collaboration qui vient de France et de Belgique, les petits contes de J.-B. Chatrian, émouvants par leur simplicité même ; les articles de Jules Martin et Paul Calmet ; les « *lettres d'une Parisienne* » de Mlle Jeanne Heilmann qui tiennent les Canadiens et surtout les Canadiennes, au courant de l'actualité et de la mode de Paris.

Tout ceci, pris au hasard, en feuilletant les derniers numéros qui vous font passer le temps de la plus agréable façon. Le seul regret qu'on éprouve est de n'y pas rencontrer les charmantes poésies signées « Fridolin » qui ajouteraient encore à l'originalité de cette revue de la littérature canadienne.

E.

Le **Nouvel Echo**, qui poursuit vaillamment son chemin, vient d'agrandir son format; on ne peut qu'applaudir à cette heureuse transformation qui lui permet de donner des gravures telles que le dessin de Marcel Capy et le portrait de Jacques Madeleine, par Marieff, qui figurent dans le numéro du 1er octobre.

Le cadre qui les sertit n'est pas moins remarquable: c'est une chronique de quinzaine, « *l'Esprit de Paris* » par Alcanter de Brahm; c'est, par Georges Courteline, la silhouette de Jacques Madeleine dont voici plus loin une ravissante poésie « Raison ». Ce sont les échos et nouvelles par « un Sifflet »; *Monsieur Prude*, conte d'Emile Strauss qui dirige artistement ce journal ouvert à tout ce qui est neuf et jeune. Ce sont enfin des critiques dramatiques et littéraires signées St-Jean, un petit Banc, Djinn, le Moumin.

Et, détail qui n'est pas le moins important, malgré la valeur des articles et le luxe de l'édition, l'abonnement au **Nouvel Echo**, (bimensuel), ne coûte que 4 fr. par an.

Bureaux: 8, rue St-Pétersbourg, Paris.

* *

L'Europe-Artiste, dirigée par M. G. Hébert, est le meilleur journal à recommander à tous ceux qui s'occupent des choses du théâtre. Les scènes de province et de l'étranger, aussi bien que celles de Paris, y sont passées en revue ; et il n'est pas de première ni de reprise qui n'y ait son compte rendu par la plume autorisée de Marcel Fiorentino, Léon d'Agenais, ou Gaston d'Erneville ; toutes les nouvelles théâtrales et musicales y sont, en outre, consignées et l'on y trouve de temps à autre le tableau des troupes de nos grandes villes. Abonnement, 40 fr. par an — Bureaux: 8, rue Lamartine, Paris.

* *

L'un des plus intéressants journaux d'hygiène et de médecine est certainement l'**Hygiène de la Famille**, publiée à Bordeaux, sous la direction du docteur Gyoux. Les sujets souvent ingrats, que comporte un pareil titre sont traités de la façon la plus attrayante, et s'y égaient parfois d'une pointe d'humour, ce dont il faut grandement le féliciter, car rien n'est plus agréable qu'un entrefilet joyeux chassant sous son rire la pénible impression laissée par l'épidémie actuelle.

Abonnement: 3 fr. par an. — Bureaux: 64, rue Fondaudège Bordeaux.

* *

Du 1er Août au 1er Novembre 1892, le **Sylphe** a ouvert à tous les littérateurs son 9me Concours.

Ce Concours comprend une section unique de *Sonnets* comportant:

1° Un **Sonnet**. — (Sujet libre).

2° Un **Sonnet**. — (Sujet imposé : *Bayard*).

Le Concours est gratuit pour les abonnés au **Sylphe,**

Les non abonnés paieront un droit de un franc et recevront gratuitement le numéro de la revue de janvier 1893 renfermant le compte-rendu du Concours.

Les sonnets présentés devront être *inédits* et n'avoir jamais été couronnés. Ils ne seront pas signés et porteront une devise reproduite sur un pli cacheté renfermant les nom et adresse du concurrent.

Les plis cachetés et droits de concours en bons de poste, seront envoyés à M. le Directeur du **Sylphe,** 2, rue de la Gare, à Voiron, et les manuscrits en *double copie* à M. Alexandre Michel, secrétaire du comité des concours, 8, faubourg Très-Cloîtres, Grenoble.

Récompenses : médailles, volumes et diplômes.

** **

La Gazette-Critique, journal commercial, théâtral et littéraire, paraît le 15 de chaque mois. — Administration : 12, rue de Louvois, Paris ; 3 fr. par an.

Donne 30 fr. de primes pour chaque abonnement ou renouvellement.

JEUX D'ESPRIT

MOTS EN LOSANGES JUMEAUX

Connaissez-vous, lecteur, *ma mine ?*
Debout sur onze pieds, ce grand mot se termine
Aussitôt qu'on prend un crayon.
Premier losange à gauche : en-tête d'une page ;
Le père des humains ; la séquestration
N'aurait pas lieu sans moi ; la saison de la nage ;
Je commence et finis à la fois l'esclavage.
Second losange à droite : utile à tout mortel ;
Certain plaisir bruyant ; Phœbus l'universel
En a cent milliards ; pour l'Etat, souveraine ;
Double dans la Napolitaine.

A. ELLIVEDPAC.

Adresser les solutions de ces losanges à *M. Ellivedpac, à Villeneuve-les-Béziers (Hérault).*

Comme prime, le devineur désigné par le sort aura droit à un exemplaire des ELLIVEDPACIENNES ILLUSTRÉES (poésies).

GRANDE CROIX

```
            *
          * * *
            *
    * * * * * * *
    * * * * * * *
            *
            *
            *
            *
          * * *
        * * * *
      * * * * * *
    * * * * * * * *
  * * * * * * * * * *
```

Faire une croix conforme à la figure ci-dessus avec les lettres suivantes :

A A B C C C D E E E E E E E I I I I I I L L L L L
M N N N N N N N N
O O O O O O P P P R R S S S S T T T T U U U

Capitale d'Empire. — Fleuve de Russie. — Grand peintre français. — Serpent. — Rivière d'Allemagne. — Ornement d'église. — Célèbre général romain. — Amas d'étoiles. — Chef-lieu de département.

PRIME. — Deux dessins à tous les abonnés qui nous feront parvenir cette solution avant le 1er Novembre.

SOLUTIONS DU 15 SEPTEMBRE

Carré syllabique :

RAN	CI	O
CI	GA	RE
O	RE	MUS

Anagramme : Gréard.

MAISON DE LA PHOTOGRAPHIE POUR TOUS

Fondée à Bordeaux en 1862

Papier à Cigarettes : **LE MIROIR PHOTOGRAPHIQUE**

Ce papier, qui ne craint pas la comparaison avec n'importe quel autre — un seul essai suffira pour s'en convaincre — est orné de *Portraits photographiques* de célébrités politiques, scientifiques, littéraires, etc., etc.

Le Cahier de 75 feuilles **10** centimes.

NOTA. — Si le fumeur désire son propre portrait sur chaque cahier, il lui suffira de faire parvenir sa photographie (n'importe quel format) — Dans ce cas, la commande ne devra pas être inférieure à 25 cahiers. Les photographies données à reproduire sont rendues *intactes* avec les cahiers demandés.

LE DÉCOUPAGE POUR TOUS

LORIN AÎNÉ

A PARIS

Modèle déposé.

Nº 849.   **15 Octobre 1892.**

SUSPENSION POUR FLEURS.   *(Suite).*

Hanging flower stand.
Sospensione per fiori.
Floreros para colgar.
Bloemhanger.
Blumen Suspension.

LE DÉCOUPAGE POUR TOUS

LORIN AINÉ

A PARIS

Paris. — Imprimerie Cresson, rue de Reuilly, 12.

Modèle déposé.

N° 850.

CADRE.

A Picture frame.
Quadro.
Marco de cuadro.
Lijst, groot vierkant.
Rahmen.

15 Octobre 1892.

N° 851
PANIER PORTE-ŒUFS

On doit commencer le montage de ce panier en fixant, par les points 1 et 2, au fond 1, 6, 7 et au dessus 2, 3, 5, les quatre pieds 1, 2, 8 qu'on aura préalablement introduits dans les entailles destinées à les recevoir.

On donne ensuite un biseau aux bords 8 des quatre côtés 5, 7, 8 et 3, 4, 6, 8 pour les adapter au fond et au dessus, à leurs numéros respectifs.

Les tenons 4 de la poignée sont rentrées dans les mortaises 4 des côtés 3, 4, 6, 8 avant de placer définitivement ces dernières.

N° 852
BOITE A JEUX

La suite de cette boîte sera donnée dans le prochain numéro, en même temps que le montage.

PIERRE PUGET

(SUITE)

Il est clair que les prudents prieurs se méfient et n'ont qu'une confiance très bornée dans le génie de leur peintre. Le Musée de Marseille possède aujourd'hui ces deux toiles ; elles prouvent que les prieurs n'avaient point complètement tort ; si elles n'étaient pas de Puget, on ne s'arrêterait pas devant elles. *Le Baptême de Constantin le Grand* est un assemblage d'études faites à Rome sur les Antiques, et, quant au *Baptême de Cloris*, rien n'est plus drôle que de voir cet astucieux bandit en culottes de satin blanc et coiffé d'un turban à aigrette. Il paraît cependant que ces peintures furent du goût de la confrérie, elle fut satisfaite, elle paya et demanda même un troisième tableau à l'artiste. Il avait grandi dans son estime, car, pour cette toile destinée à orner l'autel du *Corpus Domini*, le prix stipulé s'éleva à deux cent livres. Il est vrai que le tableau, qui lui aussi se voit au Musée de Marseille, mesure 2^m40 sur 1^m43.

Puget a peint ce *Salvator Mundi* avec plus de succès que les deux sujets destinés à la chapelle baptismale. La couleur est riche, l'ordonnancement du tableau a de l'aplomb, et la tête des anges ne manque point d'une certaine grâce.

Le *Salvator Mundi* est de 1655. D'autres peintures, au nombre de quinze, dispersées dans différentes localités, doivent être tenues comme œuvres de François Puget. Le Louvre a catalogué une toile représentant le grand sculpteur, sans contestation aucune, dans les dernières années de sa vie. Cette peinture vigoureuse n'est pas, ainsi que le porte le livret, de François Puget, qui avait la touche molle; nous sommes porté à croire qu'elle est de Pierre lui-même, ou du moins en grande partie, car elle est de la même facture que les portraits de Puget de sa main, qui se voient à Aix et à Marseille.

Dans toutes ces peintures, dont plusieurs ont été gravées, on trouve un talent parfois un peu froid, mais mâle et vigoureux. Voici le jugement de M. Lagrange qui a pieusement recherché et étudié les toiles du maître.

« Ce qui distingue Puget, peintre, aussi bien que Puget sculpteur, c'est la vie. Sculpteur, il donne la vie au marbre par la saillie des muscles et l'opposition des lignes. Peintre, il anime la toile par l'opposition des lumières et des ombres. Son modelé vient en avant. Sa peinture est une peinture de haut relief. Dans les lumières, son coloris cherche la vivacité ; dans les ombres, la chaleur. De là, un certain éclat et une harmonie généralement puissante. Mais des notes parfois un peu aigres, c'est-à-dire des tons trop directement reproduits d'après la réalité, et mal fondus, viennent déranger l'équilibre. En somme, les œuvres peintes de Puget présentent des défauts, des inégalités de plus d'un genre. Il serait puéril de vouloir faire de lui un grand peintre. Il n'eut pas le temps de le devenir. Mais, dans cette forme de l'art, aussi bien que dans les autres, son génie se donne carrière. Si l'on voulait ne tenir compte que de ses tableaux, et le juger uniquement à ce point de vue, il faudrait lui réserver une place d'honneur parmi les meilleurs coloristes de l'école française, et puisqu'il vécut au XVIIe siècle, c'est à côté de son contemporain Valentin que je voudrais le placer. Seulement le premier a su conserver le rayon du soleil méridional que l'autre a laissé perdre, Puget est à Valentin ce qu'est au verjus de la Brie le raisin doré de la Provence »

Mariette avait reconnu d'autres qualités dans le peintre qui nous intéresse ; ayant vu le *David tenant la tête de Goliath,* il dit que « c'est une fort belle chose... Je ne sais si l'on peut montrer une peinture plus fraîche que celle-ci. » Jugeant du *Sommeil de Jésus,* d'après une gravure il écrit que Puget imite le Corrège. Nous voilà bien loin de Valentin et de ce « verjus de la Brie » qui n'est pas sans nous plaire, quoi qu'en puisse penser M. Lagrange.

Nous ne parlerons plus de Puget peintre; si réel que soit le talent qu'il déploie, le pinceau à la main, ce n'est point là son grand côté, celui qui a donné à son nom une si haute renommée.

En 1656, il passe, avec la ville de Toulon, un contrat, le 16 janvier, par lequel, moyennant 1500 livres il s'engage à exécuter, selon le dessin qu'il a fourni, un portail et un balcon à l'hôtel de la Cité. Nous voici en présence d'une œuvre capitale, la première dans laquelle il se révèle tout entier. Il serait curieux de retrouver le plan primitif qu'il avait fait accepter par le prieur ; nous serions très étonné de le voir conforme à l'œuvre exécutée ; le prix même semble indiquer qu'une importante modification eut lieu et nous ne voulons d'autres preuves pour notre supposition que les 200 livres de supplément que l'artiste toucha lorsque son travail fut achevé.

Comment l'idée de ce changement lui vint-elle, alors qu'il cherchait un motif de console pour son balcon ? Voici une explication qui a tout le mérite d'une probabilité.

Il n'est pas que vous n'ayez vu sur les quais de nos ports, quelques uns de ces hommes qui, d'un pas lent, le front courbé, portent des poids énormes et mettent leur orgueil à se charger de fardeaux d'une pesanteur incroyable ; à l'époque où Pierre se trouvait à Toulon, il existait en cette ville deux de ces espèces d'Atlas qui se donnaient des défis de force dont toute la cité parlait. C'était le spectacle du port ; un jour Puget y assista : une idée de génie lui vint, ses consoles sont trouvées ; « il incrusta ces deux athlètes au mur de l'Hôtel-de-Ville : l'un, haletant, va succomber sous ce fardeau qui l'écrase ; l'autre, d'un poing crispé, soutenant sa tête qui se brise, maudit le défi qu'il a porté. »

En présence de ces deux cariatides colossales, dont il a été fait de nombreux moulages, il est impossible de ne pas penser à Michel-Ange, non au Michel-Ange, calme dans la force, du tombeau de Médicis, mais au Michel-Ange des douleurs du *Jugement dernier*. C'est l'énergie et la résistance du corps humain vaincues et se tenant debout par un suprême effort, que le sculpteur marseillais voulait rendre et qu'il a rendues avec un réalisme d'une puissance admirable. Ces deux hercules, l'un jeune, l'autre plus avancé en âge, souffrent jusque dans la moelle de leurs os. La tête du jeune exprime la douleur la plus navrante ; sur les traits de l'autre est peinte la fureur encore plus que la douleur, chez lui c'est l'orgueil vaincu qui crie et se tord. Les deux géants, nus jusqu'au dessous du torse, sortent l'un et l'autre d'une vaste conque marine ; l'effet de ces deux figures, malheureusement plusieurs fois restaurées, exposées qu'elle ont été à tous les accidents, est plein de saisissement, d'émotion, et ne laisse que bien peu d'attention pour regarder le restant de la décoration du portail avec laquelle pourtant, les statues se relient de la façon la plus heureuse et qui porte encore d'autres sculptures. Une guirlande de feuillage rattache les colosses au claveau et va s'arrêter autour d'un mascaron, au-dessous duquel sont les armes de la ville. Dans le tympan à jour de la porte, se trouvent un masque barbu, un soleil rayonnant. L'ensemble est animé d'un grand souffle : le génie a passé par là.

Les *Cariatides*, à supposer tout l'aveuglement imaginable, durent placer très haut Puget dans l'estime des connaisseurs, et cependant, dès l'année qui suit celle où cet ouvrage a été mené à bonne fin, nous voyons Puget accepter des travaux peu dignes de son talent, reprendre le pinceau, faire des dorures et, ce qui est moins sage, des procès, devenir propriétaire à Toulon. Je croirais volontiers que, sans surfaire ses œuvres — bien au contraire — Pierre était bon ménager et âpre au gain.

Il existait alors un homme en France qui avait l'esprit très ouvert sur les choses d'art et recherchait les artistes, c'était le coupable et malheureux Fouquet. Comment eut-il connaissance du génie de Puget ? On ne le sait ; toujours est-il qu'en 1666, Pierre s'embarquait à Toulon pour aller à Gênes, chercher en Italie des marbres destinés à l'orgueilleux château de Vaux, où le contrôleur général devait donner sa dernière fête.

En attendant que ces marbres fussent prêts à prendre la mer, il modela et commença une grande figure, l'*Hercule Gaulois*. Fouquet avait adopté ce demi-dieu de la fable pour sa propre personnification.

Mais, pendant que l'artiste se livrait à ce travail qui convenait si bien à son talent, la roue de la Fortune tournait et, par un simple froncement de sourcil de Louis XIV l'olympien, Fouquet, du faîte des grandeurs était précipité dans un cachot : affaire d'autant plus mauvaise pour Puget que, toute sa vie, Colbert devait se souvenir que l'artiste avait été l'homme de Fouquet ; du moins, M. Lagrange accuse de cette petitesse le grand ministre.

Cependant Puget dut se trouver dans un grand embarras. Qu'allait-il devenir avec les marchés passés, les marbres reçus et sa statue ? Les choses se passèrent mieux qu'il ne pouvait l'espérer. Les marbres allèrent au palais de Versailles et l'*Hercule gaulois* devint la propriété de Colbert, c'est-à-dire de l'ennemi de Fouquet qui l'avait commandé. Du reste, cet Hercule, de la manière dont Puget devait le comprendre, était destiné à personnifier le contrôleur général, représenter la force animée par l'intelligence ; le marbre ne donne que l'énergie brutale des muscles et la tête est purement bestiale. L'exécution seule reste ce qu'elle sera toujours avec Puget, vigoureuse et puissante.

Soit que la disgrâce et le procès de Fouquet lui fissent faire de prudentes réflexions, soit que les amateurs de Gênes lui offrissent de nombreux travaux, Puget se fixa à Gênes. Il s'y était créé des relations agréables et utiles et les commandes lui arrivèrent de toutes parts. La vieille famille des Sauli avait fait construire une église hors des murs de la ville ; le gros œuvre était terminé, il s'agissait maintenant de la décorer : Francesco Sauli s'adressa à Puget, qui en même temps eut la haute main sur la construction de la chapelle intérieure de l'Albergo dei

Poveri, de l'hospice des pauvres, monument de marbre élevé par la charité opulente d'Emmanuel Brignoles. Il y exécuta une statue de la *Très-Sainte-Conception*, un des plus beaux ouvrages du maître, et pour l'église des Sauli, à Carignan, le *Saint Sébastien*, un chef-d'œuvre. C'est, sans conteste, une des inspirations les plus hautes de l'artiste. « Lié par les poignets à un arbre fourchu, le Saint expirant s'affaisse sur lui-même ; les jambes fléchissent, tandis que les bras se tendent sous le poids du corps, brillant de jeunesse et de beauté virile, qui tombe comme une masse inerte déjà envahie par la mort. Cependant un suprême effort gonfle encore la poitrine ; sa tête, renversée en arrière, jette au ciel un dernier regard, ce regard du martyre chargé d'amour et d'espérance. Une longue draperie enveloppe le tronc de l'arbre et soutient les lignes du corps, en supprimant des vides qui eussent choqué l'œil. A gauche, de façon à balancer le groupe, sont les armes du héros, trophée de sa gloire terrestre, un casque richement décoré, une de ces cuirasses romaines qu'on prendrait pour le torse d'une statue mutilée, le bouclier, l'épée et la lance, et sur ces armes, la main du sculpteur s'est complue à broder les plus fines ciselures. »

La statue de *Saint Ambroise*, sauf le mérite de l'exécution, est mauvaise ; il a cherché un mouvement qui n'est pas heureux. L'œuvre ne mérite pas d'être comptée dans la galerie de Puget. La *Conception* de l'Albergo a une tout autre valeur. La Vierge, portée par des anges, monte enveloppée de nuages vers le divin époux qui l'attend. C'est une figure vivante faite avec un ciseau ému. A la même époque, il sculpta, pour une famille génoise, une *Vierge Mère,* et pour le duc de Mantoue un bas-relief représentant l'*Assomption de la Vierge*, dont Bernin, peu prodigue de compliments, fit le plus chaleureux éloge. Il tailla aussi un groupe, l'*Enlèvement d'Hélène*, pour les Spinola, et décora le maître-autel de l'église de Saint-Cyr.

Il était dans une voie de prospérité, il meublait sa demeure avec un certain luxe, semblait vouloir définitivement se fixer à Gênes, lorsqu'un médiocre évènement vint renverser ce projet. Un soir, il sort avec son épée, après le coucher du soleil, moment où les règlements de police interdisaient de circuler dans les rues avec des armes ; des sbires le rencontrent, l'arrêtent et le mettent en prison. Il tempête, il écrit aux patriciens ses amis, aucun d'eux ne vint le délivrer. Le lendemain, furieux, il rentre dans son atelier, brise tous ses travaux commencés, jure de ne plus habiter une ville où il a reçu un pareil affront, et l'année suivante, en effet, nous le retrouvons à Marseille, d'où il rayonne sur les principales villes de la Provence. C'est à l'arsenal de Toulon que nous allons d'abord le suivre.

Dès 1667, l'intendant d'Infreville, placé à la tête de ce vaste établissement maritime, avait écrit à Puget, et de Gênes, où il était en pleine gloire, celui-ci lui répondit en lui faisant connaître les conditions qu'il exigeait pour se charger du travail qui lui était offert. Il voulait avoir la haute main sur tout et il fixait ses gages à 4.800 livres payées par année et d'avance. Colbert, a qui fut transmis l'ultimatum de Pierre, refusa et expédia à d'Infreville le sculpteur Girardon, à qui cette mission devait peu sourire ; aussi ne fit-il que paraître. Il revint, en 1668, porteur d'un projet du tout puissant Le Brun pour la décoration d'un bâtiment, le *Royal Louis*, alors sur les chantiers. Le sculpteur de Versailles amenait avec lui deux artistes, Rombaud Languenu et Taureau et avec Nicolas et Gabriel Levray, chefs de la décoration à l'arsenal, auxquels il adjoignit l'ornemaniste Guillaume Gay et une foule de travailleurs plus obscurs, il mit aussitôt l'ouvrage en train. Puis, comme Girardon aimait le soleil de Versailles et sa bienfaisante chaleur, il quitta de nouveau Toulon.

Lui à peine parti, la discorde se mit entre les artistes ; d'Infreville écrivit à Colbert. C'est alors que le nom de Puget fut de nouveau mis en avant, et le 8 juillet 1668, il entrait à l'arsenal. Il pensait y commander en maître, il se trompait, tel n'était pas le projet du rancuneux Colbert. On donna des décorations du vaisseau dans lesquelles il n'a rien à voir. Le projet qu'il a proposé pour le *Monarque*, on l'examine, on l'ajourne ; puis, tout-à-coup, parce que le bâtiment doit prendre la mer, on le presse, on ne lui donne que deux mois. L'amiral, duc de Beaufort, arrive, il est furieux de voir si peu avancée l'ornementation du vaisseau qu'il doit monter. Une scène violente éclate et Puget, le moins endurant des hommes, rentre chez lui et fait ses malles. Le duc revient de son emportement, il embrasse l'artiste, tout est oublié ; à l'heure voulue, le *Monarque* est prêt, et le duc enchanté, écrit le 28 mai 1669 : « Le *Monarque* a presque toute sa sculpture en place et déjà beaucoup de dorure. Il ne fera point honte à celui auquel il appartient, celui qui a fait ses ornements est un nommé Puget qui me paroît un très habile homme ; s'il avoit eu l'honneur de vous entretenir, vous le trouveriez tel en peinture, sculpture et architecture. Il méritait, selon le sens de ceux qui le voient, d'être à Paris. J'ai ouï dire à des personnes de Gênes, connaissants, qui ont vu le cavalier Bernin, que celui-ci ne lui doit rien et que la République veut l'attirer à quelque prix que ce soit. Ce Puget tient comme au-dessous de lui de travailler à autre chose qu'au marbre et à de somptueux édifices ; néanmoins il a pris envie de bâtir lui-même un vaisseau ; ce que je souhaiterois de grand cœur, l'en tenant plus capables que nos charpentiers.... Cela n'empêcheroit pas qu'on lui donnast des figures de marbre à conduire, colonnes ou autres choses, qui seroient faciles à porter après.... »

(*A suivre*)

A. GENEVAY.

LES CHRYSANTHÈMES

Un jour que vous n'aurez pas mieux à faire, poussez donc par les quais jusqu'au pont d'Austerlitz.

C'est fort loin, mais vous n'aurez pas perdu votre temps.

Rien que la vue de Paris, du milieu du pont, vaudrait la peine du voyage.

Dans le clair et lumineux brouillard de la fin d'automne, l'aspect de la Cité avec la croupe gracieusement étalée de la Cathédrale, le golfe bordé de maisons blanches allumées par le soleil blafard, la buée flottant légère sur la Seine — déchirée ça et là par les touches brillantes des vagues et — là-bas, la note plus noire de l'estacade aux pilotis compliqués — tout cela seul vous retiendrait peut-être.

Mais, entrez au Jardin des Plantes et prenez une des deux grandes allées qui mènent au nouveau muséum.

Tout au bout, est réunie la collection de Chrysanthèmes la plus magnifique qu'on puisse voir.

Ce sont les dernières fleurs de l'année ; c'est la revue d'hiver de tout ce que la terre a fait fleurir au printemps et en été.

Elles se hâtent de s'épanouir, car il gèle blanc depuis quelques matins et elles veulent vivre quand même.

Et c'est par milliers et milliers que les boutons et les fleurs montent à l'assaut des tiges dont les gerbes plient, surchargées.

Par leurs formes, elles rappellent les marguerites, mais avec un foisonnement de pétales incroyable — les unes minces et unies comme un délicat ouvrage de fine lingerie, les autres épaisses et poudrées d'un velouté savoureux.

Oui ! c'est bien la revue de fin d'année : tous les tons y sont rappelés. Le jaune brillant des boutons d'or — le jaune plus doux des primevères, les blancs mats des jasmins et des roses grimpantes, les violets indéfinissables des volubilis et des liserons — tous les tons clairs et tendres ou chauds et foncés des dahlias, des giroflées, des glycines et des œillets.

Au premier regard du pâle soleil séchant le givre ou la rosée froide que le matin a pleurée sur leurs corolles, elles se réchauffent, s'épanouissent, redressent leurs gerbes dans un élancement gracieux vers la lumière.

La première neige a déjà paru.

C'est la dernière poussée de sève de la terre féconde qui ne veut pas mourir et qui, au seuil de l'hiver, lance en trésor, comme un feu d'artifice inouï, tout ce que le soleil passé avait versé en elle de chatoiements et de couleurs.

Allez voir les Chrysanthèmes !

Albert ROLLAND.

RÊVERIE

Je pense quelquefois à ces morts qu'on envie,
A ceux qu'un mal subit vient prendre en leur sommeil,
Et qui, sans s'éveiller de leur rêve vermeil,
Passent en un instant de l'une à l'autre vie.

Ils s'endorment le soir sans crainte ni remords,
Et l'âme dans la nuit est si loin de la terre,
Qu'ils doivent, quand leur vol s'ouvre vers le mystère,
Entrer dans l'au-delà sans savoir s'ils sont morts.

Parmi l'immensité, quand leur regard se plonge
Dans l'éther, où poudroient les étincellements
Des Soleils inconnus roulant aux firmaments,
Ils croient dans l'infini continuer leur songe.

François CASALE.

LE COUPÉ

Les chevaux, secouant leurs écussons d'argent
Dans l'air où flotte un frais parfum de violette,
Emportant au hasard de leur trot diligent
Une Parisienne en exquise toilette :

Perdue en sa fourrure et sourde à l'indigent,
Derrière la prison de sa fine voilette,
Elle tient enfermé son regard négligent
Au fond duquel un rêve absorbant se reflète.

« Sans doute, en la voyant dit le piéton transi,
Elle a, comme nous tous, un projet, un souci
Qui fait ce pli sévère à ses lèvres mutines... »

Point. Elle suit un songe autrement sérieux
Et médite, en fermant à demi ses beaux yeux,
La couleur du prochain lacet de ses bottines.

E. ENSTOSE.

LA CHANSON DES MOIS

NOVEMBRE

C'est, dans nos parterres jaunis
Un grand fouillis de chrysanthèmes,
Du plus bizarre coloris
Et de proportions extrêmes :

Des nains, des géants, des touffus,
Dans toute la gamme du jaune,
Se sont mêlés et confondus
Pour faire un tapis à l'automne.

On rêve qu'on est au Japon
Et que va passer quelque belle,
En longue robe de crépon,
Dont la manche simule une aile.

On voit ses petits yeux bridés,
Sous le luisant des larges coques
De cheveux hauts échafaudés ;
On voit ses petons dans les socques,

Sa main de poupée agitant
Un éventail de soie immense,
Chaque pétale, au vent flottant,
Semble faire une révérence.

Chrysanthèmes échevelés,
Tordus, tuyautés et rigides,
Loin de leur patrie exilés,
Ébauchent des saluts timides.

Ils reconnaissent une sœur
Et fêtent la *mousmé* Nipponne
Qui vient rendre hommage à la fleur
Si triomphante de l'automne.

Puis un coup de bise soufflant
Atteint la féerie et l'enlève.
Plus de Japonaise au pas lent !
Plus d'éventail couleur de rêve !

Bientôt la neige couvrira
De flocons chaque chrysanthème,
Et la bourrasque emportera
Le dernier feuillet du poëme.

D. Mon.

Vendangeurs d'Auvergne

De bonne heure, au matin, partent les serviteurs ;
Ils ont bien déjeuné : soupe, bon vin et viande.
De hottes sur le dos les hommes sont porteurs ;
Les femmes, des paniers aux bras, viennent en bande.

Ils arrivent gaîment aux coteaux producteurs
Du raisin rouge ou blanc... et dès qu'on le commande,
Les cueillant, les mêlant, sans se faire ergoteurs,
Ils font, de l'union, comme la propagande.

L'angelus de midi signale un doux repos,
Plus un second repas ; ensuite, fort dispos
Ils s'en vont terminer les joyeuses cueillettes.

Puis, à table, le soir, de nouveau rassemblés,
— La vendange à la cuve, — ils seront installés,...
A la fin danseront jeunes gars et fillettes.

Jacques de Lucé.

Octobre 1892.

LES MERVEILLES DE LA VÉGÉTATION

Tout dans la nature donne des sujets d'étude à celui qui veut connaître les secrets et les mystères qu'elle sème sous nos pas ; mais les végétaux sont les êtres de cette immense et riche nature qui méritent une attention et une étude spéciales de la part de tous.

Depuis le brin de mousse qui couvre le rocher battu des vents et des tempêtes, jusqu'au grand chêne qui croît sur nos hautes montagnes, toutes ces fleurs, herbes, arbrisseaux et arbres méritent un moment d'attention, soit à cause de leur parfum, de leur couleur ou de leur forme.

Il est vrai qu'une familiarité constante tend à rendre les hommes indifférents aux beautés qui les entourent ; mais il faut avouer que celui-là serait bien ignorant ou bien paresseux, dont la curiosité ne saurait être éveillée par la description du mécanisme merveilleux de la vie végétale. Il n'en est pas ainsi des lecteurs de « La Revue Artistique et Littéraire pour tous ; » tous savent apprécier les charmes que la nature nous présente à chaque instant.

Notre but en écrivant ces pages est d'exposer brièvement quelques-uns des phénomènes les plus remarquables de la végétation ; non seulement pour exciter une légitime curiosité, mais encore pour encourager les naturalistes à faire de nouvelles recherches, étudier les principes en même temps que les faits, et se procurer ainsi un des plus agréables passe-temps que nous offre toujours le vaste champ de l'univers.

Les minéraux, les végétaux et les animaux sont formés par la combinaison chimique de plusieurs substances élémentaires.

Chez les minéraux, ces substances se combinent par la force de l'affinité chimique seule ; mais chez les végétaux et chez les animaux la combinaison est maintenue par la force vitale.

La vitalité des végétaux et des animaux les rend capables de s'assimiler la nourriture contenant les matières propres à leur développement ; et aussi de reproduire ces êtres qui leur ressemblent, à l'aide de certains organes. Voilà pourquoi on appelle les animaux et les végétaux : **êtres organisés** et les parties dont ils sont composés : **matières organiques**. Les minéraux, ne vivant pas, n'ont pas d'organes et sont connus sous le nom de **matières inorganiques**.

Les végétaux se nourrissent des matières inorganiques : l'eau, l'air, la terre ; les animaux se nourrissent de végétaux ou se mangent entre eux, c'est ce qui nous fait croire que les végétaux sont venus sur terre avant les animaux.

La différence entre les plantes et les animaux est quelquefois bien difficile à établir. Malgré tous les progrès de la science moderne, il est encore bien difficile d'établir la distinction existant entre certaines formes de corallines et les éponges, et de dire lesquelles sont des plantes et lesquelles sont des animaux.

Mais, alors même que, aux yeux d'une science imparfaite, les plantes et les animaux formant le dernier échelon de l'échelle semblent se confondre, il ne faut pas oublier que, en dehors d'une faible analogie, il n'existe pas d'identité entre les fonctions respectives de ces deux règnes.

Peu de plantes possèdent le pouvoir de la locomotion; quoique la plante aquatique connue vulgairement sous le nom de **Marin d'eau douce** se détache de la vase des étangs pour laisser épanouir ses fleurs à la surface des eaux; on doit regarder ce fait comme le résultat d'un mécanisme particulier et non comme une volonté. Les plantes n'ont pas d'estomac, quoique la **Dionée attrape-mouches**, (*Dionæa muscipula*) semble digérer les insectes qui se posent sur les feuilles; on doit regarder ce fait plutôt comme une décomposition ordinaire que comme une digestion. Les plantes n'ont pas de sentiment, malgré que la **Sensitive** (*Mimosa pudica*) rétrécisse ses feuilles au moindre contact.

Les plantes se reproduisent par division, chose qui n'arrive que parmi les derniers des animaux, tels que : les éponges, les polypes.

Les exemples de locomotion, de sensibilité, de digestion, de respiration s'accomplissent bien différemment chez les plantes et chez les animaux. Ce n'est d'ailleurs que bien rarement que les végétaux se changent de place, sentent et digèrent.

Les plantes ont besoin d'air, d'humidité, de chaleur et de lumière pour leur entier développement. Cependant, pour si extraordinaire que cela paraisse au premier abord, le sol n'est pas absolument indispensable à toutes les plantes. En effet, une multitude de végétaux aquatiques, parasites et aériens croissent et se reproduisent sans toucher à la terre.

Il est assez ordinaire de diviser le **règne végétal** en deux grandes parties : les **plantes à fleurs** ou **phanérogames** et les **plantes sans fleurs** ou **cryptogames**.

On les range encore d'après leur manière de croître. Ainsi, quelques-unes croissent par couches externes comme : le sapin, le pommier, où l'on voit une quantité de cercles concentriques, et dont chacun représente une année de la vie de la plante; d'autres croissent de l'intérieur à l'extérieur, comme le palmier; d'autres enfin, par la simple prolongation de la pointe, comme les fougères, les lichens et les plantes marines. Les plantes qui croissent par couches externes ont les nerfs des feuilles joints par articulations comme le poirier, le cerisier : celles qui croissent par additions internes ont les nervures des feuilles parallèles, comme le lys, l'oignon, et celles qui croissent par la simple prolongation des pointes n'ont pas de nervures distinctes comme les lichens, les fougères.

Après ces observations générales, nous allons parler immédiatement de la reproduction et de la dispersion des plantes.

REPRODUCTION ET DISPERSION DES PLANTES

Le principal but d'une plante semble être de reproduire son espèce. Que le terme de sa vie soit d'un jour, d'une année, de plusieurs siècles, nous la voyons toujours tendre au même but: se multiplier elle-même; et ne mourir qu'après avoir accompli ce devoir. La multiplication des plantes s'obtient de diverses manières: par les graines, par des embryons, par des boutures, par des branches qui, en se baissant prennent racine, ou même par de simples feuilles.

Les graines sont le mode de reproduction le plus commun, toutes les plantes à fleur produisent des graines.

Une graine n'est autre chose que des feuilles conservées dans une enveloppe particulière jusqu'au retour du printemps. Elle est aussi pourvue d'une nourriture suffisante pour entretenir la jeune plante jusqu'au moment où elle a pris racine dans le sol et que ses feuilles se sont épanouies dans l'atmosphère.

Pour qu'une graine puisse germer, elle a besoin d'une certaine chaleur et d'un peu d'humidité; mais ces deux choses doivent être données avec mesure, car trop de chaleur les dessécherait et trop de froid ou d'humidité détruirait leur vitalité. Pour les garantir de tels dangers, la Nature les a revêtues de couvertures qui ne laissent rien à désirer. La pêche a une enveloppe aussi dure qu'une pierre; la graine du pommier est enfermée au sein d'une pomme, et elles sont recouvertes d'une membrane coriace et si luisante qu'on serait tenté de croire qu'elles sortent de la main d'un habile vernisseur. Chez toutes les graines, la protection contre le froid, la sécheresse et l'humidité est telle qu'on a vu des semences enfouies depuis des siècles, se transformer en des plantes saines et vigoureuses lorsqu'elles étaient mises dans les conditions nécessaires pour germer. Bien plus, on a moissonné du blé ayant eu, pour semence, des graines trouvées dans la main d'une momie égyptienne ensevelie depuis plus de trois mille ans !

Pour si admirable que soit la perfection de la protection des plantes, la manière dont elles sont disposées pour leur dispersion à la surface du globe est encore plus admirable. Qu'y a-t-il de mieux arrangé, pour flotter d'une île dans une autre, que la coquille fibreuse de la noix de coco? Quoi de plus susceptible d'être emporté par le vent que la graine du chardon avec son petit parachute? Avec quelle facilité certaines graines s'attachent aux animaux et sont transportées à de grandes distances! Cependant, la Nature prévoyante a trouvé tous ces moyens insuffisants. Certaines graines sont rejetées, aussitôt qu'elles sont mûres, hors des vaisseaux qui les contiennent; parmi elles nous citerons le **cardamine impatient, le géranium, le concombre, le genêt commun,** etc. Il est même des plantes qui ne se séparent de leurs graines qu'après que celles-ci ont pris de profondes racines, par exemple: le **mangou,** croissant sous le soleil brûlant des tropiques, qui conserve ses baies jusqu'à ce qu'elles aient envoyé de profondes radicules; comme si ce végétal sentait que l'eau et la chaux qui les entouraient étaient des éléments trop incertains pour leur confier sa progéniture.

Les plantes sans fleurs se reproduisent au moyen de germes, souvent imperceptibles, qui flottent continuellement dans l'air. Un champignon sec, que l'on touche du pied, disperse tout autour de lui, des milliers de semences. Les taches de poussière brune, qui s'observent sur les fougères, sont des germes de plantes futures. Nous ne nous étonnerons plus de voir donc tous ces végétaux abonder sur toutes les parties de la terre, lorsque nous penserons avec quelle facilité toutes leurs semences peuvent être dispersées par l'eau, l'air et les animaux.

Les plantes marines ont leurs germes entourés d'une matière mucilagineuse leur permettant d'adhérer à tout corps solide se trouvant sur leur passage. Une particularité curieuse, c'est que cette matière gélatineuse est **insoluble** dans l'eau, quoiqu'elle paraisse en solution dans ce liquide.

D'autres plantes, encore, se reproduisent par les racines ou tubercules et par les graines, exemple: la pomme de terre. D'autres enfin, comme l'orme et le peuplier, ont des bourgeons à leurs racines, peu à peu ces bourgeons se munissent de suçoirs et, croissant en longueur et en grosseur, deviennent de véritables arbres. D'autres, encore, se reproduisent au moyen de **coureurs,** exemple: le fraisier et les gazons. Il est quelquefois très intéressant de suivre les progrès des coureurs. Si l'on a mis un fraisier dans une bonne terre, les jeunes pousses se formeront à des distances sensiblement égales; mais si le sol ne convient pas, on verra les coureurs continuer à pousser jusqu'au moment où ils auront atteint un lieu favorable, où ils pousseront de nouveaux bourgeons. Ne dirait-on pas, en voyant de tels actes, que les végétaux ont, eux aussi, un instinct particulier, inconnu de l'homme jusqu'ici?

Quelques plantes grimpantes : le chèvrefeuille, la ronce, ont une autre manière de se reproduire. Les branches de la base viennent toucher le sol, prennent racine et deviennent des tiges qui peuvent se suffire elles-mêmes. Les jardiniers, imitant la Nature, opèrent de même pour perpétuer certains arbrisseaux. On propage encore les plantes par boutures et par greffe.

La reproduction par la feuille est peut-être la plus curieuse de toutes. Les feuilles jeunes et dans leur état de croissance, qui seront détachées de la tige et mises en terre, produisent une plante parfaite. Mais ceci n'a lieu que pour quelques végétaux, tels que : l'oranger, le gloxinia, l'echeveria, la malaxis, etc.

Quelles merveilles ne sont-elles pas dévoilées à l'esprit travailleur et attentif! Soyons donc prêts à examiner cette nature, à lui arracher de temps en temps quelque nouveau secret; ainsi nous ferons une œuvre utile à tous.

LES MÉTAMORPHOSES DE LA VÉGÉTATION

Les végétaux sont sujets aux changements. La culture a modifié un grand nombre de plantes à tel point qu'il est souvent bien impossible de les reconnaître si on n'a pas la coutume des études botaniques.

La pomme de terre, originaire de l'Amérique du Sud, a, dans ces contrées, à l'état sauvage, la grosseur d'une noix et est à peine mangeable. Par la culture, nous avons obtenu une foule de variétés et elle est maintenant un des aliments les plus en usage. Nous en dirons de même pour le navet et la carotte.

Les **tiges**, tout en étant moins sujettes à des métamorphoses que les racines, peuvent cependant subir quelques modifications.

(A Suivre)

Paul CALMET

JEUX D'ESPRIT

ÉNIGME

Ancien compagnon du crincrin
Et du provençal tambourin,
Le moderne orchestre m'exclue,
Car ma voix est par trop aiguë
Et mon timbre pas assez doux.
Avec huit lettres, sachez tous
Que j'offre une flûte à trois trous.

A. ELLIVEDPAC.

Adresser les solutions de la précédente énigme à *M. Ellivedpac*,
à *Villeneuve-les-Béziers (Hérault)*.

Le devineur désigné par le sort recevra un exemplaire des
Pompons d'or (poésies).

LOSANGE

1. Consonne. — 2. Sorte de selle. — 3. Racine. — 4. Fruits. —
5. Saluts turcs. — 6. Opiniâtres. — 7. Personnage mythologique. —
8. Adjectif possessif. — 9. Consonne.

SPICQERNST.

PRIME. — Deux dessins au choix dans la collection, à tous les
abonnés qui enverront cette solution avant le 1er décembre.

SOLUTIONS DU 15 OCTOBRE

Mots en losanges jumeaux :

```
            P                 R
      N  O  E           B  A  L
   P  O  R  T  E  C  R  A  Y  O  N
      E  T  E           L  O  I
         E                 N
```

Devineur-gagnant : M. Paul Julliot

Croix :

```
               C
            D  O  N
               N
         P  O  U  S  S  I  N
         C  R  O  T  A  L  E
               A
               N
               T
               I
            I  N  N
         E  T  O  L  E
      S  C  I  P  I  O  N
   N  E  B  U  L  E  U  S  E
M  O  N  T  P  E  L  L  I  E  R
```

LORIN AINÉ

A PARIS

Paris. — Imprimerie Chassal, rue de Reuilly, 15.

Modèle déposé.

LE DÉCOUPAGE POUR TOUS

LORIN AINÉ

A PARIS

Paris. — Imprimerie Draeme, rue de Reuilly, 18.

Modèle déposé.

N° 852.

BOITE A JEUX.

Card Box.
Scatola da giuoco.
Caja para juego.
Speelkaartenetui.
Spielkasten.

15 Novembre 1892.

N° 854. — **BOITE A JEUX** (*Suite*)

Cette Boîte comprend les n°s 852-853-854 ; afin de n'en pas prolonger la publication nous ne donnons pas dans l'abonnement le n° 853 ; pour l'obtenir il suffira de décalquer ou découper en double le n° 852.

Les planches 852-853 forment le dessus et le fond ; ce dernier peut-être laissé plein, car il ne se voit pas une fois la boîte montée ; deux côtés se trouvent également sur ces planches. La pl. 854 donne les deux autres côtés que l'on visse aux précédents, pour les fixer ensuite au fond et au-dessus. La séparation des parties qui doivent adhérer au couvercle est faite après un montage provisoire.

Enfin on introduit dans la boîte après les avoir enchevêtrées, les planchettes (pl. 854) formant les cases, que l'on peut modifier à son gré.

N° 855. — **CHIFFRES**

PIERRE PUGET

(FIN)

On le voit, Puget avait fait la conquête du duc de Beaufort ; Colbert lui répondit en termes vagues : « Je tacheray de donner de l'employ au sieur Puget puisque vous l'estimez capable de bien servir, » L'amiral s'embarqua et alla finir à Candie sa courte et orageuse carrière.

Nous n'avons point l'intention de suivre Puget pas à pas dans l'arsenal de Toulon ; toutes les décorations qu'il exécuta pour la marine ont péri, nous ne connaissons point tous les bâtiments dont il orna les poupes, que l'architecture navale faisait alors gigantesques ; il nous reste des dessins qui nous donnent le nom de treize vaisseaux qu'il couvrit de ses compositions. De ces treize dessins, un est une copie faite postérieurement, le *Soleil royal*, qui appartient au Musée de la marine du Louvre, et six calques pris eux-mêmes sur des calques excellents levés en 1676, par Caffière, sur les originaux que possédait alors M. le comte de Narbonne, Pellet.

Puget a-t-il été, comme on l'a tant répété, un inventeur dans ce genre de travail ? Nous ne le pensons pas ; et les conditions étant données et limitées par la forme des navires, il n'était guère possible de sortir d'un certain cadre impérieux. Puget suivit donc les traces de Le Brun et de Girardon, seulement il les suivit en homme de génie, il mit sa puissante marque sur le bois qui sortit de ses mains et sut rester lui-même.

Nous venons de voir Puget ornant des figures gigantesques des poupes et des poulaines ; voyons en lui l'architecte. En revenant de Gênes, notre artiste avait trouvé Marseille en pleine fièvre. Louis XIV voulait que cette ville devint une des plus belles du royaume, il fallait obéir et briser la vieille enceinte. Toutes les autorités provençales s'agitèrent et demandèrent de tous côtés un homme capable de répondre au grand dessein du roi. On s'adressa à Puget qui se trouvait alors à Toulon, on obtint pour lui un congé de quelques jours, il accourut — fin 1668 — avec un dessin « si merveilleux » (ce sont les expressions de M. d'Infreville), que le duc de Vendôme l'adopta d'enthousiasme et l'envoya à Paris. De leur côté, les échevins comptèrent à l'artiste une somme de 1.000 livres pour « ses paynes et frais de plusieurs voyages. » L'envoi du projet à Paris prouve que déjà à cette époque, comme encore de nos jours, une ville ne peut pas disposer de ses deniers et remuer ses bornes sans l'autorisation d'une autorité centrale qui, la plupart du temps, n'entend rien à ses besoins.

Le merveilleux plan de Puget vint ainsi naturellement aux mains de Colbert, l'affaire fut vite réglée. Le 21 janvier, le roi ou plutôt le ministre, répondait que le plan était trop vaste. Il l'était bien un peu et la commune de Marseille commençait, en pensant froidement, à s'inquiéter de ce que deviendraient ses finances, si on adoptait le projet proposé. On dressa un plan définitif, on prit quelque chose de ses idées, et Colbert radouci le chargea même d'établir les alignements. En somme, c'est son idée amoindrie qui prévalut ; en homme résolu, il acheta des terrains et de concert avec son frère Gaspard, le maçon, il fit construire et concourut à la construction de plusieurs édifices publics. Il sculpta pour l'Hôtel-de-Ville les *armes du roi*, qui se voient encore aujourd'hui et dans lesquelles on reconnaît la main du maître, quoique les révolutions les aient grattées et regrattées sans grand souci de l'art. Puget est encore l'architecte de la halle de la poissonnerie et de la boucherie, terminée en 167.|, œuvre délicate et charmante. Il commença la chapelle de l'hospice de la Charité, et entre temps il construisit à Aix le bel hôtel de Boyer d'Aiguilles, nom cher aux artistes.

Nous voici arrivé par un long détour, mais il était obligatoire pour faire connaître le génie varié de l'artiste avant d'en venir aux travaux qui l'ont fait appeler le grand Puget.

Cent fois, il avait vu, gisant abandonnés dans l'arsenal de Toulon, de grands blocs de marbre blanc ; souvent il avait demandé à Paris l'autorisation d'en tirer quelque chose. Enfin en 1671, Colbert consentit à entendre l'opiniâtre réclamation du génie. Puget lui envoya deux dessins, l'un la figure de « Milon le Crotonien », l'autre un « Alexandre rendant visite à Diogène le philosophe », et Colbert lui répondit : « Faites. »

En 1672, le bloc de marbre devint sa conquête; il le travailla d'abord à l'arsenal même, puis il fit transporter la statue commencée dans une construction du « Petit Parc. » Mais il fut détourné de ce travail par le fameux plan de Marseille dont nous avons parlé, et en 1681, Puget, qui avait cessé d'être attaché à l'arsenal, fit venir en cette ville la statue très avancée et le grand bas-relief d'Alexandre. Je ne sais si je me trompe : Puget aurait mené l'œuvre plus vite, si les conditions d'argent eussent été réglées ; elles ne l'étaient point encore en 1681, et ce ne fut que cette année, après un honteux marchandage, que Colbert stipule 6.000 livres — six mille livres, vous lisez bien —, pour le *Milon* et l'*Alexandre*. Le *Milon* a onze pieds de hauteur, le bas-relief quatorze sur huit de largeur. Le traité est de septembre 1682.

Le premier février 1683, la statue fut embarquée sur un vaisseau faisant voile pour le Hâvre, et le fils de Puget partit pour Paris, afin de présider au déballage de la statue, qui arriva sans encombre ; c'est ici le lieu de placer une lettre de Le Brun. J'ai moi-même rappelé trop sévèrement ailleurs les paroles que le directeur en chef des Beaux-Arts sous Louis XIV prononça lors de la mort de Le Sueur, pour ne pas faire connaître la justice qu'il rendit à Puget.

Voici donc la lettre qu'il lui adressa le 19 juillet 1683 :

« Je me suis trouvé à l'ouverture de la caisse de votre figure de
« Milon, lorsque le roi l'a fait ouvrir, et lorsque S. M. me fit l'honneur
« de m'en demander mon sentiment, je tâchai de lui faire remarquer
« toutes les beautés de votre ouvrage; je n'ai fait en cela que vous
« rendre justice, car, en vérité, cette figure m'a semblé très belle en
« toutes ses parties et travaillée avec un grand art.

« J'avais eu l'honneur de vous écrire il y a quelques temps;
« M. Girardon m'avait promis de vous faire tenir ma lettre, mais je
« vois qu'il ne s'est pas acquitté de sa promesse. Je vous témoignois
« l'estime que je faisois de votre talent, et vous demandois votre
« amitié, faisant plus de cas d'une personne de vertu comme vous que
« de celle des plus qualifiées de la Cour. »

Les mémoires du temps sont tous d'accord sur l'effet produit par le *Milon* : le roi daigna témoigner toute sa satisfaction, et en voyant les efforts de l'athlète vaincu, une princesse s'écria : « Le pauvre homme, comme il doit souffrir ! » Cette douloureuse exclamation vient, en effet sur les lèvres de ceux qui, au Louvre, voient la célèbre statue, cette agonie de la force vaincue. Nous n'en ferons point la description; qui n'en a admiré l'original ou qui n'en connaît des reproductions? C'est sans contestation aucune, un des chefs-d'œuvre de l'art.

Protégé par Fouquet, Puget trouvait un ennemi dans Colbert. Colbert meurt, son successeur Louvois prend à gré le sculpteur, c'est dans l'ordre de choses des cours. A peine nommé à la place vacante de surintendant des bâtiments du roi, Louvois écrit pour demander à l'artiste s'il a quelques commandes de Sa Majesté. Quinze jours plus tard il demande à M. Vouvré de ne pas trop hâter l'achèvement du bas-relief d'*Alexandre*, de lui en envoyer un dessin et « les exactes dimensions », de savoir combien le sieur Puget veut de l'*Andromède enlevée par Persée*, dans quel temps ce groupe sera achevé, de lui en envoyer une esquisse, et le dur ministre ajoute : « Je prendray très volontier, pour les bastiments du Roy, tout ce que fera ledit Sʳ Puget, pourvu qu'il soit de la force du Milon » Louvois recommande surtout de ne pas laisser vendre l'*Andromède*.

Dans un assez long mémoire, Puget répondit à Louvois, que pour le moment il ne travaillait qu'à l'*Alexandre* et à l'*Andromède*, mais il offrait d'exécuter pour Versailles, une statue équestre du Roi, et un Colosse de 38 pieds, un Apollon qui serait placé au milieu du canal de Versailles, un autre Apollon poursuivant Daphné et un Apollon écorchant Marsyas. « *Je suis nourri aux grands ouvrages*, ajouta-t-il, *je nage quand je travaille et le marbre tremble devant moi.* »

En 1684, sur l'Andromède terminée, le ciseau écrivait en latin : « Pierre Puget, Marseillais, sculpteur, architecte et peintre, a sculpté cette œuvre et l'a dédiée à Louis-le-Grand, l'an du Seigneur 1684. » La Statue, dont Louvois n'avait pas voulu faire acquisition avant de l'avoir ʞvue, fut par François Puget, présentée au Roi en mars 1685, et le 25 mai Louvois écrivait au sculpteur :

« Le Roy a vu votre *Andromède*, dont Sa Majesté a été très contente ; « elle a ordonné qu'elle vous serait passée sur le pied de quinze mille « livres. S. M. aura bien agréable que vous travailliez le plus diligem- « ment qu'il vous sera possible, à un autre grouppe dont le Roy vous « laisse le choix, vous recommandant qu'il soit à peu près des mêmes « proportions que celui de *Milon*. »

Le *Milon* n'avait entendu aucune critique, l'*Andromède* en souleva quelques-unes. On ne trouva pas Persée un assez jeune jouvenceau, et on voulut que l'Andromède fut trop petite. Puget répondit que son héros était jeune et que le poil follet de ses joues n'était point preuve de vieillesse. Quant à l'*Andromède*, il dit que son élève, Veirier, l'avait en l'ébauchant, un peu diminuée de taille, mais qu'après tout elle était de la même proportion que la *Vénus de Médicis* et aussi grande qu'aucune dame de la cour. On apprit au sculpteur que le roi préférait l'*Andromède* au *Milon*. Quant à Puget il dit : « Le marbre de l'*Andromède* est, il est vrai plus beau, mais le *Milon* est plus achevé. »

Nous ne décrirons pas ce groupe qui a si longtemps décoré le « Tapis Vert » du jardin de Versailles, avant de trouver au Louvre un abri contre les injures du temps, il est connu. Le mouvement de Persée est très heureusement trouvé, et le corps d'Andromède d'une élégance exquise ; la grâce et la beauté de ces deux figures empêchent que l'on regarde un petit amour qui n'avait rien à faire là et qui n'est guère réussi. L'Andromède est la seule figure nue de femme que l'on connaisse de Puget.

Ce groupe placé à Versailles, le sculpteur, encouragé, se mit résolument à l'Alexandre. Et c'est de cette époque que dateraient aussi d'autres travaux attribués au sculpteur : le bas-relief du *Ravissement de Sainte-Madeleine*, placé dans l'église du Saint-Sauveur, à Aix, et un groupe, *l'Assomption*, que l'on put voir chez un marchand de tableaux à Paris. Si *le Ravissement* n'est pas de Puget, il faut le donner à Veirier, son élève, et reconnaître qu'il a été fait sous l'inspiration du maître dont la main se reconnait même dans certaines parties. Quant à l'*Assomption*, voici l'opinion d'un bon juge : « Je crois sincèrement dit M. de Chennevières, que ce groupe a reçu, sinon en toutes ses parties du moins en beaucoup de ses figures, la touche et la beauté du ciseau de Puget. Les plus belles œuvres de Veirier ne le montrent ni aussi pur ni aussi fin. » Pour juger le faire de Veirier, voyez les *Anges enfants ;* ceux-ci sont incontestablement de lui. Il les exécuta pour le tabernacle des Minimes de Toulon ; ils font aujourd'hui parties des richesses du Louvre qu'ils sont loin de déparer.

A l'époque où nous sommes parvenus, Puget travaillait encore pour l'Arsenal. Il fit des dessins de vaisseaux demandés par Duquesne, d'autres pour le chevalier de Tourville. Seignelay aurait voulu mettre une certaine uniformité dans les décorations navales, et il chargea Puget de lui présenter des modèles. Mais, à ce travail, il portait une certaine langueur, il aspirait à faire œuvre d'ingénieur, à construire un vaisseau. En attendant cette faveur, il décorait le fronton d'une porte de deux lions ; il allait à Aix donner aux seigneurs de Peyroles le plan de leur hôtel ; à Saurin, il rendait le même office pour sa maison de Belle-Fontaine. Pour les Théatins, il sculptait en argent un petit Christ que l'on peut voir encore dans le trésor de la cathédrale d'Avignon. A l'exemple des grands maîtres de la Renaissance, il ne dédaignait point de travailler une paire de chenêts que le temps n'a pas détruits.

Au moment où nous sommes arrivés (1685), le grand règne est sur son déclin ; la fatale révocation de l'Edit de Nantes vient d'être signée, et depuis longtemps persécutés, les protestants doivent fuir la France ou abjurer. En général, les artistes sont des politiques peu avisés, et, à cette époque, on était tellement peu disposé à voir une tache dans le Soleil que les arts se prêtèrent de bon cœur à rendre de nouveaux hommages au demi-dieu. Toutes les villes voulurent lui élever des statues; Marseille se désira se distinguer dans ce concert d'imprudentes adorations: elle décida qu'une statue équestre serait dressée. Jamais.

disait-elle dans son enthousiasme méridional, un artiste n'aurait à travailler une matière si noble. La statue que nous projetons demande tous les efforts et tous les secrets de l'art. Que tous les peuples, que toute la postérité y remarquent la majesté de Jupiter, la beauté d'Apollon, la fierté de Mars, et, pour dire quelque chose de plus et en deux mots tout ce que l'on peut imaginer, qu'on y reconnaisse Louis-le-Grand ! »

Après les tergiversations qui suivent toujours une résolution prise d'enthousiasme avant d'avoir compté avec la bourse, Marseille, en 1687, traita du bronze équestre avec Puget. Le travail devait être terminé dans l'espace de quatre ans ; la rémunération de l'artiste était à fixer par la justice du roi ; mais, en attendant, le sculpteur recevrait une somme de vingt-quatre mille livres, payables à raison de mille livres par mois ; les marbres — car l'artiste était également chargé du piédestal — et toutes autres matières employées restant à la charge de la ville.

Aussitôt Puget se mit à l'ouvrage, nous avons encore trois de ses dessins ; mais à sa statue le sculpteur voulait une place digne d'elle. Cette place à créer exigeait une dépense formidable ; d'accessoire, elle devint la question principale : les plans de Puget furent envoyés à Versailles et donnèrent lieu à d'interminables débats. Entre Puget entêté de sa place et les échevins entêtés d'économie, au bout d'un certain temps la guerre se déclara ; et Puget pour vaincre toutes les résistances, de courir à Paris (1688). Voyage lamentable, désastreux ! Puget ne peut pas parvenir à parler à Sa Majesté ; il passe devant elle, perdu dans la foule de Versailles ; ses placets, ses mémoires finirent par impatienter Louis XIV ; mais Puget aussi s'impatientait, et sa fierté était aussi haute que celle du monarque. On en peut juger par l'anecdote suivante. Le marquis de Lionne l'interroge sur le prix qu'il demande pour les travaux que Sa Majesté pourra lui commander. « Je demande qu'il me les paye suivant leur valeur » répondit-il — Le marquis ayant rapporté cette réponse, Louis XIV dit : « Que Puget s'explique plus clairement ! » Nouvelle question du marquis à Puget, qui finit par demander une somme importante. « Mais, fit de Lionne, le roi n'en donne pas davantage à ses généraux d'armée ! » — J'en conviens, répliqua le sculpteur ; mais le roi n'ignore pas qu'il peut facilement trouver des généraux d'armée dans ce nombre d'excellents officiers qu'il a dans ses troupes, mais qu'il n'est pas en France plusieurs Puget. »

Avec de pareils mots on n'a guère chance de réussir dans les Cours ; il revint à Marseille et les événements politiques emportèrent le projet de place, le projet de statue. Il se remit alors au bas-relief d'*Alexandre*.

La critique a pu s'attaquer à la composition de ce morceau, mais nul au monde n'en a nié les étonnantes beautés : dans le modelé du Diogène, dans les parties nues de l'Alexandre, Puget s'est surpassé lui-même ; amais ciseau n'a mieux fait palpiter le marbre. La tête du philosophe est superbe, son seul défaut est de manquer de simplicité, et par cela même, de n'être pas en situation. M. Lagrange, je crois, a dit avec raison, que cette tête personnifierait mieux Job que Diogène. Achevé en 1689, ce bas-relief fut gardé par Puget jusqu'en 1693, époque où le prix qu'il demandait fut payé ; il partit alors pour Paris où il resta comme oublié ; il n'a reparu, en réalité, qu'à notre époque, dans la place d'honneur qu'on lui a donné au Louvre.

Plus tard, Puget exécuta un autre bas-relief, la *Peste de Marseille*, bas-relief comme composition plus défectueux encore que l'Alexandre. Il cherche trop le pittoresque, il est trop peintre ; mais ici, comme partout, comme toùjours, avec son incomparable ciseau, il reste le grand Puget.

La vie de ce célèbre sculpteur fut, comme nous l'avons contée, mêlée de pluie et de soleil, mais sa réputation alla sans cesse en s'affermissant ; il se vit grandir, et ses dernières années ne furent point soumises à ses poignantes anxiétés du besoin qui tourmentent trop souvent la fin des artistes. Son testament, que nous possédons, prouve qu'il était sinon riche, du moins fort à son aise, Il possédait plusieurs maisons, des clos, un pavillon de campagne, des terrains à bâtir, et le mobilier de son pavillon, de sa maison de Toulon et de sa demeure à Marseille a pu être estimé valoir la somme de trente-mille francs. Il avait, d'accord avec sa femme, Magdeleine de Tambourin, fondé une petite chapelle, ce qui ne laisse aucun doute sur l'aisance dont il jouissait.

Le testament de Puget, la pièce la plus confuse que nous possédions en ce genre, est du 29 novembre 1694 ; il mourut trois jours après l'avoir dicté. Son corps fut porté le 2 décembre à l'église de l'Observance. Que sont devenus ses restes ? On l'ignore ; Marseille n'a pas veillé sur eux comme elle le devait, et ce n'est que bien des années après qu'elle a élevé une statue à un de ses plus glorieux fils, au plus grand artiste qu'elle ait produit. Qu'importe du reste ce tardif hommage à la gloire de Puget ! Ses œuvres sont là, elles parlent plus haut que sa froide image. Tant qu'un ciseau fouillera le marbre, le nom de Pierre Puget ne périra pas.

A. GENEVAY.

NEIGE

Dans la brume du soir qui tombe,
La première neige a voilé
Maison joyeuse et morne tombe
De son linceul immaculé.

Oh! si la bise était moins froide,
Quel beau paysage à saisir !
Les vieux murs, vêtus d'herbe roide,
Se poudreraient à plaisir ;

Telles que des points de Malines,
Déjà, sous d'invisibles doigts,
Les plus charmantes mousselines
Se drapent à travers les bois ;

Et là-haut les deux tours jumelles
Qui, sur les angles du château,
Se dressent aux cieux gris comme elles,
Se tendront d'hermine bientôt...

Pendant que cet hiver champêtre
Va tout son charme déployer,
Qu'il fait bon fermer la fenêtre
Et se rapprocher du foyer !

E. EHRTONE.

FLEURS D'HIVER

A Eugène Manuel.

Dans la campagne, hier, tout était morne et sombre ;
Les vieux pins demi-morts courbaient leurs fronts lassés
Et les brouillards semblaient, dans la grise pénombre,
    Des chœurs de trépassés.

Rien de vivant ; partout la neige blanche et dure...
Le froid saisit mon cœur à ce muet accueil,
Et, triste, je compris que toute la nature
    Portait son propre deuil.

Dans les bosquets transis, les arbres sans feuillages
Frissonnaient, quand soudain, brillant sur leur fronts roux,
Un rayon de Soleil, du milieu des nuages
    Vint tomber, pâle et doux.

A peine avait-il lui sur la neige éclatante
Que, s'éveillant joyeuse à son lointain appel,
S'ouvrit sous un buisson une touffe hésitante
    De roses de Noël.

Elles semblaient sourire au rayon solitaire
Et tournaient longuement vers lui leurs grands yeux d'or,
Tandis qu'à leurs côtés et partout sur la terre
    L'hiver planait encor.

Le Soleil irisait de teintes idéales
Leurs boutons entr'ouverts, si frêles et si blancs !
Le givre des buissons tombait dans leurs pétales
    En pleurs éblouissants !

Et je pensais : O vie ! ainsi tu te révèles,
Tu palpites encor où tout semblait fini,
Comme un foyer latent jette des étincelles
    Sous un souffle béni.

Ainsi l'âme, parfois, aux jours des défaillances
Voit ses plus chers espoirs s'éteindre et se flétrir —
Loin des rêves déçus de ses jeunes croyances,
    Elle se sent mourir.

Qu'il faudrait peu de chose : un rayon dans les nues,
Un regard, un sourire, un mot, que sais-je encor ?
Pour lui rendre soudain des forces inconnues
    Dans un nouvel essor !

François CASALE.

LES MERVEILLES DE LA VÉGÉTATION

(SUITE)

On sait qu'un arbre transporté d'une montagne dans la plaine croîtra beaucoup plus vite, et son bois deviendra plus doux et moins durable ; réciproquement, un arbre né dans la plaine et transporté sur une montagne croîtra moins rapidement, mais son bois sera beaucoup plus dur. C'est en cultivant de la sorte, qu'on est parvenu à rendre courtes les grandes tiges. Ainsi le **Dahlia variabilis** a été réduit de moitié par la culture des jardins. Les **feuilles** peuvent, elles aussi, subir d'innombrables métamorphoses provenant de la culture, des maladies, des changements de saisons ou des attaques des insectes. Dans cette plante croissant au milieu des varechs, sur le bord de la mer, avec sa tige maigre et ses petites feuilles plates, qui donc reconnaîtrait la plante qui a produit le chou succulent de nos jardins avec sa tige forte et charnue, ses larges feuilles qui, n'ayant pas assez de place pour s'étendre, se réunissent en **cœur** de plusieurs pieds de circonférence.

Les métamorphoses des fleurs sont encore plus fréquentes, c'est ce qui permet aux fleuristes d'obtenir les brillantes variétés qu'ils nous font admirer. Ces transformations consistent dans un accroissement des pétales, changement des pétales en étamines et modification des couleurs. Les fleurs **doubles** sont produites par la multiplication des pétales aux dépens des étamines ; chez les fleurs **pleines**, la multiplication est poussée si loin, qu'on fait disparaitre toutes les étamines. Voulez-vous avoir une idée juste de ce que peut faire ici le travail de l'homme ? Comparez la rose sauvage à cinq pétales avec la rose de Provence de nos jardins où les pétales se comptent par centaines.

On est en possession de quelques lois sur le changement des **couleurs**. Une fleur **bleue** deviendra **blanche** ou **rouge**, mais jamais d'un **jaune brillant** ; une fleur **très jaune** deviendra **blanche** ou **rouge**, mais jamais **bleue**. Les fleurs **blanches** ayant une tendance au **rouge** ne deviendront jamais **bleues** quoiqu'on puisse les changer en **jaune**.

La renoncule qui est d'un **jaune brillant**, devient par la culture : **rouge, écarlate, pourpre**, et de presque toutes les couleurs, excepté **bleue**.

Les changements que l'on fait subir aux fruits sont aussi nombreux et généralement salutaires. Les diverses espèces de pommes dérivent toutes du petit pommier sauvage de nos haies. Le prunel-

lier est le père de nos prunes si douces et si délicates. La culture
a de tels avantages que, de fruits acides, secs et nuisibles, elle peut
faire des fruits doux, charnus et bienfaisants.

IV. — LA TRANSMUTATION DES PLANTES

Les métamorphoses qui s'opèrent dans les végétaux peuvent être
découvertes par tous ceux qui s'occupent de botanique ; il suffit
pour cela d'avoir un peu d'attention et de faire de nombreuses
expériences.

Nous ne surprendrons personne ici, en avançant qu'une **étamine**
est une feuille modifiée pour l'accomplissement d'un but spécial et
qu'une feuille peut, par certaines modifications de culture, acquérir
une dimension plus grande. Mais, ce qui étonnera quelques-uns
c'est de dire qu'un **grain d'avoine** peut donner naissance à une
plante de riz. Cependant cette doctrine est appuyée sur de nombreuses expériences.

Cette transmutation s'opère si l'on sème l'avoine tard, vers le milieu de l'été, par exemple, et si l'on a le soin de couper la tige **deux
fois** pendant qu'elle est verte et avant que les épis aient poussé. Il
en résultera qu'un certain nombre de plantes ne mourront pas pendant l'hiver, et au printemps suivant, on aura des tiges et des grains
qu'il serait presque impossible de distinguer du plus beau riz. Si
l'on avait semé de l'**orge**, on aurait pu ensuite récolter de l'avoine.

Pour que ces expériences réussissent, il faut les conduire avec
beaucoup de soin. Mais que ceux qui voudront opérer cette transmutation s'y prennent ainsi : semer de l'avoine vers la fin juin et couper la tige verte pendant **deux fois** avant que les épis aient paru et
la transmutation s'opérera sans nul doute comme nous l'avons indiqué.

Que devons-nous conclure de cela? C'est que l'**avoine** et le **riz,**
l'**orge** et l'**avoine** ne sont que des **variétés**, et non des **espèces** du
même **genre**.

Après avoir ainsi parlé des quelques phénomènes végétaux relatifs
à la croissance, à la reproduction et à la disposition des plantes,
nous dirons aussi quelques mots sur la grandeur, la longévité, les
sensations, touchant ces intéressants êtres de la Nature.

Paul CALMET.

LA CHANSON DES MOIS

DÉCEMBRE

« DES yeux rouges, des nez bleuis,
Des coryzas, des engelures,
De la bise et des vents coulis,
Des tuiles tombant des toitures,
Souvent l'onglée au bout des doigts
Et, sans les chercher, des glissades,
Voilà les cadeaux de ce mois, »
Grognent en chœur les gens maussades.

Les passants sont emmitouflés
Dans de fantastiques toilettes,
D'aucuns, pour n'être pas gelés,
S'agitent comme des sonnettes.
Du violet sur les minois,
De l'incohérence en l'allure :
Voilà les tableaux de ce mois,
Où sévit la noire froidure.

La neige tombe, un blanc tapis
S'étend au seuil de tous les gîtes.
C'est comme si, dans le ciel gris,
On effeuillait des marguerites.
Les bébés entre eux disent : « Vois,
Les choses sont bien arrangées,
Il pleut du sucre dans ce mois,
Pour qu'on fabrique les dragées. »

Mais, à la veille de Noël,
Laissant dehors frimas et glace,
Chacun va, d'un air solennel,
Autour du sapin prendre place.
On n'entend plus que fraîches voix,
Emplissant de gaieté la chambre,
Babillant toutes à la fois.
Voilà les plaisirs de Décembre.

Gais réveillons, marrons glacés,
Bonbons, avalanches d'étrennes,
Souhaits bien ou mal énoncés,
Cartes et lettres par centaines.
L'espoir d'un bon premier de l'an
Dans tous les cœur fait antichambre,
Tel est, pour beaucoup, le bilan
Du rigoureux mois de Décembre.

D. Mon.

BIBLIOGRAPHIE

L'**Avenir Artistique** du 1er Décembre offre un choix d'excellentes pages, qui font bien augurer de ses succès à venir. C'est d'abord une nouvelle originale : *Conversion*, par Gaston Crillet; un sonnet très joyeux : *Dernier Amour*, par Maurice Clairouin ; *la Statue*, monologue comique, par Ernest Bonneau ; une fort jolie *Ballade* de René de la Palme ; la suite de *l'Histoire très véridique de Hans-Christian Kremsierdals*, par Paul-Joseph Mantoux; *Idéal*, poésie, par H.-L. Teneur ; le commencement d'*Etudes d'Art*, par Raoul Carré; puis un autre sonnet de Maurice Clairouin: *Eros ;* une intéressante *Chronique théâtrale* signée André Serph; une *Causerie Musicale* de J. Valfleury ; un *Courrier Artistique*, par Pierre Brun; les *Echos et Coulisses* notés par un Sphinx; enfin un article sur les livres et revues, parmi lesquels nous relevons ce passage :

« L'**Aube d'une Femme**, poésies par Miss E. Ehrtone, avec préface de M. L. Roger-Milès : un coquet volume chez *J. Rouam et Cie*, éditeurs, 14, rue du Helder. Bien joli ce petit volume où s'exhale l'âme d'un vrai poète e' des vers d'une irréprochable facture, très doux, très tendres, avec 'e longs rappels mélancoliques aux amours et aux choses défuntes. Le poëte a vingt ans. Un petit roman *Gaëtane* l'a déja fait connaître aux délicats. Il y a plusieurs parties dans le volume : *D'après nature, Fresques, Poèmes gaulois, Au fond d'un cœur, Au hasard, Dans les Rêves;* des vers socialistes même, mais l'auteur sait se garer du fatras habituel aux poètes de ce genre. Il y a de bien beaux sonnets et parmi: *Soir, les Arbres, les Oiseaux de Paradis, la Saulaie. Anniversaire* surtout, un rêve et un bel appel à l'espérance.

En voyant éclore cette aube rayonnante, je suis heureux de songer que Miss E. Ehrtone a pris un engagement de nous donner encore de beaux vers et que, s'il est parmi les poètes des oiseaux de passage, il en est aussi beaucoup de fidèles à la Lyre génératrice: l'auteur de *l'Aube d'une Femme*, est un de ces fidèles, et nous devons nous en féliciter. »

L'Avenir Artistique a ses bureaux, 12, avenue Rapp, Paris, et le prix de l'abonnement n'est que de 6 fr. 50 par an, quoique ce journal, édité avec soin, paraisse deux fois par mois.

Au Golfe de Benin

SONNET

Dodds, le brave, le fier, le crâne, en triomphant
D'un ciel plus meurtrier encore que les balles,
Ajoute un beau chapitre aux superbes annales
De la France dont il est le sublime enfant.

Behanzin, le féroce ennemi, se défend
Mais, malgré les efforts de ses hordes brutales,
Il doit laisser passer le grand vainqueur qui fend
L'espace pour punir les cruels cannibales.

Disparaissez, bourreaux aux monstrueuses mains,
Eloignez-vous aussi, sacrifices humains,
Plaisir du féticheur, régal de l'amazone.

Plus d'esclave, de chaîne au libre Dahomey
Depuis que nos couleurs flottent sur Abomey
Renversant sans retour un sanguinaire trône !

A. ELLIVEDPAC.

Villeneuve-les-Béziers, 1er Décembre 1892.

LE FORGERON

Aux premiers feux du jour, le forgeron se lève
Et revêt en chantant son large tablier :
C'est un bon ouvrier et quand la nuit s'élève,
On le voit travailler encore à l'atelier.

Il a le parler franc et la voix un peu rude,
La fumée a noirci son visage et ses bras,
Mais son corps est rebelle à toutes lassitudes,
Et devant la besogne, il ne recule pas.

Sous les efforts puissants du soufflet qui l'attise,
La forge à s'allumer ne peut tarder longtemps,
La flamme va jaillir et la muraille grise
S'éclairera soudain de reflets éclatants.

Saisissant son marteau plus léger qu'une plume
Dans ses robustes mains, il le brandit en l'air,
Et cadançant son rythme, il frappe sur l'enclume
Avec un bruit pareil à celui de l'enfer.

Les étincelles d'or s'éparpillent en gerbes
On dirait, à les voir, un déluge de feu,
Fantastique tableau vraiment des plus superbes
Et comme, sur la terre, il en existe peu.

Tape dur et longtemps, hardi, ferme, courage !
Et les coups pleuvent drus, c'est pour gagner du pain !
Une nuit de repos et gaîment à l'ouvrage,
Pour nourrir tes enfants tu reviendras demain.

Ainsi va la semaine et sans que l'on y pense,
Arrive le dimanche, alors on peut fermer,
Il faut bien se payer un peu de jouissance,
Et ce n'est pas un mal, ce jour-là, de chômer.

Ali Vial de Sabligny.

JEUX D'ESPRIT

JEU DE PATIENCE

partis	les	ti	plais	ans de la gaie
BONNE	AN	NÉE	AUX	LECTEURS
terie des	té	Oise	gaul	aiment la

Il s'agit de grouper les syllabes éparpillées dans ce tableau et de construire une phrase offrant un sens.

A. ELLIVEDPAC.

PRIME. — Un exemplaire des *Ellivedpaciennes illustrées* au devineur désigné par le sort.

Les solutions doivent être adressées à M. *Ellivedpac*, à *Villeneuve-les-Béziers (Hérault)*.

LOGOGRIPHE

Oui : dans ce logogriphe on découvre aisément
Quinze mots pour le moins, peut-être davantage.
D'abord : le principal — objet qui fait tapage :
— Un enfant né malin qui donne du tourment ;
— Une construction très haute dans le monde ;
— Attifet dont on pare et la brune et la blonde ;
— Un souverain célèbre au sol oriental ;
— Ce qu'on met sur le dos de certain animal ;
— Visible et nécessaire au centre d'un navire ;
— Un métal qui, souvent, fait que l'honneur chavire ;
— Une appellation chez Messieurs les anglais ;
— Ce qui, non dégrossi, n'est pas dans les palais ;
— Vieille ville au levant – je crois — en Galilée ;
— Ce qu'on voit sur la noix avant d'être écalée ;
— Vous trouverez aussi, bel et bien, trois pronoms ;
C'est donc bien quinze mots à nous dire les noms.
— Ah ! j'allais oublier celui d'un vieux poète ;
— Celui d'un crustacé. — Et je finis l'enquête.

ECNATSNOC D.-P.

Puy-de-Dôme, 28 Novembre 1892.

PRIME. — Deux dessins à tous les abonnés qui enverront cette solution avant le 1er janvier.

LE DÉCOUPAGE POUR TOUS

LORIN AINÉ

A PARIS

Modèle déposé.

N° 854. *15 Décembre 1892.*

BOITE A JEUX (*Suite*).

Card Box

Scatola da giuoco.

Caja para juego.

Speelkaartenetui.

Spielkasten.

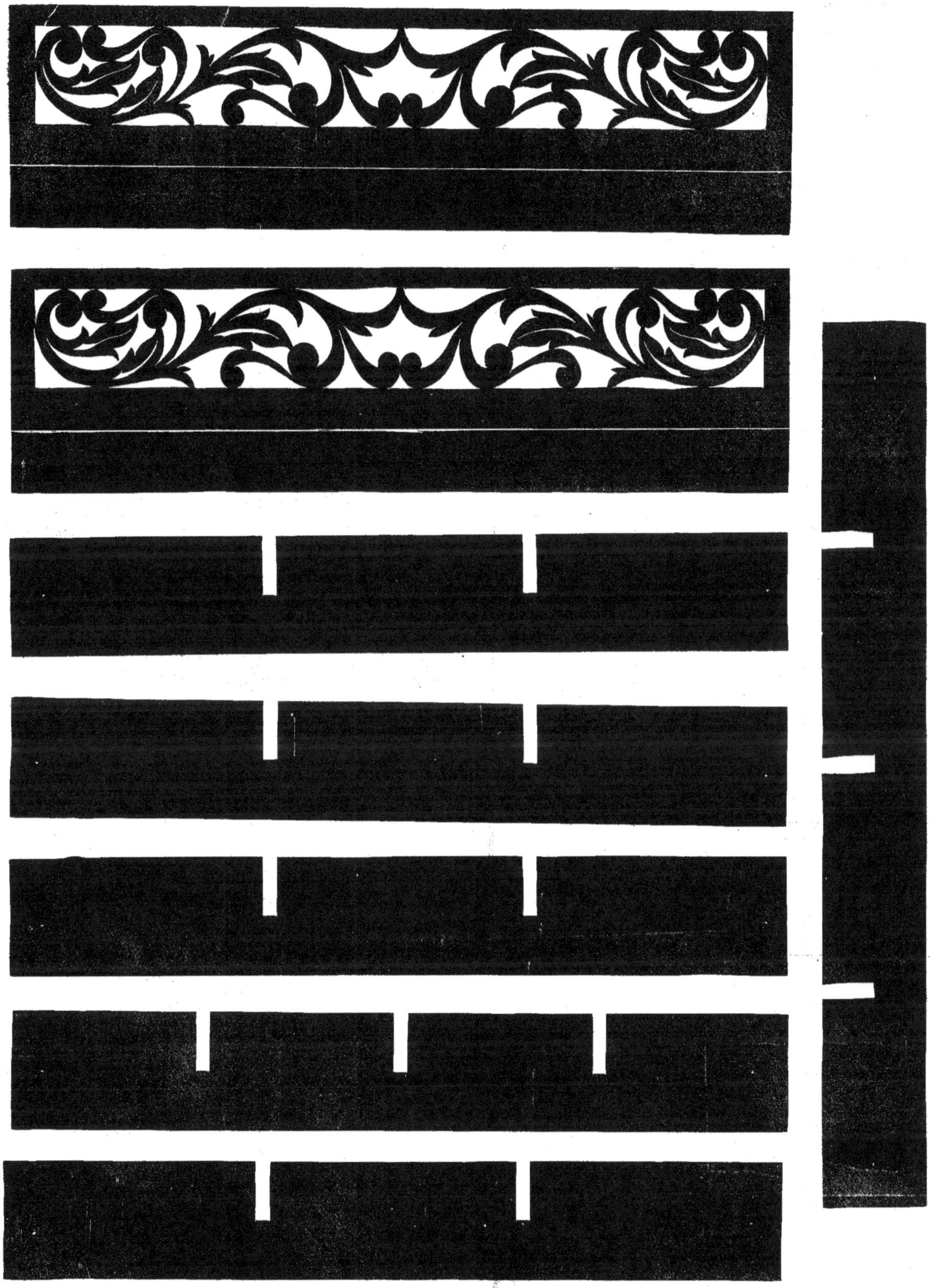

MENSUEL. — N° 2 — (Pl. 824-825).   24ᵉ Année   15 Février 1892.

LA REVUE

ARTISTIQUE & LITTÉRAIRE

POUR TOUS

et LE DÉCOUPAGE POUR TOUS

réunis

PARIS

MENSUEL. — N° 3. — (Pl. 826-828).   24ᵉ Année   15 Mars 1892.

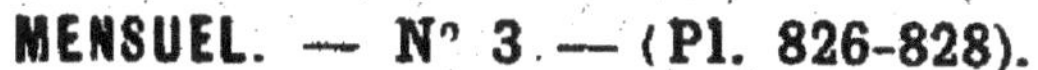

La Revue

Artistique & Littéraire

POUR TOUS

et Le Découpage pour Tous

réunis

PARIS

MENSUEL. — N° 4. — (Pl. 832-834).   24ᵉ Année   15 Avril 1892.

La Revue

Artistique & Littéraire

POUR TOUS

et Le Découpage pour Tous

réunis

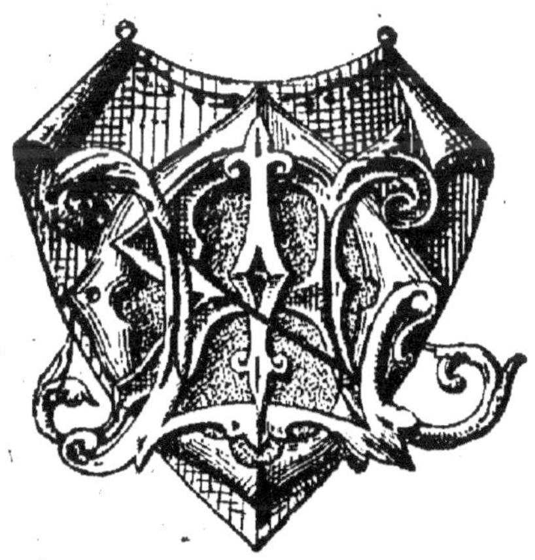

PARIS

MENSUEL. — N° 5. — (Pl. 836-838).   24ᵉ Année   15 Mai 1892.

LA REVUE

ARTISTIQUE & LITTÉRAIRE

POUR TOUS

et LE DÉCOUPAGE POUR TOUS

réunis

PARIS

Billets d'Aller et Retour pour **Chamonix** (par Cluses)

EXCURSIONS AU · MONT - BLANC

Des gares ci-dessous A CHAMONIX et retour	ITINÉRAIRE	PRIX DES BILLETS			Validité.
		1re cl.	2e cl.	3e cl.	jours
Paris (1)...	Dijon, Mâcon, Ambérieu, Bellegarde, Genève-Cornavin, Genève-E.-V. ou St-Julien-en-Genevois, Annemasse..........	127 05	95 40	67 05	15
Lyon-Perrache (1).	par Genève ou directement.	50 25	40 15	31 »	10
Genève-Eaux-Vives.	La Roche-sur-Foron...	22 05	19 80	17 75	8
Aix-les-Bains.....	do	31 15	26 35	22 05	8
Annecy........	do	24 40	21 50	18 90	8
Evian-les-Bains...	do	27 60	23 89	20 40	8
Thonon-les-Bains..	do	26 10	22 70	19 70	8

(1). Les voyageurs ont à pourvoir à leurs frais au transport de leur personne et de leurs bagages entre la gare de Genève-Cornavin et celle de Genève-Eaux-Vives.

NOTA. — Le parcours entre la gare de Cluses et Chamonix est effectué par les voitures de la Société de correspondance des Chemins de fer de P.- L.-M. et du Jura-Simplon, 28, Grand-Quai, à Genève.

Arrêt facultatif à toutes les gares situées sur le parcours.

La validité des billets part du jour de l'émission, ce jour non compris. Elle peut être prolongée une seule fois, d'une période égale à la durée primitive, moyennant le paiement d'un supplément de 10 °/₀ du prix du Billet.

Il est accordé une franchise de 30 kilos de bagages sur tout le parcours.

CHEMINS DE FER DE PARIS-LYON-MÉDITERRANÉE

Billets d'Aller et Retour

de PARIS à BERNE et à INTERLAKEN

Via Dijon-Pontarlier, Les Verrières-Neuchâtel, ou réciproquement

PRIX DES BILLETS:

	ITINÉRAIRE	PRIX DES BILLETS			Validité.
		1re cl.	2e cl.	3e cl.	jours.
Paris à { Berne....... / Interlaken... } et vice-versa	Dijon-les-Verrières	102 » / 114 »	76 » / 86 »	56 » / 62 »	60

Billets délivrés du 15 Avril au 15 Octobre à la gare de Paris-Lyon et dans les bureaux-succursales.

Arrêt facultatif à toutes les gares situées sur le parcours.

Franchise de 30 kilos de bagages sur le parcours P.-L.-M.

Trajet rapide de Paris à Berne en 11 heures 1/2 sans changement de voiture, en 1re et 2e classe. **Sleeping-Car dans les trains de nuit.**

Le Gérant: V.-A. CRESSON.

Paris — Imp. L. t A. CRESSON frères, 5, rue Chapon.

WAGONS-SALONS

AVEC CABINET DE TOILETTES & WATER-CLOSET

Dans le but d'être agréable aux familles et aux sociétés et de leur faciliter le voyage en commun dans les meilleures conditions de confort, la Compagnie P.-L.-M. a décidé de réduire le prix de location de ses Wagons-Salons.

En conséquence, depuis le 1er Janvier 1892, les places de Wagons-Salons sont mises à la disposition du public, moyennant le paiement du prix de 1re classe augmenté d'un supplément calculé d'après la distance parcourue et la nature des trains utilisés.

Les Wagons-Salons ne sont loués qu'en entier et moyennant le paiement minimum du prix afférent à sept places de Wagon-Salon.

La Compagnie n'est tenue de déférer à la demande de Wagon-Salon qu'autant qu'il s'en trouve de disponible dans la gare où la demande lui en est faite.

Toute personne qui retient à l'avance un Wagon-Salon doit déposer comme garantie, une somme de 50 fr., qui est acquise à la Compagnie dans le cas où le wagon n'est pas utilisé au jour indiqué.

Si le wagon demandé pour un jour déterminé n'est utilisé, par le fait du voyageur, qu'à une date postérieure à celle indiquée primitivement, la Compagnie peut :

Soit ne pas laisser stationner le Wagon-Salon, auquel cas la somme de 50 fr. versée comme garantie, lui reste acquise ;

Soit conserver le Wagon-Salon jusqu'à la nouvelle date de départ désignée, en faisant payer un prix de 10 fr. par période indivisible de 24 heures pour le stationnement du véhicule.

Le locataire d'un Wagon-Salon qui désirerait fractionner son voyage, devra si les exigences du service permettent d'accueillir sa demande, payer, pour chaque stationnement, un loyer de 10 fr. par période indivisible de 24 heures.

En cas de voyage aller et retour en Wagon-Salon, la perception minima est calculée sur la distance cumulée des trajets d'aller et de retour, lorsque le retour s'effectue le jour même dans lequel s'est achevé le voyage d'aller.

MAISON DE LA PHOTOGRAPHIE POUR TOUS

Fondée à Bordeaux en 1802

91, Rue Malbec

Papier à Cigarettes : **LE MIROIR PHOTOGRAPHIQUE**

Ce papier, qui ne craint pas la comparaison avec n'importe quel autre — un seul essai suffira pour s'en convaincre — est orné de *Portraits photographiques* de célébrités politiques, scientifiques, littéraires, etc., etc.

Le Cahier de 75 feuilles   **10** centimes.

NOTA. — Si le fumeur désire son propre portrait sur chaque cahier, il lui suffira de faire parvenir sa photographie (n'importe quel format). — Dans ce cas, la commande ne devra pas être inférieure à 25 cahiers. Les photographies données à reproduire sont rendues *intactes* avec les cahiers demandés.

Le Gérant : V.-A. CRESSON.

Paris. — Imp. L. et A. CRESSON frères, 5, rue Chapon.

Sommaire du **Monde Illustré**, 40, place Jacques-Cartier, à Montréal. — A la bonne franquette, *F. de Saint-Maurice*. — Victimes du feu, *J. Saint-Elme*. — La dernière Mouche, *Mme Duval Thibault*. — Le vieux Portrait, *Miss E. Ehrtone*. — Fidélité suprême, *René de Saint-Ange*. — Les Pauvres, *Frédéric de Spengler*. — Notes et faits. — Chronique drôlatique, par *Mulot*. — Essai d'un conte, *Un Provincial*. — Correspondance littéraire, *F.-X. Burque*. — Petit Poème en prose, *E -Z. Massicotte*. — Nos Gravures, *J. Saint-Elme*. — Nos Primes. — Un Amour sous les frimas, *Louis Tesson*. — Carmen (suite). — Jeux d'esprit. — Recherches historiques, *Paul Calmet*. — Choses et Autres.

GRAVURES : Portrait de Mehemet Tewfick-Pacha, de la princesse Emmeh, veuve de Tewfick-Pacha, d'Abbas-Pacha, le nouveau khédive d'Egypte. — Au Maroc : les collecteurs de taxes dans un village des Montagnes. — La Famine en Russie. — L'Hiver. — Gravures du feuilleton.

CHEMINS DE FER DE PARIS-LYON-MÉDITERRANÉE

BILLETS D'ALLER & RETOUR DE 1re CLASSE

POUR

NICE & MENTON

Validité : **20 jours,** *non compris le jour de départ*

Avec facilité de prolongation de deux périodes de **10 jours,** moyennant le paiement, pour chaque période, d'un supplément de dix pour cent (10 °/₀)

DES GARES CI-DESSOUS à NICE et MENTON	PRIX des Billets		DES GARES CI-DESSOUS à NICE et MENTON	PRIX des Billets	
	fr.	c.		fr.	c.
Paris	190	»	Dijon	137	»
Belfort	170	»	Genève	132	»
Vesoul	164	»	Clermont-Ferrand	116	»
Gray	149	»	Lyon	103	»
Nevers	145	»	Cette	70	»
Is-sur-Tille	142	»	Nîmes	65	,

ÉMISSION DES BILLETS

1° Du **18** au **28 Février 1892** inclusivement :
2° Du **5** au **14 Mars 1892** inclusivement
3° Du **7** au **17 Avril 1892** inclusivement

NOTA. — Les voyageurs pourront s'arrêter, tant à l'aller qu'au retour, à toutes les gares du parcours, ainsi qu'à **Hyères,** à charge par eux de faire apposer, à l'arrivée, dans une des cases qui existent au dos du billet, le timbre de la gare où ils s'arrêteront.

Ces billets donneront accès dans tous les trains, à l'exception du train rapide n° 7 (partant de Paris à 8 h. 25 du soir), dans le parcours de Paris à Marseille, et du train rapide n° 10 (partant de Menton à 11 h. 33 du matin et de Nice à midi 55) sur tout le parcours de Menton à Paris.

Les voyageurs porteurs de ces billets d'aller et retour pourront prendre, moyennant le payement du supplément perçu des voyageurs porteurs de billets à plein tarif, les **Trains de luxe** composés de Lits-Salons et de Sleeping-Cars, qui partent chaque jour de **PARIS-NORD** à 7 h. 40 du soir, et de **MENTON** à 1 h. 29 du soir.

Demander le prospectus détaillé, qui est distribué gratuitement dans les Gares et les Bureaux de ville de la Compagnie.

Le Gérant: V.-A. CRESSON.

Paris — Imp. L. et A. CRESSON frères, 5, rue Chapon.

CARTES DE CIRCULATION A DEMI-PLACE
sur toutes les lignes des grands réseaux français

Il est délivré des Cartes nominatives et personnelles valables pendant 3 mois, 6 mois ou 1 an, et donnant droit à circuler à demi-place sur toutes les lignes du réseau du P.-L.-M., de l'Est, de l'Etat, du Midi, du Nord, d'Orléans et de l'Ouest.

Ces cartes sont délivrées moyennant le paiement préalable des prix suivants :

PRIX POUR :	3 MOIS	6 MOIS	1 AN
A. — Cartes donnant droit à des billets à demi tarif de toute classe.	200 »	300 »	400 »
B. — Cartes donnant droit à des billets à demi-tarif de 2e et 3e classe	150 »	225 »	300 »
C. — Cartes donnant droit à des billets à demi-tarif de 3e classe seulement	110 »	165 »	220 »

Il sera perçu en outre, à chaque voyage, la moitié du prix d'un billet simple (place entière) de la classe demandée par le voyageur, pour le parcours qu'il veut effectuer, le porteur de la Carte **A** pouvant choisir à son gré, l'une des 3 classes, le porteur de la Carte B, la 2e ou la 3e classe, à l'exclusion de la 1re, et le porteur de la Carte **C**. n'ayant droit qu'à la 3e classe seulement.

Ces billets à demi-tarif seront délivrés au titulaire sur la présentation de sa Carte dans toutes les gares et stations des réseaux, et seront valables dans tous les trains qui prennent réglementairement les voyageurs à plein tarif, de la classe du billet demandé.

Les Cartes courent du 1er et du 16 de chaque mois et doivent être demandées au moins 5 jours à l'avance.

Sommaire de Janvier de **Chimère**, Directeur : Paul REDONNEL, 54, Cours Gambetta, à Montpellier : — *Paul Redonnel*, Bon an. — *Georges Touchard*, Frêles fleurs. — *Marius Dillard*, Tableau de laque (rondel). — *A. Loubat*, Crépuscules, — *José Hennebicq*, Lettres folles. — *Joseph Loubet*, Les Félibres (suite et fin). — *André Lancy*, Depuis... — *Henri Mazel*, Obsession, — *Y. Rambosson*, Pour une. — *Paule Minck*, Pierre Lairain. — *Alexandre Boutique*, Le régiment qui passe. — *Léon Dequillebecq*, Critique dramatique. — Au pays de Chimère, par *Paul Redonnel* et *Joseph Loubet* (Thulé des Brumes, *d'Adolphe Retté* ; A la bonne franquette, de *Gabriel Vicaire* ; Li Papalino, de *Félix Gras* ; Scapin commissaire, de *Catulle Blée* ; Lassitudes, de *Louis Dumur* ; Lou Femelan, de *Henri Bouvet*.) — *Gabriel Vicaire*, Entrons au jardin d'amour, ballade. — *Roustoubique*, Petites Escales dans la Presse des Jeunes. — La Vie bleue. — Les Chimériques travaillent. — Poste restante.

Le Gérant : V.-A. CRESSON.

Paris — Imp. L. t.A. CRESSON frères, 5, rue Chapon.

MENSUEL. — N° 6 — (Pl. 839-840).   24ᵉ Année   15 Juin 1892.

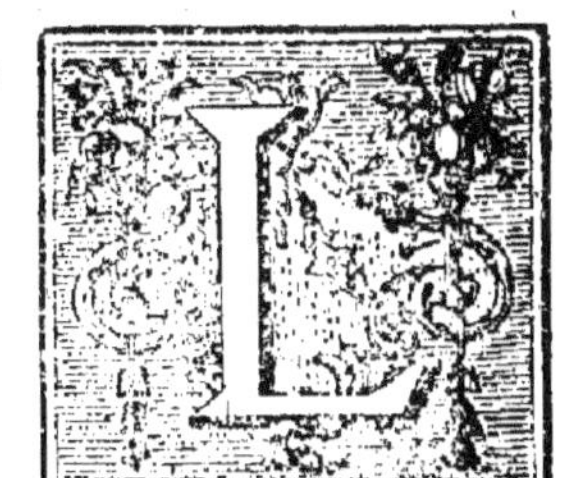

LA REVUE

ARTISTIQUE & LITTÉRAIRE

POUR TOUS

et LE DÉCOUPAGE POUR TOUS

réunis

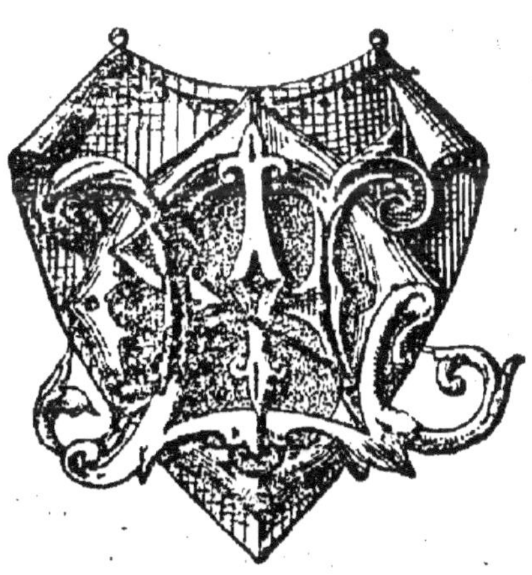

PARIS

MENSUEL. — N° 7. — (Pl. 843-844).   24ᵉ Année   15 Juillet 1892.

LA REVUE

ARTISTIQUE & LITTÉRAIRE

POUR TOUS

et LE DÉCOUPAGE POUR TOUS

réunis

PARIS

MENSUEL. — N° 8 — (Pl. 845-846).   24ᵉ Année   15 Août 1892.

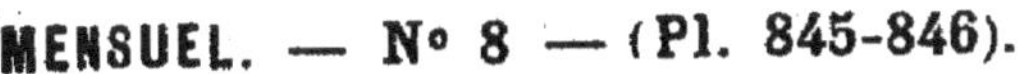

La Revue

Artistique & Littéraire

POUR TOUS

et Le Découpage pour Tous

réunis

PARIS

ENSUEL. — N° 9. — (Pl. 847-848). 24ᵉ Année 15 Septembre 1892.

LA REVUE

ARTISTIQUE & LITTÉRAIRE

POUR TOUS

et LE DÉCOUPAGE POUR TOUS

réunis

PARIS

Publications Recommandées:

— **L'Europe Artiste**, hebdomadaire, Directeur: Hébert, 8, rue Lamartine, Paris. — Un an : 40 fr.

— **Le Petit Médecin des Familles et l'Hygiène pratique réunis**, hebdom., Dir.: Dr Degoix, 24 *bis*, r. Rochechouart, Paris. Un an: 5 fr.

— **L'Echo de Gascogne**, bi-mensuel, Directeur: E. Guary, 38, rue Auguste-Gué, à Agen. — Un an : 7 fr. 50.

— **Le Biographe**, mensuel, Rédacteur en chef : Mme E. Lenoir, villa Marie, à Lormont-Bordeaux (Gironde). — Un an : 10 fr.

— **L'Architecte-Constructeur**, bi-mensuel, Directeur : L. Triboulet, 4, quai du Marché-Neuf, Paris. — Un an : 10 fr.

— **La Circulaire universelle**, Directeur : J. Chapelot, 91, rue Malbec, à Bordeaux.

— **Le Grillon du Foyer**, bi-mensuel, Editeurs: Attinger frères, libraires, à Neuchâtel (Suisse). — Un an : 3 fr. 50.

— **L'Echo des Travailleurs** (*Etoile des Charentes*), quotidien, 12, place de la Gendarmerie, à Angoulême. — Un an : 20 fr.

— **Le Moniteur Viennois**, hebdomadaire, Directeur: Ph. Remilly, imprimeur, à Vienne (Isère). — Un an : 12 fr.

— **Le Monde Illustré**, hebdomadaire, Propriétaires: Berthiaume et Sabourin, 40, place Jacques-Cartier, à Montréal (Canada).

— **Le Glaneur**, mensuel, Directeur : Pierre-Georges Roy, boîte de poste 55, à Levis P. Q. (Canada). — Un an : 5 fr.

— **La Revue du Foyer**, hebdomadaire, 19, quai Tilsitt, à Lyon. — Un an : 7 fr.

— **Le Coin du Feu**, mensuel, Directeur : A. Detry, 25, rue Neuve, à Verviers (Belgique). — Un an : 2 fr.

— **Revue de la Poésie**, mensuelle, Directeur : Elie de Biran, 3, avenue du Maine, Paris. — Un an : 6 fr.

— **Le Réveil Limousin**, bi-hebdomadaire, Directeur: Noury, à Limoges. — Un an : 10 fr.

— **L'Anthologie populaire**, mensuelle, Directeur : J.-L. Alquier, à Gruissan (Aude). — Un an : 4 fr.

— **Rouen-Artiste**, bi-mensuel, Rédacteur en chef: Marius Dillard. Secrétaires de la Rédaction: J. Doucet et Catulle Blée, 4, rue Grand-Pont, à Rouen. — Un an : 6 fr. 50.

Le Gérant : V.-A. CRESSON.

Paris — Imp. L. et A. CRESSON frères, 5, rue Chapon.

BILLETS D'ALLER & RETOUR COLLECTIFS

Délivrés dans toutes les Gares P.-L.-M.

POUR LES

VILLES D'EAUX

Desservies par le réseau P.-L.-M.

Il est délivré du **15 Mai** au **15 Septembre**, dans toutes les gares du réseau P.-L.-M., sous condition d'effectuer un parcours minimum de 300 kilom. aller et retour, aux familles d'au moins quatre personnes, payant place entière, et voyageant ensemble, des billets d'aller et retour collectifs de 1re, 2e et 3e classe, valables 30 jours pour les stations thermales suivantes : Aix, Aix-les-Bains, Albertville, Baume-les-Dames, Bollène-la-Croisière, Bourbon-Lancy, Carpentras, Cette, Chambéry, Charbonnières, Clermont-Ferrand, Cluses, Coudes, Digne, Euzet-les-Bains, Evian-les-Bains, Genève, Gières-Uriage, Goncelin-Allevard, Groisy-le-Plot-La-Caille, La Bastide-Saint-Laurent-les-Bains, Lépin-lac-d'Aiguebelette, Le Vigan, Manosque, Montélimar, Montpellier, Montrond, Moulins, Pougues, Riom, Roanne, Saint-Georges-de-Commiers, Saint-Julien-de-Cassagnas, Saint-Martin-d'Estréaux, Salins, Santenay, Sauve, Thonon-les-Bains, Vals-les-Bains-La-Bégude, Vandenesse-Saint-Honoré-les-Bains, Vichy, Villefort.

Le prix s'obtient en ajoutant aux prix de six billets simples ordinaires, le prix d'un de ces billets pour chaque membre de la famille en plus de trois, c'est-à-dire que les trois premières personnes paient le plein tarif et que la quatrième et les suivantes paient le demi-tarif seulement.

BILLETS D'ALLER ET RETOUR

DE

BAINS DE MER

Valables 33 Jours

Il est délivré du **1er Juin** au **15 Septembre** de chaque année des billets d'aller et retour de Bains de Mer, individuels et collectifs, de 1re, 2e et 3e classe, à prix réduits par les stations balnéaires suivantes : Aigues-Mortes, Antibes, Bandol, Beaulieu, Cannes, Hyères, La Ciotat, La Seyne-Tamaris-sur-Mer, Menton, Monaco, Monte-Carlo, Montpellier, Nice, Saint-Raphaël, Toulon et Villefranche-sur-Mer.

Ces billets sont émis dans toutes les gares du réseau P.-L.-M., et doivent comporter un parcours minimum de 300 kilomètres. Le prix des billets est calculé d'après la distance afférente au parcours réellement effectué d'après un barème faisant ressortir des **Réductions importantes** pour les billets individuels, pouvant s'élever jusqu'à **50 %** pour les billets de famille.

Publications Recommandées:

— **L'Europe Artiste**, hebdomadaire, Directeur: HÉBERT, 8, rue Lamartine, Paris. — Un an ; 40 fr.

— **Le Petit Médecin des Familles et l'Hygiène pratique réunis**, hebdom., Dir.: Dr DEGOIX, 24 bis, r. Rochechouart, Paris. Un an: 5 fr.

— **Le Conseiller des Dames et des Demoiselles**, hebdomadaire, 7, rue de Lille, Paris.— Un an: 24 fr.

— **L'Echo de Gascogne**, bi-mensuel, Directeur: E. GUARY, 38, rue Auguste-Gué, à Agen. — Un an : 7 fr. 50.

— **Le Biographe**, mensuel, Rédacteur en chef : Mme E. LENOIR, villa Marie, à Lormont, Bordeaux (Gironde). — Un an : 10 fr.

— **L'Architecte-Constructeur**, bi-mensuel, Directeur : L. TRIBOULET, 4, quai du Marché-Neuf, Paris. — Un an : 10 fr.

— **La Circulaire universelle**, Directeur : J. CHAPELOT, 91, rue Malbec, à Bordeaux.

— **Le Grillon du Foyer**, bi-mensuel, Editeurs : ATTINGER frères, libraires à Neuchâtel (Suisse). — Un an: 3 fr. 50.

— **L'Echo des Travailleurs** (*Etoile des Charentes*), quotidien, 12, place de la Gendarmerie, à Angoulême. — Un an : 20 fr.

— **Le Moniteur Viennois**, hebdomadaire, Directeur: PH. REMILLY, imprimeur, à Vienne (Isère). — Un an: 12 fr.

— **Le Monde Illustré**, hebdomadaire, Propriétaires: BERTHIAUME et SABOURIN, 40, place Jacques-Cartier, à Montréal (Canada).

— **Le Glaneur**, mensuel, Directeur: Pierre-Georges ROY, boîte de poste, 55, à Levis P. Q. (Canada). — Un an: 5 fr.

— **La Revue du Foyer**, hebdomadaire, 19, quai Tilsitt, à Lyon. — Un an : 7 fr.

— **Le Coin du Feu**, mensuel, Directeur : A. DETRY, 25, rue Neuve, à Verviers (Belgique). — Un an : 2 fr.

— **Revue de la Poésie**, mensuelle, Directeur : Elie DE BIRAN, 3, avenue du Maine, Paris. — Un an: 6 fr.

— **Le Réveil Limousin**, bi-hebdomadaire, Directeur: NOURY, à Limoges. — Un an : 10 fr.

— **L'Anthologie populaire**, mensuelle, Directeur : J.-L. ALQUIER, à Gruissan (Aude). — Un an : 4 fr.

Le Gérant : V.-A. CRESSON.

Paris — Imp. L. et A. CRESSON frères, 5, rue Chapon.

·RELATIONS DIRECTES ENTRE .

PARIS ET L'ITALIE

viâ Mont-Cenis

Billets d'aller et retour de **Paris** à **Turin**, à **Milan** et à **Venise**
viâ **Dijon, Macon, Aix-les-Bains, Modane**

PRIX DES BILLETS :

Turin	1re classe	147 60,	2e classe	106 10	)	VALIDITÉ
Milan	--	166 35,	—	119 »	}	30
Venise	—	216 35,	—	154 »	)	Jours

Ces billets sont délivrés toute l'année à la gare de Paris-Lyon et dans les bureaux succursales.

La validité des billets d'aller et retour **Paris-Turin** est portée gratuitement à 60 jours, lorsque les voyageurs justifient avoir pris, à Turin, un billet de voyage circulaire intérieur italien.

D'autre part, la durée de validité des billets d'aller et retour **Paris-Turin** peut être prolongée d'une période unique de 15 jours, moyennant le paiement d'un supplément de **14 75** en 1re classe et **10 60** en 2e classe.

ARRÊTS FACULTATIFS

A TOUTES LES GARES DU PARCOURS

Franchise de 30 kilogr. de bagages sur le parcours P.-L.-M.

TRAJET RAPIDE { DE PARIS A TURIN EN **16** HEURES. { DE PARIS A MILAN EN **19** H. 1/2.

CHEMINS DE FER DE PARIS-LYON-MÉDITERRANÉE

VOYAGES CIRCULAIRES

à itinéraires fixes

Il est délivré pendant toute l'année, à la gare de Paris-Lyon, ainsi que dans les principales gares situées sur les itinéraires, des billets de voyages circulaires fixes, extrêmement variés, permettant de visiter en *1re et en 2e classe*, à des *prix très réduits*, les contrées les plus intéressantes de la France, (notamment l'**Auvergne**, le **Dauphiné**, la **Savoie**, la **Provence**, les **Pyrénées**, etc), ainsi que l'**Algérie**, la **Tunisie**, l'**Espagne**, le **Portugal**, l'**Italie**, la **Suisse**, l'**Autriche** et la **Bavière**.

AVIS IMPORTANT

Les plus amples renseignements sur les **Voyages circulaires** et d'**Excursions** (prix, conditions, cartes et itinéraires), ainsi que sur les billets simples et d'aller et retour, cartes d'abonnement, relations internationales, sont renfermées dans le **Livret-guide des Voyages circulaires** édité par la Compagnie P.-L.-M., et mis en vente dans ses principales gares et bureaux de ville au prix de 30 centimes.

:L. — N° 10. — (Pl. 849-850).   24ᵉ Année   15 Octobre 1892.

LA REVUE

ARTISTIQUE & LITTÉRAIRE

POUR TOUS

et LE DÉCOUPAGE POUR TOUS

réunis

PARIS

MENSUEL. — N° 11. — (Pl. 851-852).   24ᵉ Année   15 Novembre 1892.

La Revue

Artistique & Littéraire

POUR TOUS

et Le Découpage pour Tous

réunis

PARIS

MENSUEL. — N° 12. — (Pl. 854-855). — 24ᵉ Année.

La Revue

Artistique & Littéraire

POUR TOUS

et Le Découpage pour Tous

réunis

PARIS

ÉTRENNES 1893

En Vente au bureau du Journal des Demoiselles, 48, rue Vivienne

LE LIVRE DE LA FEMME D'INTÉRIEUR

TABLE — COUTURE — MÉNAGE

Par RIS-PAQUOT

1 volume in-8º avec nombreuses illustrations. Prix, **6 fr.** ; toile, **7 fr.**

Ce volume est une véritable petite encyclopédie pratique à l'usage des dames. Elles y trouveront tout ce qui les intéresse, car tous les devoirs, toutes les difficultés que peut avoir une maîtresse de maison sont prévus et étudiés dans l'ouvrage. Des gravures pratiques, comme l'art d'arranger une table ou celui de tailler un patron pour un vêtement, facilitent la compréhension du texte.

SOIXANTE-ET-ONZIÈME ANNÉE

LE JOURNAL DES ENFANTS

ILLUSTRÉE DE 200 GRAVURES DANS LE TEXTE

Paraissant le 1er de chaque mois

LES ABONNEMENTS PARTENT DU 1er JANVIER DE CHAQUE ANNÉE

MÊME ADMINISTRATION QUE LE JOURNAL DES DEMOISELLES

HISTOIRES, RÉCITS, CONTES, LÉGENDES, THÉATRE

JEUX, TRAVAUX, DESSINS, GRAVURES, MODES POUR ENFANTS

PRIX, UN AN : { France . . . . 12 francs
{ Étranger . . . . 16 —

Les abonnements commencent le 1er Janvier pour se terminer fin décembre

On s'abonne en envoyant un Mandat-poste

à l'ordre de M. Fernand THIÉRY, Directeur du Journal, 48 r. Vivienne

ENVOI GRATUIT D'UN NUMÉRO SPÉCIMEN.

Publications Recommandées:

— **L'Europe Artiste**, hebdomadaire, Directeur: HÉBERT, 8, rue Lamartine, Paris. — Un an : 40 fr.

— **Le Petit Médecin des Familles et l'Hygiène pratique réunis**, hebdom., Dir.: Dr DEGOIX, 24 *bis*, r. Rochechouart, Paris. Un an: 5 fr.

— **L'Echo de Gascogne**, bi-mensuel, Directeur: E. GUARY, 38, rue Auguste-Gué, à Agen. — Un an : 7 fr. 50.

— **Le Biographe**, mensuel, Rédacteur en chef : Mme E. LENOIR, villa Marie, à Lormont-Bordeaux (Gironde). — Un an : 10 fr.

— **L'Architecte-Constructeur**, bi-mensuel, Directeur : L. TRIBOULET, 4, quai du Marché-Neuf, Paris. — Un an : 10 fr.

— **La Circulaire universelle**, Directeur : J. CHAPELOT, 91, rue Malbec, à Bordeaux.

— **Le Grillon du Foyer**, bi-mensuel, Editeurs: ATTINGER frères, libraires, à Neuchâtel (Suisse). — Un an: 3 fr. 50.

— **L'Echo des Travailleurs** (*Etoile des Charentes*), quotidien, 12, place de la Gendarmerie, à Angoulême. — Un an : 20 fr.

— **Le Moniteur Viennois**, hebdomadaire, Directeur: PH. RÉMILLY, imprimeur, à Vienne (Isère). — Un an : 12 fr.

— **Le Monde Illustré**, hebdomadaire, Propriétaires: BERTHIAUME et SABOURIN, 40, place Jacques-Cartier, à Montréal (Canada).

— **Le Glaneur**, mensuel, Directeur : Pierre-Georges ROY, boîte de poste 55, à Levis P. Q. (Canada). — Un an: 5 fr.

— **La Revue du Foyer**, hebdomadaire, 19, quai Tilsitt, à Lyon. — Un an : 7 fr.

— **Le Coin du Feu**, mensuel, Directeur : A. DETRY, 25, rue Neuve, à Verviers (Belgique). — Un an : 2 fr.

— **Revue de la Poésie**, mensuelle, Directeur : Elie DE BIRAN, 3, avenue du Maine, Paris. — Un an : 6 fr.

— **Le Réveil Limousin**, bi-hebdomadaire, Directeur : NOURY, à Limoges. — Un an : 10 fr.

— **L'Anthologie populaire**, mensuelle, Directeur : J.-L. ALQUIER, à Gruissan (Aude). — Un an : 4 fr.

— **Rouen-Artiste**, bi-mensuel, Rédacteur en chef: MARIUS DILLARD, Secrétaires de la Rédaction: J. DOUCET et CATULLE BLÉE, 4, rue Grand-Pont, à Rouen. — Un an: 6 fr. 50.

Le Gérant: V.-A. CRESSON.

Paris — Imp. L. et A. CRESSON frères, 5, rue Chapon.

Sommaire de l'**Echo de Gascogne**, *Etienne Guary,* directeur, 38, rue Auguste-Gué, à Agen (Lot-et-Garonne). — *Chronique,* Jean Carrère. — *Un poète socialiste,* Gaston Bastit. — *Le thé,* (sonnet), miss E. Ehrtone. — *Instantanés. - Chasse réservée,* Jean Alesson — *Nouvelles et échos,* Agenor. — *Tournée Coquelin,* E. G. — *La Vie mondaine,* Oculus. — *Théâtres et Concerts.*

Sommaire du **Grillon du Foyer**, *Attinger frères,* éditeurs à Neuchâtel (Suisse). — *Fantaisies* (gravures). — *Les Vacances de Frédéric* (avec illustrations). - *La douce Mère* (poésie), E. Ehrtone.- Galeries de célébrités: *Vasco de Gama.* — *Le Réveil de Bébé.* E. G. E. — *Une veilleuse,* Tante Flora. — *L'écussonnage des rosiers.* — *Echos de partout.* — *Jeux d'esprit.*

Le Gérant : V.-A. CRESSON.

Paris — Imp. L. et A. CRESSON frères, 5, rue Chapon.

Publications Recommandées:

— **L'Europe Artiste**, hebdomadaire, Directeur: Hébert, 8, rue Lamartine, Paris. — Un an : 40 fr.

— Le Petit Médecin des Familles et l'Hygiène pratique réunis, hebdom., Dir.: Dr Degoix, 24 *bis*, r. Rochechouart, Paris. Un an: 5 fr.

— **L'Echo de Gascogne**, bi-mensuel, Directeur: E. Guary, 38, rue Auguste-Gué, à Agen. — Un an : 7 fr. 50.

— **Le Biographe**, mensuel, Rédacteur en chef : Mme E. Lenoir, villa Marie, à Lormont-Bordeaux (Gironde). — Un an : 10 fr.

— **L'Architecte-Constructeur**, bi-mensuel, Directeur : L. Triboulet, 4, quai du Marché-Neuf, Paris. — Un an : 10 fr.

— **La Circulaire universelle**, Directeur : J. Chapelot, 91, rue Malbec, à Bordeaux.

— **Le Grillon du Foyer**, bi-mensuel, Editeurs: Attinger frères, libraires, à Neuchâtel (Suisse). — Un an: 3 fr. 50.

— **L'Echo des Travailleurs** (*Etoile des Charentes*), quotidien, 12, place de la Gendarmerie, à Angoulême. — Un an : 20 fr.

— **Le Moniteur Viennois**, hebdomadaire, Directeur: Ph. Remilly, imprimeur, à Vienne (Isère). — Un an : 12 fr.

— **Le Monde Illustré**, hebdomadaire, Propriétaires: Berthiaume et Sabourin, 40, place Jacques-Cartier, à Montréal (Canada).

— **Le Glaneur**, mensuel, Directeur : Pierre-Georges Roy, boîte de poste 55, à Levis P. Q. (Canada). — Un an : 5 fr.

— **La Revue du Foyer**, hebdomadaire, 19, quai Tilsitt, à Lyon. — Un an : 7 fr.

— **Le Coin du Feu**, mensuel, Directeur : A. Detry, 25, rue Neuve, à Verviers (Belgique). — Un an : 2 fr.

— **Revue de la Poésie**, mensuelle, Directeur : Elie de Biran, 3, avenue du Maine, Paris. — Un an: 6 fr.

— **Le Réveil Limousin**, bi-hebdomadaire, Directeur: Noury, à Limoges. — Un an : 10 fr.

— **L'Anthologie populaire**, mensuelle, Directeur : J.-L. Alquier, à Gruissan (Aude). — Un an : 4 fr.

— **Rouen-Artiste**, bi-mensuel, Rédacteur en chef: Marius Dillard. Secrétaires de la Rédaction: J. Doucet et Catulle Blée, 4, rue Grand-Pont, à Rouen. — Un an: 6 fr. 50.

Le Gérant : V.-A. CRESSON.

Paris. — Imp. L. et A. Cresson frères, 5, rue Chapon.